作战管理

基本理论研究

On the Theory of
Operational Management

高冬明 著

社会科学文献出版社
SOCIAL SCIENCES ACADEMIC PRESS (CHINA)

目 录

前　言

　　当代科技的军刀横扫陆地、海洋、天空之后，又劈开了电磁空间、网络空间和外层空间，对抗随之展开。作战空间广阔了，选择增加了，样式变化了。"骑兵"不再骑马，而是驾驶坦克或飞机驱驰；步兵的视距延长，看到了想不到的东西。于是产生了信息战、网络战、电子战等全新的作战行动，作战能量的改进颠覆了以往前方与后方的概念，模糊了军事界与非军事界的界限，覆盖了社会的所有领域，横跨了物理空间和心理空间。在这场空前蓬勃的军事变革中，管理——这一极富效率的方式正在积极地发挥着作用，创造着军事效益，推动着军事发展。作战是军事领域的核心问题，如何明确管理在作战中的作用，进而研究如何用管理的方式来从事作战，既是作战领域必须解决的问题，也是管理领域不可推卸的责任。

　　新的形势要求我们探索新的作战思维方式。在复杂的社会生活中，管理无处不在，人们总是自觉或不自觉地在发挥管理的职能。但是，主动地与无意识地运用管理的思想方法，所产生的效益大相径庭。现代管理理论问世以来，随着管理理论的不断发展和管理思想的深入人心，人们开始更多地利用管理理论来指导实践，开发可资利用的资源，调整各个领域的活动，不断在社会生产和生活中创造出更多更好的效益。管理理论已成为现代文明惠及社会生产和生活的重要成分之一。随着世界新军事革命的深入进行，战争形态不断改变，作战所及广度和深度不断拓展，军事和民事、战争和战斗、技术和战术、当前和长远等涉及作战的诸多方面之间的关系发生了深刻的变化，彼此影响日益加剧，因此，如何更新理念，拓展思维，在作战中运用在企业界和社会生活中业已发挥重要作用的管理理论，无疑是一个必要的探索。

我国有深厚的战争文化积淀，这也要求我们继承和发扬优秀的历史战争理论遗产。毫无疑问，当"管理"一词还未正式提出时，就已经有了管理。在我国历代的战争理论中，包含着大量作战管理理论。例如《孙子·地形篇》中提到的"夫地形者，兵之助也。料敌制胜，计险易远近，上将之道也。"[1] 就是要求军事将领要善于感知作战环境，据此做出决策。戚继光《纪效新书》中提到的"今后临阵，遇有财帛，每队只留队中一人收拾看守"[2]，就是强调应加强战场管理，以免造成战场混乱局面。毛泽东同志的诸多著述中更是饱含着对战争全局和战役战斗的筹划及指导理论。历代战争理论，都是作战管理研究可资利用的丰富资源，我们有责任、有必要继承和发扬。

效益和发展，是管理理论中永恒的主题。在作战中，同样存在作战效益和战略发展问题，需要对作战实施管理，以便更加全面、细致地把握作战活动。作战管理可以充分结合作战活动的特点和管理的优势，既创造作战效益，又谋求战略发展，是全面的作战行为方式。我们展开作战管理基础理论的研究，以期实现作战效益和战略发展的良好结合，在本书中提出了作战中必须把握的六个重要因素和作战管理的八条原则。当然，这只是一种理论探索，旨在为实践提供一种思路。

---

① （春秋）孙武：《孙子兵法·形篇》，北京：燕山出版社，1995，第 121 页。
② （明）戚继光：《纪效新书》，北京：中华书局，1996，第 42 页。

第一章 绪论

胡锦涛指出："世界新军事变革不仅是一场军事技术和军队组织体制的革命，也是一场军事管理的革命。"① 胡锦涛有关军事管理的思想紧紧围绕加强科学管理、提高军事效益这个核心问题。他认为：科学管理出效益，科学管理出战斗力，必须要在推进中国特色军事变革的进程中实现军事管理革命。目前这场军事管理的革命已经深入军事领域，成为军事领域的核心问题。我军必须顺应时代潮流，以管理思想为指导，以作战效益为牵引，实施作战管理。作为军事管理的重要组成部分，作战管理研究必须走在军事研究的前列。

第一节 作战管理研究的意义

当管理学理论在社会管理和企业管理中发挥作用、创造效益时，它的价

---

① 中国人民解放军总政治部：《树立和落实科学发展观理论学习读本》，北京：解放军出版社，2006，第89页。

值也引起了军事界的关注。美军率先在各项军事活动中，引入了管理理念，促进了军事变革，取得了巨大的军事效益。更有开创性的是，美军将管理理念应用于作战，将作战的核心组织命名为 BM/C³ 系统，即作战管理（Battle Management，简称 BM）加上以往的指挥、控制、通信（Command、Control、Communication 简称 C³），改变了管理在作战中的从属地位，在作战中重视以往指挥所不能包含的其他多项管理职能，取得了显著的作战效果。这一成果给世人以巨大的启示，各国军事界也逐渐加强了对作战管理的研究与应用。进行作战管理研究，将有利于我军在未来战争中获得胜利，有利于军队建设，有利于军事理论的研究与创新。

一 有利于赢得战争胜利

21 世纪，战争形态发生深刻变化。先进的机械技术使"机械化"一词有了不同往日的概念，军事行动的速度、技巧与力量都日益接近物理的极限，需要更快、更灵敏的反应和更全面的能力来驾驭。电子技术与信息技术暂时解决了这一问题，同时也引起了连锁反应。作战的空间随之拓展了，当代科技的军刀横扫陆地、海洋、天空之后，又劈开了电磁空间、网络空间和外层空间，对抗随之展开。作战空间广阔了，选择增加了，样式变化了。"骑兵"不再骑马，而是驾驶坦克或飞机驱驰；步兵的视距延长，看到了想不到的东西。于是产生了信息战、网络战、电子战等全新的作战类型；作战能量的改进颠覆了以往前方与后方的概念，模糊了军事界与非军事界的界限，覆盖了社会的所有领域，横跨了物理空间和心理空间。作战已经不是单纯强调指挥职能就可以驾驭得了，必须从宏观的角度使宏观和微观统一，充分调动现代管理的全面职能才能实现打赢战争的根本任务。

二 有利于加强军队建设

作战管理为打赢战争而展开，研究作战管理，势必对军队建设提出要求，同时提供思路和方法，这将有利于军队建设。关于作战和军队建设，有一句话经常被提及，即有什么样的军队，就打什么样的战争；有什么样的战争，就建设什么样的军队。前者是立足于军队发展水平，谋划如何赢得战争；后者是立足于战争需求，谋划军队的长远建设。作战管理研究，首先立足于我军的发展水平，来谋求打赢战争的方法；其次细化了打赢战争这一基本思想，通过管理来利用资源、整合资源、开发资源。管理的全面职能，适用于作战和军队建设，是作战和军队建设取得效益的有力手段，在作战中强调军队建设，将作战与军队建设有机地融合在一起，就为军队建设提供了思路，为军队发展提供了基本方向。

三 有利于作战理论创新

作战理论是军事理论的核心，一切军事理论均围绕作战理论展开，研究作战管理有利于军事理论的研究与创新。研究作战管理，就是要根据现实的变化，针对作战领域出现的新事物、新情况、新问题，改进理论指导，以便更好地指导作战行动。同时，在此过程中不断地丰富作战理论、发展作战理论。理论从来都不是孤立的，作战管理理论的研究要求与之相关的军事理论也与其一起发展；作为军事理论的核心和作战理论的重要部分，作战管理理论研究能够在最有利的位置，有力地驱动军事理论的研究与创新。

第二节 国内作战管理研究现状

我国对作战管理的研究有深厚的历史基础，《孙子兵法》《司马法》等兵学经典中就包含大量的作战管理内容。古代作战管理思想和理论延续至今，已经为系统地研究作战管理奠定了厚重的基础。在作战研究成果中，很多在当时不被认为是作战管理的内容，在今天看来，则是作战管理的先期成果。

一 历史经典中蕴含着相当数量的作战管理内容

《尚书·汤誓》中就记载了汤灭桀之前在誓师大会上发表"非台小子敢行称乱！有夏多罪，天命殛之"的演说，进行有关作战性质的管理。在兵学圣典《孙子兵法》中，作战管理的论述不胜枚举。如关于作战力量心理管理的论述有"故杀敌者，怒也；取敌之利者，货也"。关于作战物资管理的论述有"取用于国，因粮于敌，故军实可足"。在唐代兵学经典《李卫公问对》中有"凡兵，以前向为正，后却为奇"的论述，阐释作战行动的奇正。在戚继光著《纪效新书》中有"一人回头，大众同疑；一人转移寸步，大众亦要夺心"的论述，说明战场纪律的重要性。古代经典中还有大量关于作战管理的论述，虽然时过境迁，但仍然有很高的现实价值。

二 作战管理的专门研究已经取得了丰硕成果

20 世纪 80 年代以后，为总结对越战争经验，我军涌现出一大批有关作战管理的文章和著述。如陈玉田的《从工兵某团作战管理得到的启示》、刘书礼的《美军师航空作战管理体制》、孙俭的《SDI 系统的作战管理问题》等学术文章；邢进、陈烈等著的《军事管理学基础》，黄玉章、于海涛主编的《军队管理学》，蔡香圃、唐荫庭等著的《军事管理学》等著述中都包含了作战管理章节。发展至今，作战管理的专门研究已经取得了丰硕成果。王友才主编的 2007 年版的《中国军事百科全书·军事管理学科分册》中设置了"军队作战管理条目"，给出了作战管理的定义，较为系统地阐述了它的简史、目的任务、主要原则、主要内容、管理方法、管理特点、地位作用和发展趋势等；刘继贤著《军事管理学》（2009 年版）为作战管理专门设置一章，详细阐述了作战管理的定义、作战力量管理、作战行动管理和战场管理。同时，关于作战管理技术、工具的论述大量涌现，如孙景文、李志民著《导弹防御与空间对抗》第四章第五节题为"NMD 的作战管理、指挥、控制和通信系统（BM/ C³）"，陈坚等著《图说美国弹道导弹防御》第三章第五节题为"作战管理、指挥、控制、通信系统——NMD 的'大脑中枢'"，还有丁邦宇主编的《作战指挥学》等。同时，关于作战指挥和作战管制等方面的成果也非常丰富。这些，都为继续深入地研究作战管理奠定了坚实的基础。

从本课题的上述研究现状来看，作战管理的研究有深厚的基础，但是尚存在较大的争议，体系性还有待加强，应用指导部分也有待深入研究。

第三节 有关国家作战管理情况

世界上一些军事强国，如美国、法国、日本、印度等，对作战管理已有一定的认识，进行了诸多有益的实践。

目前尚未掌握美军关于作战管理的系统理论，但通过对一些零散资料的分析，可以感知一些情况。在《太空军事化——美国"星球大战"计划剖析》中，针对"星球大战"计划，将作战管理描述为："作战管理：评定威胁和分配资源，这都是防御系统作战所必需的。"① 其中指明作战管理包括评定威胁和分配资源。同时指出："美 NMD 的 BM/C³ 是信息转换处理手段。为作战指挥和控制系统提供关键数据，为指挥官参与控制决策提供辅助决策，融合来自不同传感器的数据，为交战和作战实施拟定计划，并将 C³ 系统的决策与命令，借助通信系统把整个作战系统联成一个统一的整体。"② 在缩写的"BM/C³（作战管理/指挥、控制、通信）"中，表明"作战管理"即"指挥、控制、通信"，也就是说，作战管理包括指挥、控制、通信功能。在《星球大战与美苏太空争夺》一书中，将作战管理描述为："根据战斗态势的变化对己方作战力量的合理分配，以便取得最佳作战效果。……而作战管理的任务是随时监视敌方弹道导弹的攻击和反弹道导弹防御的交战状况、统计与分配可利用的防御设施以及将这些情况报告有关当局。"③ 表明作战管理的功能是合理配置作战资源、获取并评估最佳效益。《美军师航空作战管理体制》规定："航空作战管理机构是一个保障各级航空兵部（分）队遂行作战任务的指挥、控制与协调系统。"④ 表明其作战管理包括指挥、控制与协调。美军重视作战管理技术和装备系统的开发，成果丰富，如无

---

① 李仲伯、张国友：《太空军事化——美国"星球大战"计划剖析》，长沙：国防科技大学出版社，1990，第 50 页。

② 李仲伯、张国友：《太空军事化——美国"星球大战"计划剖析》，长沙：国防科技大学出版社，1990，第 263～264 页。

③ 李瑞晨、孙俭：《星球大战与美苏太空争夺》，北京：世界知识出版社，1989，第 53 页。

④ 刘书礼：《美军师航空作战管理体制》，外军资料 1985～1999，译编自美《陆军航空兵杂志》1984 年 2 月号。

人机作战管理系统、战场控制系统、空中作战管理系统、导弹防御系统的作战管理等。总体要求上，美军强调"不断调整管理机构，力求使作战指挥系统精干，作战保障系统健全，作战指挥实现高度集中统一，使最高军事决策和作战命令能够通过作战指挥系统迅速下达到执行部门"①。

在"作战管理上，法军强调兵力投送与机动作战"②。法军认为：由于外界对法国本土的直接军事威胁已大大减少，军队在本土作战的可能性极小，未来法军的主要任务是实施对外干预，即在境外执行国际维和任务和为预防、制止各种地区性冲突及危机采取军事行动。法军作战管理的最终目标是在确保本土安全的前提下，使法军所有部队都具有实施远距离干预行动的能力。在未来战场上，法军规定投入的具体兵力规模为："在北约战区的主战场最多可投入5万人，在地区冲突的次主战场最多可投入3万人，在海外省及领地和与法国签订有防务协定的非洲地区所采取的作战行动最多可投入5000人。"③

日军作战管理内容包括"日本军事战略、作战原则、作战方向、作战指挥，兵力使用、作战计划等"④。强调"多元威胁"，注重多方位防御。坚持和维护美日军事同盟，提高在高技术条件下的作战能力。日本自卫队确定的作战原则是：目标、主动、集中、经济、统一、机动、突然性、保障安全、简明。

印军作战管理有较为明确的体制。规定陆、海、空三军实行分立体制，分别由上将衔军种参谋长负责。为了协调三军有关事宜、解决一些共性问题，三军参谋长组成参谋长委员会。印军将作战指挥和作战管理并提，"印度三军最高作战指挥和管理机构分别为陆、海、空军司令部。军种参谋长为

---

① 王友才主编《中国军事百科全书·军事管理学科分册》，北京：中国大百科全书出版社，2007，第239页。

② 王友才主编《中国军事百科全书·军事管理学科分册》，北京：中国大百科全书出版社，2007，第255页。

③ 王友才主编《中国军事百科全书·军事管理学科分册》，北京：中国大百科全书出版社，2007，第255页。

④ 王友才主编《中国军事百科全书·军事管理学科分册》，北京：中国大百科全书出版社，2007，第272~273页。

军种的最高指挥官，对国防部长负责，通过军种司令部对该军种行使作战指挥职能。陆军作战指挥序列为陆军司令部、军区司令部、各级野战部队；行政管理由陆军司令部、军区、军分区、小军区、站五级逐级实施"①。其他军种的情况大同小异。联合作战时，战区内以主要参战军种为主，成立军种联合作战司令部和联合作战中心来实施指挥协调，各军种的具体作战行动仍由各军种指挥系统实施。

---

① 王友才主编《中国军事百科全书·军事管理学科分册》，北京：中国大百科全书出版社，2007，第 276 页。

第二章 作战管理概述

作战管理是什么？为什么要进行作战管理？由谁来管理、管理什么？都是研究作战管理之前，需要明确的基本问题。必须通过明确作战管理的基本概念，来实现对作战管理的基本了解。

第一节 作战管理的含义

当代社会，管理一词的使用频率非常高，管理在当代社会深入的领域越来越广泛，发挥的作用也越来越大。军事领域也早已应用了管理，美国军事的成功转型，很大程度上得益于引入地方企业的管理理念与方法。作战是各项军事工作的中心，明确地实施作战管理已经被提上日程。但是，管理一词经常被与控制、协调、指挥、领导等词同时使用，使得它们之间的关系显得比较模糊。至于作战管理，更是一个争议较大的概念。因此，必须首先明确作战管理的含义。

一 对管理的认识

管理一词原有"管辖和治理"的含义，是对一定范围的人员及事务进行安排和处理，显然，这个解释不可能完全表达出管理本身具有的完整含义。管理一词的英文是"management"，原意是"训练和驾驭马匹"，后来用于管理学，是西方管理学界对管理的认识起源。随着时代的进步，管理的含义日益丰富。发展至今，管理学已经形成多个学派，各学派对管理的观点有较大差异，其中有些比较有代表性的观点。"科学管理之父"弗雷德里克·泰罗认为：管理就是"确切知道要别人干些什么，并且注意他们用最好、最经济的方法去干"①，强调通过决策、计划、组织等职能来实现最大效益。"经营管理之父"亨利·法约尔（Henry Fayol）则认为"管理就是实行计划、组织、指挥、协调和控制"②，强调管理的职能活动。决策理论学派的代表人物西蒙（Herbert A. Simon）认为"管理就是决策"③，强调决策的先导作用。当代管理过程学派的代表人物哈罗德·孔茨（Harold Koonlz）把管理定义为："管理就是设计一种良好的环境，使人在群体里高效率地完成既定目标。"④ 强调改造组织的内外环境、提高效率。所有的观点都注重组织的运作，而且创造效益必然包括追求持续的创造效益。在现实世界中，管理还离不开组织的内外资源和既有的与将要开发的资源。综合以上分析，管理主要涉及行业环境、组织框架、资源、职能活动、运作、效益和发展，以此为基点，本书认为：管理就是在不断变化的行业环境和组织框架内，通过决策、计划、组织、领导、控制、协调等职能，调动各种资源，使组织有效地运作，实现效益，谋求发展的活动过程。

相对于其他活动，管理是针对组织存在的基础的活动。相对于组织存在和生产所必需的物质性和制度性基础，管理是相对动态的，而这些基础是相对静态的。当然，管理本身也有其物质性和制度性基础，这是管理活动存在的基础，它不同于组织存在和生产的基础。管理就是要激活这些基础，适应并改造环境，让它们发挥应有的作用，以实现组织的目的，并在这一过程中

---

① 〔美〕弗雷德里克·泰罗：《科学管理原理》，北京：中国社会科学出版社，1980，第157页。
② 云冠平、胡军、黄和平：《管理学》，广州：暨南大学出版社，2002，第2页。
③ 〔美〕赫伯特·西蒙：《管理决策新科学》，北京：中国社会科学出版社，1982，第37页。
④ 范喜贵：《无形·有形——企业文化：管理的第四阶段》，北京：经济科学出版社，2002，第7页。

不断地改造和完善这些基础。也就是说，没有管理，这些基础不会自动地发挥作用，至少不会有效地发挥作用。无论是管理理论确立之前的本能的、无意识的管理，还是管理理论确立之后，在这些理论指导下的有意识的管理，都是为了促进组织拥有创造效益的基础并促进组织自身发展的活动。相对于组织存在和生产所必需的固有活动，管理是推进这些活动的活动。不同类型的组织，有不同类型的活动。对于经济性质的组织，如农场作为一个组织，它的固有活动就是农业生产，可以细化为购置设备和种子等原料、整备土地、播种、耕作、收割、加工和出售等活动。这些活动是农场组织必须有的，但是如何使各项活动的承担者去按规定，甚至有创造性地完成各自的活动，就是管理活动的责任，就需要施以管理活动，来使司职者完成任务。这些固有活动又是连续的，如何使这些活动彼此承接、连成一体，为最终的目标服务，就需要管理来实现活动的系统性。工业生产、经济活动和社会公共活动的管理也大体如此。可见，管理是针对组织资源、环境的活动，是组织固有活动之上的活动。

简言之，管理就是优化资源，改善活动条件；优化活动，不断创造效益；优化团队，促进组织发展。

二 作战管理的概念

作战是"各种范围、各种规模、各种形式的武装斗争"①，包括战争、战役和战斗。管理的目的是创造效益，促进组织的发展，这正好符合作战的目的。所谓创造效益，在作战中就是尽可能地保存自己、消灭敌人；组织的发展，在作战中就是不断地锤炼团队，使之发展壮大。而且，战争是政治的继续，在战略层次上，作战要获得战争效益，促进国家的战略发展。所以，在目的上，作战需要管理。

如何使作战组织中的部门各司其职、完成任务，如何利用并整合资源，如何顺利有效地进行各种攻防、机动、保障等活动，就需要管理来推进，使这些工作能有效实施，在作战中获得利益，也就是创造作战效益。同时，如

① 军事科学院：《中国人民解放军军语》，北京：军事科学出版社，1982，第22页。

何使所有有关作战的事务协调有序的展开，也需要站在战争全局和全过程的高度，实施战略意义上的管理。在作战中，不断地完善作战团队；在战争后，为国家谋求战略发展，也需要战略层次的管理，才能既服务于战争本身，也能超出战争本身而实现国家更加全面和长远的利益。所以，在作战过程中需要管理。

管理的职能一般包括决策与计划、组织与领导、控制与协调，也有将教育与激励纳入其中，或者融入管理的其他职能中。作战中的任何行动都需要决策与计划；作战力量和行动需要组织，领导职能包括且大于指挥；作战的进程、范围、影响等都需要控制，各种活动之间也必须协调才能一致；至于教育与激励，更为古今善战者高度重视。可见，在职能上，管理的职能正是作战所需要的，并且超越了以往只强调指挥的单一作战行为方式，能够更加全面地推动作战。所以，在职能上，管理适用于作战。

作战管理就是对作战这种武装斗争进行管理。关于作战管理，已经存在几个认识。黄玉章、于海涛主编的《军队管理学》（1991 年版）提出："作战管理就是指在作战过程中对参战的人力、物力，财力、时间和场所进行计划、组织、指挥、协调和控制的全部活动。"① 1994 年版《军队建设大辞典》提出：作战管理是"对作战活动进行决策、计划、组织、指挥、协调和控制的过程"②。2007 年版《中国军事百科全书·军事管理学科分册》提出了军队作战管理的概念，即"按照有关军事法规对军队作战活动实施的管理。目的是通过计划、组织、指挥、协调、控制有效的配置和利用作战资源，提高军队的作战能力。通常包括作战力量管理、作战行动管理和战场管理等。按照作战计划和步骤，以服从作战指挥为原则，保证各作战要素、各种作战力量协调一致，以最小的代价实现作战企图和目标"③。《军事管理学》提出："作战管理是为保障作战顺利实施，为有效地配置和利用各种资源，对作战力量、作战行动和战场进行计划、组织、领导、协调和控

---

① 黄玉章、于海涛主编《军队管理学》，北京：国防大学出版社，1991，第 193 页。
② 黄玉章等：《军队建设大辞典》，北京：华夏出版社，1994，第 385 页。
③ 王友才主编《中国军事百科全书·军事管理学科分册》，北京：中国大百科全书出版社，2007，第 193 页。

制的活动过程。"① 以上几个概念虽然各有侧重，但都认为作战管理是有效配置资源、行使管理职能的活动过程，有的还指出了为效益服务（以最小代价实现目标）。

参照管理的概念，根据作战的特点，综合以上作战管理的概念，本书认为：作战管理是有效地配置和利用各种作战资源，对作战活动实施决策、计划、组织、指挥、控制和协调等职能，有效推进作战进程，以实现作战效益、谋求战略发展的活动过程。包括作战力量管理、作战行动管理、战场管理、作战时间管理和作战信息管理。一方面确认作战管理是有效地配置和利用各种资源，对作战力量、作战行动和战场进行决策、计划、组织、指挥、控制和协调，有效推进作战活动的活动过程，是作战固有活动之上的活动；另一方面强调其目的是实现作战效益，谋求战略发展，这个战略发展包括战争、军事和国家的战略发展。作战管理既然是这样一种活动，那么它由谁来实施，实施的对象是什么，在怎样的环境中进行？这些是需要进一步说明的问题。

三 作战管理的主体

谁是管理者，即管理的主体，是一个争议较为激烈的问题。主体是指在事物的运动变化中起主动支配作用的部分，在哲学上是指有意识的人，与"客体"相对称。所谓管理主体，就是指"在管理过程中具有主动支配和影响作用的要素。它可以是单个管理者，也可以是由管理者群体组成的管理机构"②。要使管理主体在管理过程中能够起主动支配的作用，必须具备以下两个条件：一是要有一定的权力，这种权力可能来自于由财产所有权所获得的支配权，由某种法律程序或特定标准所赋予的地位和职权，由某种传统制度所获得的继承权，或者是由某种威信和声望所获得的影响权；二是要有一定的能力，主要包括技术、业务能力，组织、指挥能力，影响、号召能力。

由于当代管理活动的无限细化，使得管理活动深入到组织的末梢，传统的管理别人的人不再是管理者的全部，那些处理末梢事务和掌控末梢资源的

---

① 刘继贤：《军事管理学》，北京：军事科学出版社，2009，第288页。
② 李兴山：《现代管理学（修订本）》，北京：中共中央党校出版社，2002，第27页。

人也拥有一定的权力（比如操作所属武器装备的权力），因此也是管理者。由此，作战管理的主体可以分为两类：第一类是指通过协调其他作战人员的活动达到与别人一起或者通过别人实现组织目标的作战人员或作战组织，即管理别人的人或组织；第二类是指作战中处理末梢事务和掌控末梢资源的作战人员，即处于管理层级最底层的个人。这只是一种大致的划分，即使是最底层的管理者，也存在需要与别人共同进行的管理工作，至少存在个体间自主的合作——一种次要的协调活动①。由于作战活动有较强的整体性，因此，本书中的管理者主要指前者；而出于全面说明作战的需要，个别时候也不免会采用后者的含义，或者视情况将两者无界限地使用。

作战管理的主体是作战管理中具有自主意识能力的部分，虽然受到作战的宏观和微观环境以及组织内外部环境的限制，仍然处于主导地位。主要表现在以下四个方面。首先，它是作战管理活动的发起者。作战资源、敌我的实力对比和共同环境等因素自然地存在，如果听之任之，只能失控地发展下去；同时由于敌人的对抗性活动，使得这种发展，不可能有利于己方，因此必须有管理者发起主动的管理行为，才有可能使作战进入有计划、有组织的轨道。其次，它是作战环境的深化者。环境既能限制作战活动，也能促进作战活动，这取决于管理者怎样利用环境，更在于管理者是否能够有效地改造环境，管理者实际上控制着己方与作战环境之间的交互作用。再次，它能深化作战资源的意义。作战资源可以自由地流动，但是不一定有利于作战，只有管理者有目的地引导其方向、把握其强度，才能使资源更有意义。最后，它是作战行动自由的创造者。行动自由是作战双方努力争取的东西，谁获得的自由大，谁就更有可能获得优势，自由不会从天而降，只能由管理者讲求必要的方法，通过一系列管理活动去获得。作战管理的主体对作战的结果负有全责，必须发挥主导作用。

四 作战管理的客体

管理客体是构成管理活动的基本要素之一，研究管理规律必须要认识和

---

① 协调活动主要是上级对下级进行的，因此同级间的自主合作是一种次要的协调活动。

掌握管理客体的运行规律，由此必然涉及对管理客体及其运行规律的研究，才能解决在管理时如何管理的问题。从哲学的角度讲，客体是指与主体相对的客观事物，是主体认识和改造的对象。从管理的角度来说，"管理客体也可称为被管理对象，是指能够被一定管理主体影响和控制的客观事物"①。成为管理客体有两个条件：一是有与一定管理主体构成管理与被管理关系的客观事物；二是作为管理客体，它有客观存在的属性，有不以人的主观意志为转移的客观运行规律。

作战管理的客体，就是作战管理的对象，是管理主体行为的承受者，是作战管理系统的基本成分之一。当代作战涉及领域空前广泛，作战管理的客体无处不在。从种类上说，包括作战力量、作战行动、战场、作战时间、作战信息等；从性质上说，包括软、硬对象，前者如作战机构、作战规则、作战时间和信息，后者如参战人员、武器装备、战场等；从层次上说，包括高层对象和低层对象，前者如高层作战人员和部门、战略武器装备、战略性信息，后者如作战基层部队和人员、战术武器装备、战术性信息等。客体与主体间的关系具有双重性，很多客体具有主体意义，如某一层次的被管理者同时是低一层次客体的管理者，而某一层次的管理者同时也是上一层客体的被管理者。无论哪一层次的作战管理客体，都具有一定的客观属性，是管理者必须尊重的客体。主体必须在尊重客体客观属性的基础上，才能因势利导地实施管理活动。

作战管理的客体虽然是主体的作用对象，但是其重要性无可代替。首先，作战管理的客体是管理活动赖以进行的现实基础，作战管理要通过改变客体的数量、性质、状态、位置来实现作战的目的。作战中一切管理活动的直接结果，如参战部队的规模扩大与缩小、构成比例繁简、作战行动由防转攻或者由攻转防、部队斗志高昂或者意志屈服、要地的获得与失去等，都是通过作战管理客体的变化来实现的。其次，作战管理客体对主体功能的发挥具有制约作用。管理过程中必须根据现有的客体状况和客体所具有的潜力，来发挥主体的主观能动作用，筹划和实施管理活动，以实现主体

---

① 李兴山：《现代管理学（修订本）》，北京：中共中央党校出版社，2002，第 54 页。

的主观意图。不重视客体，主体将不知可管何物，也将不知如何管，因而陷入迷惘。

五 作战管理的环境

"环境是相对于中心事物而言的，与某一中心事物有关的周围事物，就是这个事物的环境。"① 环境是一个极其广泛的概念，总是相对于某一中心（主体）而言。可理解为"除中心而外的客观存在"②。推而广之，就是围绕着某一个中心事物的外围世界，既包括狭窄范围内直接围绕着某个主体的具体环境，也包括在广阔范围内围绕着某个主体的宏观环境。不同的中心有相应不同的环境范畴。

作战管理的环境就是以作战管理为中心的、由与其有关的周围事物所构成的外围世界。作战管理的环境是一个有机整体，为了便于分析，可以人为地将其分成若干组成方式。作战管理的环境一般由敌、我各自占有的作战条件和共用的作战条件构成。首先，按照层次特点，可以分为国际战略环境、国家战略环境、国家军事环境、战争战略环境和战术环境，每个层次都有其组成特点。其次，按照时间特点，可分为作战历史环境和作战现实环境。前者包括作战所处的历史时代和敌对双方的历史战绩，后者指当前作战所面临的外围事物。再次，按照构成要素属性，可以分为物质环境和精神环境（也可称为软环境和硬环境）。前者指由作战的物质性要素构成的环境，如地理环境、双方物质资源分布、兵力军事设施和武器装备部署等；后者指由作战的精神性要素构成的环境，如国际国内舆论、双方民意支持度、参战部队战斗精神氛围等。

环境是作战管理存在的软、硬空间，一切管理活动都在一定的环境下进行，环境制约着作战管理主、客体效能的发挥。首先，环境的共用性要求作战管理不但要分析环境对于己方的利弊作用，考虑如何利用环境；还要关注环境对敌方的利弊作用，考虑如何限制敌方利用环境。其次，环境的两面

---

① 李庆臻主编《简明自然辩证法词典》，济南：山东人民出版社，1986，第401~402页。
② 向洪等主编《国情教育大辞典》，成都：成都科技大学出版社，1990，第556页。

性，要求作战管理不仅要顺应环境，还要努力改变环境。环境中有作战管理主体难以抗拒的因素，必须顺势而为，不能强求；环境是不断变化的和可以改造的，没有尽如人意的环境，假设有尽如人意的环境，也会为敌方洞悉，因此要明晰环境、改变环境，以有利于己、不利于敌。无论怎样，作战管理都要尊重并重视环境的力量。

六　相关概念辨析

作战涉及的领域、活动、职能都很多，有些与作战管理的关系十分密切，且容易混淆，有必要加以辨析。

1. 作战指挥与作战管理

作战指挥是一个较为成熟的概念，一些理解也基本相同。《中国人民解放军军语》中较为笼统地解释为："军队指挥员及其指挥机关对作战行动的指挥。"① 杨金华主编的《作战指挥概论》提出："作战指挥是指挥者为达成一定作战目的，对部队作战行动进行的运筹决策、计划组织、协调控制活动。"② 王光宙主编的《作战指挥学》提出："作战指挥，是指挥员和指挥机关对所属部队的作战准备与实施的组织领导活动。"③ 李小军主编的《装甲兵作战指挥学》提出："作战指挥，就是军队指挥员及其指挥机关对所属部队的作战及其有关行动所进行的特殊的组织领导活动。"④ 丁邦宇主编的《作战指挥学》提出：作战指挥是"指挥员及其指挥机关为达成特定的作战目的，运筹谋划决策并以指令组织调度所属部队的领导活动"⑤。除了《中国人民解放军军语》中的解释，以上诸概念的解释中，基本包括运筹决策、计划组织、协调控制、谋划、组织调度等职能，并且都认为是一种领导活动。

可见，作战指挥与作战管理有一些相同点。二者的工作对象都是作战，都为了一定的目的，都包括决策、计划、组织、控制、协调等职能，对于指

---

① 《中国人民解放军军语》，北京：军事科学出版社，1997，第 134 页。
② 杨金华主编《作战指挥概论》，北京：国防大学出版社，1995，第 7 页。
③ 王光宙主编《作战指挥学》，北京：解放军出版社，1994，第 47 页。
④ 李小军主编《装甲兵作战指挥学》，北京：解放军出版社，1997，第 9 页。
⑤ 丁邦宇主编《作战指挥学》，北京：军事科学出版社，2004，第 55 页。

挥中提到的运筹、谋划、调度等职能实际上是管理职能的另一种说法，或者包含在管理的职能之中。二者的差异也是显而易见的。首先，作战指挥是一种（特殊的）领导活动，而领导是作战管理的职能之一，在这个意义上，作战管理包括作战指挥。其次，作战指挥中所提到的决策、计划、组织、控制、协调等职能包含在作战管理的职能之中，使用在指挥中，实际上是对管理职能的借用。再次，作战指挥中所提到的工作对象，或者是作战行动，或者是所属部队，或者二者兼而有之，都包含在作战管理的工作对象之中。最后，作战指挥的目的集中于作战活动本身，而作战管理的目的除了作战本身之外，还包括战略发展。由二者的异同可见，作战管理包括作战指挥，是对作战全局与长远的掌控，关注国家利益，影响广泛而深远。

指挥是一种特殊的领导活动，但仍然是领导活动，是管理的职能之一。之所以强调作战指挥，只是因为指挥在历史上具有突出的重要性，是作战管理最为显著的职能。站在指挥的立场，控制协调等，就是指挥的内容。站在管理的立场，指挥与其他职能同列，只不过是最重要的职能。当代战争所使用的庞大战争机器，使任何领率者都无法细致入微地对作战力量进行指挥，作战基层和个体如果完全依赖命令行事，将陷入困惑，整个作战将陷入混乱。因此，当代战争不需要保姆式的领率者，而是需要导师式的领率者，教会每个作战基层和作战个体如何在有限的指导下，自行地作战。美军提出的"任务式命令"的意义也在于此。管理的真谛恰恰满足了这个要求，即大多数人都是管理者，也都是被管理者，即服从管理的同时会自我管理和管理下属及武器装备。例如，战区或者联合部队指挥官主要了解战略信息，并据之做出判断和决策；而不会去具体指导航空母舰上飞机的起飞和降落、战斗小组的战斗计划、飞机操作员的战斗决定等。所有这些工作都是在上级相对宏观的指导下，由本级具体负责，自我管理、自主控制。这就是作战管理的价值所在。

2. 战时管理与作战管理

对于战时管理，杨念成编著的《军队基层管理概论》解释为："是指从战斗开始到撤出战斗前的管理活动。"[①] 这一解释是针对战斗行动而言的，

① 杨念成：《军队基层管理概论》，北京：解放军出版社，1997，第232页。

其时间限制在战斗时间之内。除此之外尚未收集到其他关于战时管理的解释，但从其字面意义可以分析其含义。战时管理与作战（包括战争）有关，是因作战而进行的管理活动；实施时限为作战（包括战争）时间之内；管理对象涉及战时整个社会，包括从国内到国际、从军事到民事、从军队到地方的一切事物；目的是维护战时社会秩序，不至造成过大损失，同时有力地支持作战行动。其与作战管理的区别显而易见，主要表现在两个方面：一是管理对象不同，战时管理的对象要广泛得多；二是目的不同，战时管理的目的更加宽泛，作战管理的目的集中于作战效益和战略发展。

3. 战场管理与作战管理

对于战场管理，《中国军事百科全书·军事管理学科分册》解释为："为维护战场秩序而对参战部队和分队进行的管理。贯穿战争准备和实施的始终。通常分陆军战场管理、海军战场管理、空军战场管理和战略导弹部队战场管理。目的是维护严明的战场纪律，保持部队的高度统一和稳定，建立良好的战场秩序，使人的素质、物的效能在一定时空内得到充分的发挥，减少不必要的人员伤亡和物资损耗，巩固和提高部队战斗力，确保部队能够顺利地遂行各种作战任务。"① 王京朝、方宁主编的《军队管理学》解释为："战场管理是为保障顺利实施作战行动而对参战部队和分队进行的管理。主要包括：维护战场秩序，执行战场纪律，组织警戒勤务和交通调整勤务，进行伪装和疏散隐蔽，以及对阵地生活的管理等。战场管理贯穿于战争准备和战争实施的始终，在战争准备期间，需要进行战场建设，对预设战场进行管理，为未来作战做好战场准备；在战争期间，需要对战场进行全方位管理。战场管理的根本目的，是维护严明的战场纪律和建立良好的战场秩序，使人的素质、物的效能在一定时间内得到充分合理的发挥，减少不必要的人员伤亡和物资损耗，巩固和提高部队战斗力，保障作战任务的完成。"② 可见，在目的上，战场管理是为了保障作战任务的完成；在时间上，贯穿战争准备和实施始终，即包括平时和战时。而从作战管理的概念可知，战场管理是作

---

① 王友才主编《中国军事百科全书·军事管理学科分册》，北京：中国大百科全书出版社，2007，第 218 页。
② 王京朝、方宁：《军队管理学》，北京：军事科学出版社，2001，第 274 页。

战管理的主要工作之一。但是，作战管理明显是在作战的时间内进行的，所以，作战管理包括战时战场管理，而不包括平时战场管理。

4. 军事管制与作战管理

对于军事管制，2007 年版《中国军事百科全书·军事管理学科分册》解释为："由军事当局行使国家政权机关职能，对全国、局部地区或部门进行管理和控制的特殊措施。目的是为了维护社会秩序，控制局势，应付战争或保证生产、工作等顺利进行，最终实现社会稳定，建立和恢复国家政权机关的正常职能。"[1] 其实施时间通常为 "国家遭受外敌入侵处于战争状态，需要保障全力应付战争时。社会秩序出现大的动乱需要严格控制局势时。国家政权更迭或政权机关不能正常行使职权，需要采取强制措施时"[2]。可见，军事管制与作战管理的行为主体主要是军事部门，但二者区别也是比较明显的。首先，同是军事部门，前者的主体是军事当局，后者是作战机构和人员；其次，前者针对的是整个社会体系，后者针对的是作战力量、行动、战场、作战时间和信息；再次，前者的目的是维护正常的社会生活体系，也不同于后者。

5. 战时管制与作战管理

对于战时管制，2003 年版的《中国战争动员百科全书》中解释为："国家战时根据战争需要和战争动员法规，对全国或局部地区进行管理和控制的特殊措施。实行战时体制的有效形式之一。目的是为了维护社会秩序，控制局势，应付战争，保证战时生产、工作等顺利进行。……实行战时管制的时机，通常是国家遭受外敌入侵处于战争状态、需要全力保障应付战争时，或者社会秩序出现大的动乱、需要严格控制局势时。"[3] 可见，二者都与战争有关。但是，相对于作战管理而言，战时管制还有很多不同之处。首先，其主体不一定是军事部门；其次，其对象为全国或局部地区的社会体系；再

---

① 王友才主编《中国军事百科全书·军事管理学科分册》，北京：中国大百科全书出版社，2007，第 218 页。

② 王友才主编《中国军事百科全书·军事管理学科分册》，北京：中国大百科全书出版社，2007，第 218 页。

③ 李贵清主编《中国战争动员百科全书》，北京：军事科学出版社，2003，第 242 页。

次，其目的是维护社会秩序。

6. 战场管制与作战管理

对于战场管制，张克洪、陈安在《登岛作战中近岸水域战场管制初探》一文中解释为："战场管制，是战场管理的一个重要内容，是各级指挥机关围绕作战任务和首长决心，对作战区域内的人、物与时间、空间予以组织、协调、控制而进行的一系列实践活动的总称。"[1] 周晓宇等的《联合作战新论》提出："联合作战战场管制，是各级指挥机构为保障作战而组织的各种战场强制性管理工作的总称。其基本任务是：对陆、海、空战场和信息领域等战场空间实施强制性管理；组织战场警戒与交通调整勤务，维护战场秩序，保障各种作战行动的顺利进行。联合作战指挥机构应根据作战需要和战场实际统一计划陆、海、空战场和电磁领域的管制，密切协调各方力量，加强战场管制的检查和督促。"[2] 葛春林在《联合战役战场管制浅见》一文中解释为："联合战役战场管制，指的是联合战役指挥部为维护和稳定战场秩序，保证战役作战顺利进行，而对战场内的作战人员、武器装备、战场设施，以及战役后方有关社会行为等所实施的管理与控制。"[3] 战场管制与作战管理同样是在作战的背景下进行的，但其主体是指挥机关，手段是强制性管理，对象是作战区域内（也有认为包括后方）的一些事物，目的是为了保障作战的顺利进行。可见，战场管制在主体、手段、对象、目的等方面都小于作战管理，是作战管理的组成部分。

第二节　作战管理的特征

作战是人类社会最激烈的对抗活动，是军事工作的核心；管理是站在宏观与微观、长远与短期相统一的角度，实现各种人类活动效益、谋求组织发展的有效方式。因此，作战管理兼具作战和管理的特点，同时又因其彼此融合，而表现出独有的特点。

---

[1] 张克洪、陈安：《登岛作战中近岸水域战场管制初探》，《东南军事学术》2002 年 5 月 1 日。
[2] 周晓宇、彭希文、安卫平：《联合作战新论》，北京：国防大学出版社，2000，第 267 页。
[3] 葛春林：《联合战役战场管制浅见》，《国防大学学报》1997 年 1 月 9 日。

一 战略性与战术性

作战包括战争、战役和战斗，作战管理的对象就包括战争、战役和战斗活动内的一切事物。因作战本身兼具战略性和战术性，对作战实施管理，必然兼顾作战的战略性与战术性。就管理活动本身而言，既要重视生成当前效益，又要以此来积累组织实力，谋求组织的全面长远发展，因而要求宏观与微观相统一、当前与长远相统一，因此，管理活动本来就具备战略性与战术性。作为管理学的重要理论之一，战略管理理论就明确地将分散于各管理学派的战略思想提取出来，形成了当前与长远、微观与宏观并重的管理理论。因此，作战管理不可避免地兼具战略性与战术性，并且体现为二者的统一。在具体实施中，既要做好装备、人员等具体领域的管理工作，又要整合所有领域的管理工作，谋求整体效能；既要实现局部作战的效益，又要以此来配合战争全局，谋求战争全局的优势；既要实现阶段性作战效益，又要以此作为战争全程的有效环节，谋求战争全程的有利趋势；既要打赢当前战争，又要以此来确立国家的战略优势，谋求国家长远发展。作战管理兼具战略性与战术性的特点，正是以管理方式作用于作战的重要优势之一。

二 繁杂性与简洁性

作战管理面对的是一个复杂的巨大系统。首先，其内容纷繁复杂，其触角深入陆、海、空、天、电磁、网络等全维空间；对象包括参战人员、装备、设施、技术、技能、生理、心理等所有事物；涉及国际国内政治、经济、军事、文化、宗教、地理、历史等众多领域；关系到国家民族的现实利益、民族信心、国际地位、长远发展等多重利益。其次，其关系纷繁交错，涉及国家与国家、民族与民族、集团与集团之间的关系，敌、我、友和中间派之间的关系，军队与地方、部队与部队之间的关系，层次与层次、类别与类别之间的关系，人员之间、人与武器装备之间的关系等，这些关系又综合交错在一起，形成一个巨大的复杂关系网络。所有这些，使作战管理具有鲜明的繁杂性。作战管理必须有效地处理和应对这些繁杂的事物，以实现对作战的全面把握。而由于作战活动的紧迫性，使得作战管理的一切活动都要快速、清晰。决策要果断、计划要清晰、组织要顺畅、指挥要简明、控制协调要实时跟进。总之，要在繁杂的作战事物中，找出矛盾的关键，以最简短的路径迅速采取措施。作战管理因而具有，也必须具有简洁性的特点。作战管理必须面对其繁杂性，运用其简洁性。

三　强制性与艺术性

作战本来就是一种强制与被强制的活动，作战管理因而具有强制性，主要表现在三个方面。一是作战的目的是以强制性的方式使敌方的意志屈服，这种强制性是建立在一种不可抗拒的形势的基础上的，一旦势态形成，将不可抗拒。为此，可以运用一切强制性的方式，包括武力的强制征服、武力威慑下的强制性心理屈服、运用手段使敌人必然实施某种己方所希望的行动等。二是作战中己方也常常被一定的环境和条件所强制，在特定的社会环境、自然环境下，在己方的作战资源和空间相当有限的情况下、在敌人的压迫下等，己方将不可避免地受到强制，因而需要适当的管理以适应这一强制性。三是作战中要强制参战人员服从管理，作战链路中流动的作战指令强制相关人员必须执行。与强制性相对并存的是作战管理的艺术性。成功的作战是铁血的艺术，完美的效益是管理的艺术，战争史上无数作战经典艺术作品都是在艺术的作战管理中形成的。艺术是作战管理的灵魂，即使达不到艺术的境界，至少也要追求艺术的运用。作战管理要认清本身的强制性，利用本身的强制性，同时不能忽视强制的对抗活动中激荡起来的艺术火花，即强制性的作战管理中，要运用艺术的思维，艺术地实施作战管理。

四　持续性与时效性

管理是一个连续的、螺旋推进的活动过程。管理的各个职能在逻辑上是连环有序的，在时间上是同时并行的，不但管理的职能过程是连续的，而且每一职能在管理过程中从未间断。持续的管理才能积累管理效果、促成最终结果，不至于造成阶段性效果流失。作战也是一个连续不断的过程，无论其间作战间歇有多长、作战节奏有多慢，由于行动和思维对抗从未间断，作战的连续性也从未改变。因此作战管理必然而且必须具有持续性的特点。持续性的作战管理贯穿战斗、战役和战争全过程，并对任何作战过程的未来进行前瞻和预计，使作战的历史、现实和未来结成一体，各阶段作战效益生成总体效益。持续的作战管理中跌宕起伏，蕴含着时效性。无论平静与激荡，每一环节、每一时期都具有各自的特殊意义。为此意义而必须在该时期、对该环节做出及时、适当的处理，错过了该时期，该环节的特点和意义就会发生变化，处理的方式和意义也就不同于先前，因而难以预测。所以，作战管理要在特定的时间和特定的环境，以特定的方式，处理特定的环节，以实现管理效益的最大化。因此，必须兼顾作战管理的持续性与时效性，实现二者的和谐。

五 对抗性与协约性

作战无疑是人类社会最激烈的对抗活动，其对抗性不言而喻。不同组织之间为了获得效益与发展机会而展开的竞争活动，无疑是管理的对抗。以管理从事作战，意味着以对抗的方式从事对抗的活动，对抗是作战管理最鲜明的特点之一。既涉及一般管理中所指的竞争，也涉及作战管理中特殊的暴力对抗；既涉及一般管理中核心能力的对比，也涉及作战活动的对抗。主要是敌对双方心理与物理、理论与行动、数量与质量、物质与能量、速度与精度、原则与手段的对抗。在对抗的大背景下，作战管理表现出多方面的协约性。首先是利益相关方的协约。无论战前表态、战中参与，还是战后利益分配，利益相关方都是左右作战状态的关键因素。不同的利益相关各方，出于各自利益，对作战态度不一。作战管理要通过协调和约定，减小阻力，获得动力，以利于作战效益和战略发展的实现。其次是敌我之间的协约。战争经常打打停停，其中间杂着敌对双方的协约活动，协约活动影响着作战的烈度、行止。尤其在战争的尾声阶段，双方需要协约以回到文明的轨道上来，以停止无意义的屠杀。再次，是己方内部的协约。为达成共同的目的，要将己方不同的单位、部门和人员的意愿、计划和行动协调起来，形成步调一致的有机整体。可见，协约性是作战管理重要的属性。作战管理既要重视对抗性，又要强调协约性，以实现对抗性与协约性的统一，为作战目的服务。

第三节　作战管理的历史

作战管理是一个较新的概念，但是作战管理活动早就存在于作战之中，可以说，有作战，就有作战管理，作战管理在作战的历史实践中切实地存在着。同时，作战管理思想也大量存在于作战历史的实践与著作中。了解作战管理与作战管理思想的历史发展，有利于理解作战管理、研究作战管理、实施作战管理。

一　冷兵器时代的作战管理

在以体力为主提供作战能量的冷兵器时代，作战管理就已经产生。为了满足战争的需要，陆地作战中逐渐产生了步兵、骑兵、弓箭手等专门的兵种，海上作战也产生了古代海军，如古罗马海军。为了有效利用各种作战力量，古代各个国家以战争实践为基础，不断总结经验教训，逐渐对战争准备、作战力量配置、作战方法、兵器使用、物资保障等方面有了认识，在当时有限的作战的物质条件下，各方面都画出了一条明显的轨迹，逐步孕育了朴素的作战管理思想。

在职能上，强调决策与计划、组织与指挥等活动。古代欧洲的马其顿远征和十字军东征，就表现出了良好的组织与领导活动，甚至产生了陆海军的战略性协同，如伯罗本尼撒战争中斯巴达对雅典的陆海夹击。我国古代作战管理历史悠久，影响深远，至今仍然是作战管理研究的宝贵资源。美国人出版的《管理思想史》《管理思想发展史》等著作中，都论述了中国古代思想家、军事家在管理（其中自然包括作战管理）思想方面的贡献。美国学者就认为《孙子兵法》是世界上第一部系统的论述军事（其中以作战内容为主）管理的著作。一向注重"运筹帷幄""以计为首"和"励士"等思想。在内容上，产生了作战力量简单的混合配置，如马其顿的步骑混合，我国三国时期蜀军步兵、车兵和弓弩手的混合布阵等。在流程上，从观势到战争结束的方式等各个环节，均有较为明显的标志。如我国战国时期吴起向魏王分析六国大势，中国和西亚、欧洲等地的战争均以条约为战争结束的标志。在制度上，有了初步的制度思想，如尉缭子"凡兵制必先定"的思想，也产生了概括性的制度。

到了18世纪西方工业革命前夕，火器在作战中的使用量增加，促使作战队形由方阵向线式队形的转变，虽然作战管理的概念还不够明晰，但是其思想、职能和内容在实践中都已经得到了逐步的丰富。中国的冷兵器时代持续时间较长，直至19世纪末期中日甲午战争之前。当时，作战管理的思想将要浮出水面，如南洋水师和北洋水师的战舰负责人的称谓是"管带"，负责战舰平时和战时的管理和领率工作，体现了管理思想在作战中被认可的程度。

二　火器时代的作战管理

18世纪，工业革命席卷西方，作战方式发生革命性的变革，热兵器时代来临。兵器打击距离的增大和杀伤力的增强，给从事作战的方式提出了新的挑战，在继承了以往作战管理理念的基础上，作战管理的思想得到进一步发展，作战管理的内容和复杂性均得到提升。

在职能上，决策出现民主化趋势，表现在决策机关的建立上，如19世纪中期，各大国军队普遍建立了健全的司令部和保障机构；由于作战分工较以前细致，因此，作战中协调的地位上升，讲究不同兵种、不同作战力量之间的协调和具体配合，如拿破仑战争中步兵、炮兵和骑兵的结合，美国内战中格兰特和薛尔曼的战略配合。在内容上，战场管理的作用被普遍重视，如拿破仑要求部队善待俘虏，战场建设也因作战方式的改变而地位提升，壕堑等工事在作战中作用显著。作战力量管理的内容也得到丰富，马汉的"海权论"使海军上升到了前所未有的高度，在大规模战争中，基本都涉及陆军和海军作战力量的配置、协调与控制。在制度上，作战管理的相关体制取得了质的发展。17世纪初，随着军队规模和战场范围的扩大及作战业务的增加，使得为驾驭作战而展开的工作量空前增大。因此，欧洲的一些军队中开始设置统帅司令部领导的指挥体制，瑞典、普鲁士相继设立了参谋业务机构，奥匈帝国、美国、英国、日本也相继创建和完善了类似机构。

热兵器时代，作战管理中的思想和职能的成分得到了较大的提高，但是限于时代的局限，仍然有很多不够完善的地方。一些职能，如教育和激励，在作战中经常被忽视；很多内容，如作战时间和信息管理，在作战中得到的重视程度不够；对很多资源，如社会物质资源、技术资源和文化资源等，利用还不充分。

三　机械时代的作战管理

19 世纪下半叶，第二次工业革命浪潮席卷世界，使机械化战争形态在 20 世纪呈现出不断加速发展的态势。部队的打击能力和机动能力空前提高，战争规模逐渐增大，作战方式日益复杂。以往主要凭经验和判断进行作战的方式，已经无法适应战争形态的发展，作战方式的改变促进了管理在作战中的发展。1870 年，普法战争中普军的胜利就源于陆军元帅毛奇建立的作战体系，这一体系，按照科学管理学派代表人物之一埃默森所说："毛奇取得胜利是因为他设法充分地把作战部队——战场上的作战单元和参谋部——指挥员身边负责控制与协调的团体这两者合而为一。……毛奇用来控制军队所使用的'作战部队和参谋部法则'也可以用来控制商业组织。"[1] 普法战争中，毛奇建立的作战体系，对军队作战活动实施有效的指挥、控制、协调等，被普遍认为是管理革命的开端。正如摩根·威策尔在简述普法战争之后说："管理革命开始了。"[2] 于是，在社会上，尤其是企业界，管理学得到长足的发展，涌现出了大批优秀的管理学家，如泰罗、吉尔布雷斯夫妇、埃默森、甘特、法约尔、韦伯等。之后，20 世纪甚至被称为管理的世纪。作战管理在军事需求与基本管理理论的双重推动下，系统性初露端倪。

在职能上，由于个人自我实现理念在管理学界建立，被迅速应用于作战中，教育和激励职能被确认。决策与计划、组织与指挥、控制与协调职能，也被赋予了新的内涵，从事作战，成为一项综合性的职能活动。在内容上，作战力量管理、作战行动管理和战场管理代表了作战中绝大多数内容。如第二次世界大战中，以美英等国为主的盟军建立的作战机构的任务，涵盖了兵

───────────────

① 〔英〕摩根·威策尔：《管理的历史》，北京：中信出版社，2002，第 65 页。
② 〔英〕摩根·威策尔：《管理的历史》，北京：中信出版社，2002，第 64 页。

力使用、武器装备及物资保障、作战行动部署、战场建设与秩序维护等各项事务。对时间和信息的控制也成为作战中的重要因素。如作战中对作战时间节点的把握，精确性要求很高；各国军队也建立了情报机构，监听、处理作战信息的技术和方式也得到发展。在制度上，作战的体制编制逐渐以法制的形式确定下来。如 1916 年，美国通过的《国防法》首次明确了地面武装部队的组织体制，建立健全了严格、规范的论证程序，要求根据战争需要，理顺军队各种组织关系，并建立了运行机制和约束机制，保证作战行动质量。世界上其他各国，也在 20 世纪相继以法制的形式，建立健全了作战管理的相关体制和机制。

可以说，从 20 世纪起，管理已经逐渐确立了其在作战中的地位。虽然直到 20 世纪 80 年代，正式的管理概念才被提出，指挥职能仍在作战中占据主流，但是实际上在作战中能够全面起作用的，已是包括指挥在内的管理的诸多职能。

四 信息时代的作战管理

机械化时代作战管理地位的确立，为信息时代作战管理概念的明确提出奠定了基础。发端于 20 世纪六七十年代的新军事变革，是人类社会由工业时代向信息时代转型的产物。为适应信息化的要求，军队的武器装备、组织结构、作战样式等正在发生革命性的变化，为作战的相关理论指导提出了严峻的挑战，并且引发了诸多关于管理的问题。21 世纪初，欧美一些军事专家将推进新军事变革而引发的管理问题笼统地概括为"新军事变革的管理"，胡锦涛主席直接指出这场新军事变革是一场军事管理的革命。

在日益复杂的、信息化条件下的战争中，原有的关于作战的概念，已经不能完全表达作战所需要的诸多职能和手段，管理的概念被自然地引入。起初，作战管理被认为是作战指挥的辅助活动，为指挥创造条件。如 1987 年，有资料将其定义为"战时和平时为准备打仗实施的管理。作战管理包括作战准备和作战实施两个部分"①。随着对管理的深入了解，人们对作战管理的概念也得到发展。到了 2000 年，有资料将其定义为"为保障军队及时转

---

① 杨庆旺、哈铧：《中国军事知识辞典》，北京：华夏出版社，1987，第 446 页。

入临战状态以及作战时以最小代价获取最大胜利，对人员、物资、信息、时间和空间的发展变化进行的管理活动"①。该定义已经接近管理的实质，说明作战管理是为了以最小代价获取最大胜利，即作战效益；也说明了管理的内容，即人员、物资、信息、时间和空间等。但是，其与作战管理的本质，还有一定的距离。在社会和企业管理中，管理的核心是获得效益、谋求发展。这与实施一次作战的目的没有本质区别，作战的目的就是取得作战效益，进而为战争的战略发展和国家的战略发展奠定基础。管理的活动就是围绕效益和发展而展开的决策与计划、组织与领导、控制与协调、教育与激励等活动，这些职能活动是作战中必须具备的，也涵盖了作战所需求的所有职能。鉴于管理在社会和企业中发挥的重要作用，管理一词被频繁地使用于描述作战的活动中，并逐步明确了作战管理的概念。20 世纪 90 年代，美国提出建立 NMD（国家弹道导弹防御系统），需要对陆海空天的诸多作战事物进行系统的利用与掌控，于是建立了"BM/C³ 系统"，将作战管理（BM）与指挥、控制、通信（C³）并列在一起，认为作战管理包括指挥、控制和通信。由于该系统所指的指挥、控制、通信（C³）职能中，还包含决策、计划、组织、协调等职能，作战中也避免不了对人员的教育与激励，因此，用作战管理（BM）来概括该系统的功能是合理的。作战管理的概念，在人们的视野中，被逐渐明确起来。

第四节　作战管理的职能

作战管理的职能，是实现作战管理目标必不可少的手段，是管理主体在一定的管理环境中，对管理客体产生作用的必要环节。认识和发挥作战管理职能，才能实现作战管理的价值。

一　决策与计划

一般认为："决策指为了解决组织面临的问题或达到一定的目标，在科

————————————

① 熊武一、周家法等：《军事大辞海·上》，北京：长城出版社，2000，第 1580 页。

学收集并详细分析相关信息的基础上提出解决问题和实现目标的各种可行性方案，依据相关准则和标准从可行性方案中选择一个合理方案的分析判断过程。"① 作战管理中，决策不仅指高层领导做出决定，也包括低层对具体问题做出决定。如分队长的战术选择，战斗机驾驶员的动作选择等，都是决策。作战管理活动周期是从决策开始的，决策的正确与否决定着作战行为的成败。正确的决策能指导作战活动沿着正确的方向、合理的路线前进。决策始终伴随着管理工作过程的每一个环节，贯穿于管理过程的始终。决策质量的好坏，对于管理各项职能工作的效率和效果都有着不容忽视的作用。作战管理中有很多种决策类型，按影响范围和重要程度，可分为战略决策和战术决策；按主体，可分为个人决策和群体决策；按决策目标，可分为单目标决策与多目标决策等。作战管理的决策一般有五个步骤：一是明确任务，即明确国家赋予军队的战争任务和部队或分队所受领的局部作战任务，进而分析各自面临的问题；二是定位，分析环境对自身完成任务的各种利弊因素和作战利益相关各方期望，同时审视自身能力，确定自身在围绕任务形成的环境中所处的位置；三是确定目标，即依据任务要求与自身定位，合理地确定作战目标；四是拟制行动方案，通常是制定多个备选方案；五是选择方案，即通过比较综合选择最佳方案。

决策完成以后就要进行具体的计划。计划"就是根据组织内外部的实际情况权衡客观需要的主观可能，通过科学的预测，提出在未来一定时期内组织所要达到的目标以及实现目标的方法"②。相对于决策中的方案，计划所指的方案更加具体，是预先制定的具体行动方案，它要对未来所发生的事情进行预测，使组织的计划及行动与之相适应，计划是决策的细化。计划的具体内容一般包括组织的目标、具体活动与内容、人员安排、活动的地点、时间、手段与方法六项。作战管理中，计划工作就是预先决定要做什么、为什么要做、什么时候做、什么地点做、哪些人做以及如何做。计划对作战管理活动起着直接的指导作用。一是可以弥补作战的不确定性所带来的问题，

① 周鸿：《管理学原理与方法》，北京：机械工业出版社，2007，第153页。
② 周鸿：《管理学原理与方法》，北京：机械工业出版社，2007，第174页。

通过周密细致的预测，制定相应的补救措施和随时检查计划的落实情况，遇到问题则需重新制定相应的计划措施。二是有利于围绕目标，周密细致、全面的计划能够协调统一各作战部门之间的活动。三是计划可以通过预先的设计，减少重叠性的活动，节约作战资源，提高作战效率。四是有利于控制作战进程，依据计划设立的目标和标准，可以发现作战活动中出现的偏差，及时采取必要的校正行动。计划的种类，按计划的不同表现形式可将计划分为宗旨、目标、战略、政策、程序、规则、规划。计划不是一劳永逸的，而是一个连续不断的过程。由于作战的内外环境在不断发生变化，原有的计划就会不断地被修改、更新，不断被新的计划所取代。只要作战在进行，计划工作就会循环往复，一直进行下去。

二　组织与指挥

组织一般有双重含义：一种是静态的含义，即组织系统，是"指人们为实现一定的目标，依照某种方式结合而成的集体"[①]；另一种是动态的含义，即组织活动，是"为实现某种目标而合理安排人力、物力，使之结合成具有特定功能的系统性整体的活动及其过程"[②]。在作战管理中，主要采用组织的动态含义。作战管理中的组织活动一般包括以下内容：一是根据计划的需要将任务分解，并安排为此必须进行的各种活动，并且按照完成任务的要求，建立相应的作战团队，给各作战部门分配任务，确定职责范围，赋予相应的权力；二是配备、选拔、考核和培训作战人员，并选择有效的激励方式；三是明确作战团队中上下级之间的从属关系和不同部门之间的协作关系，建立沟通的渠道，保证组织活动的流畅有序；四是不断进行局部调整，随时解决团队内部可能出现的各种矛盾和冲突，确保各作战部门、层次以及各作战环节相互协调、衔接和统一，使作战管理活动内部、作战管理活动与环境保持一种动态平衡关系。组织是将决策和计划等观念性的东西转化为现实的东西的首要环节，是决策和计划得以落实的基本条件，作为一种切实的

---

① 王京朝、方宁：《军队管理学》，北京：军事科学出版社，2001，第 89 页。
② 王京朝、方宁：《军队管理学》，北京：军事科学出版社，2001，第 89 页。

活动，贯穿于作战管理活动的全过程。搞好组织活动，一是要围绕作战活动的中心，抓住管理活动的重点。应站在本层次活动的宏观角度，根据实际情况有所侧重。二是要组织好作战资源，要注意挖掘人的潜力，提高物的利用率，科学利用时间，使作战活动快慢相宜、动静有序。三是执行计划时既要坚定，又不失灵活，根据现实情况而定。

管理学中，领导是与组织并列的职能之一，是指"以特定方式引导和影响个人或组织在一定条件下实现某种目标的行动过程。其本质是以一定权力为基础的有计划的人际影响"[①]。指挥作为一种特殊的领导活动，在作战中发挥着突出的作用，作战管理中的绝大多数领导活动，都是通过指挥来实现的。因此，基于指挥的突出作用，在作战管理中，我们将指挥作为与组织并列的主要管理职能。作战管理中，指挥是指挥者以指令调度所属部队在一定条件下实现作战目标的行动过程。作战管理中，指挥活动不是领导者个人的孤立行为，而是包含着指挥者、被指挥者和环境条件等多种因素互动的活动。以指令调度所属部队行动，是指挥的主要职能。指挥是作战双方施计用谋的对抗。作战是敌对双方的激烈对抗性活动，主要表现形式是思维与物质能量紧密结合的生死较量。指挥的过程，无不存在作战双方指挥者施计用谋的激烈对抗。一旦作战开始实施，指挥就会贯穿全过程。指挥能够统一意志，形成合力；还能够统一作战步调，使作战行动有序。部属的行动必须统一、有序，何时起，何时止，何时分，何时合，何时强，何时弱，都要服从指挥。指挥中断或指挥混乱，必然导致作战团队的瘫痪与混乱。实现良好的指挥，要把握以下几点。一是必须赋予指挥者一定的权力。这种权力决定了指挥者对被指挥者的支配地位。指挥者只有依靠权力，才能对被指挥者发号施令，调度控制，支配其作战行为；被指挥者慑于权力才能无条件地接受指挥者的调度。二是指挥必须能够施以正确的主观指导。只有正确的主观指导，才能产生良好的作战管理效果。三是必须实施稳定可靠的指挥保障。指挥者对被指挥者的有效支配是通过信息的交流完成的，信息渠道的畅通和不间断是实现有效支配的保证。

———————————

① 中国百科大辞典编委会：《中国百科大辞典》，北京：华夏出版社，1990，第 111 页。

三　控制与协调

美国著名管理学家斯蒂芬·P. 罗宾斯认为："控制是监视各项活动以保证它们按计划进行并纠正各种重要偏差的过程。"① 控制在作战管理活动中十分关键。计划为决策的实现提供了基本的依据，组织将各种因素连接成一个有机的整体，指挥下达了一个个指令，这些，都是管理活动必不可少的内容，但还不是管理活动的全部。一个完整的管理过程，不能缺少控制。控制保证目标的实现。在作战管理中，决策中的目标为管理活动指明了方向，但是仅仅通过计划、组织和指挥，还不能保证目标的实现，因为管理者在对已经完成的工作与计划所应达到的标准进行比较之前，还不能确定所有工作是否正确。有效的管理是"督促他人应该采取的行动事实上已经在进行，保证他人应该达到的目标事实上已经达到"②。作战管理是一个连续的、螺旋上升的过程，控制活动保证了管理过程的有效循环。控制的种类很多，主要的分类有两种。一是按照控制的时间，可分为前馈控制、同步控制、反馈控制。前馈控制（或称预防控制）是发生在行为之前的控制行为。它能防止由于与绩效标准不符而产生的偏差。一般来说，这种方法是最安全的，因为它提前防止了错误的出现。同步控制是监控正在发生的行为的一种最典型控制。即当管理者发现错误时立即提出建设性的建议，及时纠正偏差。反馈控制（或称后控制）是在行为执行之后的评价行为。反馈控制通过指出过去的错误来对历史做出评价，它可以指导以后工作的改进。二是按控制的主客体，可分为外部控制与内部控制，即管理者控制下属团队的行为和团队内部的自我控制行为。控制过程的一般步骤为：绩效评价标准的设定、绩效的度量、绩效与标准的比较、做出必要的改进。

在作战中，各个作战单位、各种作战人员在执行各自任务过程中，相互之间不可避免地会产生一些矛盾和冲突，造成作战资源和能量的无谓消耗，阻碍任务的完成，这就需要进行协调来解决这个问题。协调，就是调整作战

---

① 〔美〕斯蒂芬·P. 罗宾斯：《管理学》，北京：中国人民大学出版社，2003，第 533 页。
② 〔美〕斯蒂芬·P. 罗宾斯：《管理学》，北京：中国人民大学出版社，2003，第 534 页。

系统内部诸要素之间、系统与环境之间的关系并解决其矛盾和冲突，从而使系统按照目标规定的方向和轨道正常运行。作战中，无论是不同单位的作战活动之间相互干扰、局部作战对作战全局的不利影响，还是不同单位之间争夺作战保障，这种矛盾都大量存在，归根结底，其实质都是局部利益与全局利益的矛盾，协调的意义就在于妥善解决局部利益与全局利益的矛盾。作战局部的优势不等于全局的优势，协调的主要功能，就是最大限度地突出局部对全局的积极作用，减少消极作用。在形式上，协调的对象主要包括局部与局部的矛盾、局部与整体的矛盾。在具体的协调工作中，主要包括以下四个方面内容。一是作战单位和任务之间的协调。当某一作战单位不适合某一任务时，就要调整单位的组成或者协调其他单位协助其完成；同样也可以根据情况，调整单位所负责的任务，使之在该单位能力范围之内。二是任务和资源的协调。所受领的任务与所掌握的资源相互匹配，才能有效完成任务，单独强调一个方面，不是心有余而力不足，就是浪费资源。三是作战单位之间的协调。这是协调工作的核心任务。各个单位应当明确它在每一范围、每一个阶段承担的任务，同时明确与其他单位任务之间的关系，从大局着眼，看待和选择本身的得失。四是作战活动程序之间的协调。虽然计划已经规定了活动的程序，但在执行过程中，随着作战态势的变化，原有程序必须调整，甚至删除有些活动。五是作战系统与作战环境的协调。无论是国际政治经济环境，还是战争内部环境、战场环境，都对作战活动有着有利或不利的影响，作战管理必须协调作战系统与环境的关系，以使作战活动多一些推力、少一些阻力。

四　教育与激励

教育与激励包含在组织与领导等职能之中，但是在作战中，人是最关键的因素，因此，教育与激励是作战管理的重要职能。

作战管理中的教育不同于一般的军事教育，因为它不仅仅是传递作战知识和经验，还包括伴随着作战活动而进行的思想教育，是军队心理工作的必要形式，其目的是在军队官兵中确立符合作战需要的精神状态。将组织、指挥、控制与教育有机地结合在一起，是我军长期战争实践中形成的显著特色。在作战管理中，教育的作用主要有三个方面：一是用正确的思想武装全体官兵，使其不断提高思想觉悟，逐步树立起正确的人生观、价值观、道德观和苦乐观，充分发挥在作战中的积极性、主动性和创造性；二是统一作战人员的意志和行动，通过教育，把一致的作战意向建立在官兵高度自觉的基础之上；三是随时解决参战人员的思想问题，发现问题，及时解决，不给作战行动留下后患。一般来说，作战知识和经验在战前就已经进行了主要的教育，但是作战中，还要根据战场出现的新情况和新特点、发现的武器装备的新功用、己方作战人员的新生潜力、敌人的突现特点等，有针对性地进行再教育。作战管理教育的另外一个重要方面，是心理教育。主要包括以下三个方面：一是宗旨教育，"全心全意为人民服务"是我军的唯一宗旨，也是军队作战时刻不忘的宗旨，进行宗旨教育，就是要在参战人员中牢固树立全心全意为人民服务的思想，坚定战斗精神；二是作战性质教育，使参战人员明确所从事的战争是正义的战争，是符合人民利益和人类道义的作战；三是作战价值教育，除了告知参战人员作战的宗旨和性质外，还要明确所面临作战任务的价值，包括对作战局部的价值和对战争全局的价值，使之以更大的使命感、责任感和成就感参战。

教育本身就有激励的作用，而作战管理中还有更加具体的激励方式。"激励，是通过满足人们需要或以适当的方式，激发或引导人们的行为动机，使其因为本身的内部动力而不是来自外部的压力去积极进行实现管理目标的活动。"① 按照管理理论的人际关系学说的观点："人都是'社会人'，是复杂的社会系统的成员，不是经济人。他们有必须加以满足的物质方面的要求，但更重要的，是他们有社会方面和心理方面的要求。"② 管理理论的需要层次理论也认为人的需要中就包括社交需要、尊重需要和自我实现需要。社交需要是指人们希望归属于一定的群体，相互关心，相互支持，并且希望通过自己付出情感得到别人的友谊；尊重需要是指人既追求自尊、自信、独立自主，又追求有地位、有威望，从而受到别人的赏识、重视和

---

① 王京朝、方宁:《军队管理学》，北京：军事科学出版社，2001，第102页。
② 徐向艺:《管辖治理：管理学的历史、现状与未来》，济南：山东大学出版社，2003，第28页。

高度评价。自我实现需要是指人充分发挥自己的潜在能力，成为自己所期望的人物，并完成与自己能力相称的工作的需要。激励正好符合这两个理论观点，在作战中发挥着不可或缺的精神作用。根据不同的标准，可以将激励分为不同的类型。根据激励的手段，可分为精神激励和物质激励。精神激励是满足人在精神方面的需要而进行的，在作战中广泛开展的杀敌立功运动就是一种精神激励；物质激励是针对人在物质方面的需要而采取的调动其积极性的措施，物质激励也有精神激励的作用。根据激励的性质，可分为正激励和负激励。正激励是通过满足作战人员的精神和物质需要调动其积极性的活动，如奖励就是正激励的有效手段；负激励是通过抑制军人的精神和物质需要促使其改正错误的活动，如处分就是负激励的有效手段。

第五节　作战管理的作用

一旦明确了作战管理的含义、特点、历史和职能，作战管理的意义也就逐渐明晰。作战管理的意义主要体现在，这种手段对环境的感知和利用、对行动的实施、对结果的获取上。

一　有利于谋求战略优势

人类之所以要进行作战——这种残酷的斗争，有其背后的政治、经济和文化根源。作战的最终目的，不外乎获得政治权力、经济利益、文化主导地位，并且借此保持国家（或集团）持续强势发展。可以说，谋求国家（或集团）的战略发展，是作战活动的终极目的。一切管理理论的关注点除了组织的效益外，就是组织的发展。现代管理理论，尤其是战略管理理论，从三个方面强调组织的战略发展。一是创建一个有长远目标的组织，而不是仅仅盯住眼前的利益；二是在组织运行过程中要利用组织内部的多样性与组织环境的复杂性，来不断塑造组织，使组织能够在适应环境的同时，完善自身，超越自我；三是组织要树立效益观念，通过对资源的合理利用和对短期利益的积累，助推组织的长远发展。国家（或集团）是人类社会最典型、利益最集中的组织，长远发展是国家（或集团）的最大任务。而作战活动虽然经常出现于国家（或集团）的发展历程中，但毕竟是冒险的行为。一旦因利益需要而不得不进行作战时，就要充分利用这一危险而宝贵的机会，不但要获得战争的胜利，还要借此获得战略优势，保持国家（或集团）持续强势的发展。因此，以管理的方式从事作战，能够站在战略的高度，谋求国家（或集团）的战略发展。

二　有利于利用作战环境

作战必然在一定的环境中进行。作战环境是作战活动所存在的、由作战的一切外在因素组成的综合外部条件，影响作战活动的各个方面。包括政治、经济、军事、外交和地理等影响作战的各种外部因素，是进行作战必不可少的外在条件。对作战环境进行分析和深化，可以使作战资源与作战环境以合适的方式匹配，充分发挥资源的效能；使作战行动适应环境特点，在环境中自然地发展；合理地改造环境，更加有利于己方作战能量的发挥，而不利于敌方作战能量的发挥；甚至深化作战环境，使作战环境成为己方新的、可资利用的作战资源。而分析和深化环境是管理流程的第一步，是一切创造效益、谋求发展的组织活动的首要工作。战略管理就认为：对环境的理解有利于"识别关键因素和结构性变革驱动力，并提供一个基础，来审视这些因素在将来在多大程度上会对行业（或者部门）和行业内的组织产生不同的影响"①。还认为：环境具有高度不确定性，分析环境有利于组织做好准备；而且环境中机遇和挑战并存，在于组织的利用。因此，组织行为要符合环境特点，并以组织的能力尽量改造环境，使之更加符合组织创造效益、谋求发展的需要。管理的这一功能正好符合作战活动与作战环境之间的关系，深化环境对于作战的意义。因此，作战管理可以通过分析环境、改造自身、改造环境、利用环境，使作战活动符合一定的环境特点，使作战环境有利于作战活动的发展。

---

① 〔英〕格里·约翰逊、凯万·斯科尔斯：《战略管理》，北京：人民邮电出版社，2004，第84页。

三 有利于优化作战资源

参战力量、作战物资、武器装备、军事设施、军事制度、作战理论、国家综合实力、国际软实力等，都是作战赖以进行的资源。但是诸多作战资源，在采取某种行动之前，基本上以一种原有的、自然的方式存在着，也就是说，不通过一定的行为加以改造，是不会发挥其应有的作战效能的。一般来说，在作战中，作战资源需要发现，才能体现其真正的存在；需要激活才能实现其有效的存在；需要改造，才能实现其优质的存在；需要整合，才能实现其系统的存在。不能发挥有效的作用，作战资源将流失其应有的意义；合理地运用，才能极大地发挥作战资源的作用。作为组织活动的有效方式，管理的功能就包括对资源的利用。现代管理学认为：形成组织能力的因素很多，这些因素不能彼此孤立地发挥作用，而必须通过一定的组合与配置，才能形成现实的能力。把人、器具、材料、技术等这些互不相关的资源，组合成一个达到目标的总系统的过程，也就是管理的过程。有效的管理可以使影响组织能力的诸要素达到合理组织和配置，从而使组织能力达到最佳功能状态。在资源一定的情况下，组织能力的高低就直接取决于管理的水平。因为组织活动的能力既同这些要素有密切关系，又同这些要素的组合方式，同它的结构有密切关系，没有科学的管理就不可能形成一个最佳结构。所以，作战管理通过分工、协作、组织和领导等职能，有效地整合作战资源，优化作战资源，使其产生最大的效能。

四 有利于提高作战效益

作战效益就是作战的收益与作战投入的比值。创造作战效益，通俗地说，就是以最小的代价谋取最大的胜利。因为作战资源有限，作战中要珍惜点滴作战资源，使物尽其用，这样既能够节约军事资源，不至于消耗过大，也能节约国家资源，不至于对国家的长期持续发展造成较大的影响。同时，还能够在获取作战优势的同时，保持持续作战的能力和潜力，有利于保持长期的作战优势，使作战活动持续有效地发展。一切管理理论的主要关注点之一就是组织的活动效益。由于组织活动都有一定的目标，而实现一定的目标要投入一定的成本，必须通过管理来减小这个成本，达成目标的最佳实现，即以最小的投入，获得最大的产出。要实现这个目的，就要发挥管理的职能，最大限度地发挥组织的能力，以最小的代价实现组织的目标。管理活动的效益观点恰好符合作战追求效益的要求，管理的诸多职能也正是实现作战效益的有效途径。决策与计划过程已经设计了最为经济的途径；组织与领导进行具体的整合，增加原有资源的作用，发挥其潜力，避免更多资源的投入与消耗；控制与协调避免了无为做功与内耗；教育与激励发挥人的精神作用，促进了物质资源作用的极大发挥。站在管理的角度从事作战，实现作战效益，这不是单纯强调某一职能就能够实现的。作战管理就是要站在经济的角度上，采取一切措施，实现作战效益的最大化。

第三章 作战管理的要素

既然作战管理是利用作战资源获得作战效益、谋求战略发展的有效的作战行为方式，作战管理者就要根据其特点，发挥其职能，实现管理对于作战的根本意义。历史的经验和现实的挑战告诉我们，作战中人的行止、物的流动、资财的耗费、时空的转换等，都是作战的表面现象。作战管理者的任务就是要通过对这些表面现象施动，以实现内在要素的有利驱动，形成有利于作战的内在条件。所以，只有掌控全局、感知微妙，洞悉作战管理的要素，才能实现兼具战略和战术价值的作战管理。

第一节 作战的"道"

中国文化中，"道"的含义很多，大体有规律、方法、道义等含义。由于作战管理通篇所探讨的问题都围绕着作战的规律与方法，所以本节的"道"指的并不是作战的规律与方法，而是指作战的道义。

一 "道"的含义

孟子说:"得道多助,失道寡助"①,就是说,拥有正义的人就会得到多一些的支持,失去正义的人得到的支持就很少,这里的"道"指的就是道义。作战道义是进行作战的源头,任何作战,或者得道,或者失道,都离不开道义。按照作战的层次,作战的"道"基本可分为战争的"道"和局部作战的"道"。

一般来说,符合广大人民利益、促进社会发展的战争,是正义的战争,就得道。如抵御外敌入侵的反侵略战争、争取民族独立的民族解放战争等,都是得"道"的。而违背广大人民利益、阻碍社会发展的战争,是非正义的战争,就失道。如侵略战争、反革命战争等,都是失道的。然而,战争的"道"的这种划分,并不是绝对的。由于战争性质的复杂性,使得在某些情况下,战争的"道"也具有复杂性。对于不同的作战管理主体,"道"的含义也有很大差别。由于战争的矛盾性,交战的一方认为所得的"道",就是另一方所失去的"道",得道与失道在作战主体之间,就成了相对的事物。这主要有两种根源,一是由于意识冲突,对作战的"道"造成不同的理解。战争双方,各执一端,都认为自己的理想是正确的,是符合人民利益和社会进步的。如美国的南北战争,北方认为统一是真理,为美利坚民族的团结而战;而南方认为独立是正义的事业,为保卫家园而战,因而造成战争初期双方军民均热情高涨,誓死捍卫理想。二是由于利益冲突,对作战的"道"造成不同的解释。如在有争议地域的争夺中,一方的保卫,就被另一方看做侵略,就这一点而言,国家利益就是衡量战争道义的标准了。

无论以什么标准定性,在战争的"道"既定的情况下,局部作战的"道"就表现出与其既统一又区别的特点。二者的统一性在于,战争的道义基本决定了局部作战的道义。由于作战的整体目标与性质,正义的一方,其所进行的局部作战基本是正义的,都是为了最终实现正义的目标,是得道

① (战国)孟轲:《孟子·公孙丑下》,广州:广州出版社,2001,第64页。

的；而非正义的一方在这个方面就显得相反了，是失道的。然而，在总体一致的情况下，战争的"道"与局部作战的"道"也时常表现出不同的性质。战争中，正义的一方如果作战管理失当，会使局部作战的道义发生改变，造成局部的失道。如拿破仑在保卫新生的法兰西共和国的战争中，由于在深入别国之后战场管理失当，造成恣意掠夺，激起反抗，成为导致其最终失败的原因之一。而战争中失道的一方，如果作战管理得当，也可以在局部作战中得道，极大地支持作战活动。如第二次世界大战时期隆美尔在北非的作战，由于其战场纪律和战俘管理得当，就没有引起当地居民反感，还得到了英军士兵的尊敬，赢得了北非战场上的极大优势。

需要说明的是，作战道义的划分不是绝对的，并不是说任何作战要么是正义的，要么是非正义的。基于不同的视角，同一次作战，交战双方对于作战道义的认识是不同的，甚至双方之间没有哪一方是正义的。如第一次世界大战中两大集团之间的作战，都是为了各自贪婪的目的，战争中双方都运用了化学武器——这种违反人类道义的极端武器，无法说清哪一方得道与失道。也不是任何一个时期或者阶段的作战都可以分清得道与否。作战的得道与失道之间没有不可逾越的鸿沟，它们相互依存、相互渗透、相互联系，在一定的条件下还可以相互转化。但是从战争史的总体趋势看，双方都在试图争夺作战的"道"，尽可能以得道自居，以陷敌于被动的失道。

二 "道"的意义

作战的"道"，存在于意识，反映于行动，归结于利益，对于作战管理意义重大。

第一，"道"是作战的理论起点。人类社会存在的冲突都有其内在理由，作战即是如此。理由决定了作战的正义性与非正义性，也因而决定了作战行为本质的"道"，这个本质的"道"，将经受时间的考验，是作战真正的理论起点。而作为人类群体性暴力对抗，作战中的人需要了解这个理由或者仅仅需要一个理由。因此，作战的理由必须在作战开始之前，公之于众，使与作战有关的人员都能够明白自己在为什么而战。也就是说，作战还需要一个为人共知的"道"。因其受利益的驱使，它有可能与作战本质的"道"

相同，也有可能不同。因此，无论是战争还是局部作战，宣布自己的作战理由，都是作战指导者首先要做的事。为了使作战行为符合人类共有的正义心理，以利于指战员发挥作战行为的能动性，作战指导者通常要宣布自己所从事的作战是正义的，是有利于团体利益、民族国家或者人类公平的。因此，自从有了战争之后，"道"就成了作战的理论起点。不管是出于何种目的而发起的战争或者局部作战行动，参战的任何一方，都竭力将自己装扮成正义的化身，为维护正义而战，也就是中国古人所说的"师出有名"。商汤灭夏桀之前在誓师大会中就发表了"非台小子敢行称乱！有夏多罪，天命殛之"① 的演说，提供战争的理论起点，宣传战争的正义性，进行作战"道"的管理。战争在人类历史中走过了数千年，而"道"却仍然是作战的理论起点。随着战争文化内涵的增加，"道"在作战中的地位将越来越显著。

第二，"道"是形成作战软实力的重要基础。所谓作战软实力，是那些对作战行动具有强烈支持意义的精神力量。"道"是士气的第一决定因素。对于一国或一方人民来说是正义的战争，军民的战斗热情必然高涨。历史上，因保卫祖国而全民皆兵的战争比比皆是，中国的抗日战争、不列颠之战、越南战争等，无不如此。在战役和战斗中，"道"可以激发军士的战斗热情，甚至必死之志。抗美援朝战场上，持轻武器冲向联军阵地的中国士兵就是最好的榜样。第二次世界大战莫斯科保卫战中那句"俄罗斯大地辽阔，可我们已无路可退"，至今让人荡气回肠。在作战中，精神的力量是巨大的，表现在获取与损失的资源上。强大的精神可以助长战斗力，获得胜利；瓦解敌方的战斗精神，可以节约己方的作战资源，提高作战效益。在局部作战中，注重"道"的控制，还可以避免遭遇困兽之斗。纵使是正义之战，也要把握尺度，避免敌方产生"战死，不战亦死"的念头。孙子就主张"围师遗阙，穷寇勿迫"②。就是站在敌方的角度，来把握作战的"道"，使之有利于己方。作战的"道"是形成战略软环境的主要导向，促进战略软实力的形成。如前所述，"师出有名"，在舆论上就占据了主动，形成"得

---

① 陈戌国校注：《尚书：校注本》，长沙：岳麓书社，2004，第38页。

② （春秋）孙武：《孙子兵法·军争篇》，北京：燕山出版社，1995，第90页。

道多助"的局面，进而得到从国内到国际、从军队到民间、从物质到精神的广泛支持，充分地发挥己方的战争潜力。即便是美军入侵伊拉克的战争，也要托名给予伊拉克人民自由，而命名为"自由伊拉克"行动；同时进行广泛的道义声讨，使伊拉克在军事上陷入软硬的双重被动，从而获得了数十个国家的有力支持。

第三，"道"是影响战后利益归属的重要因素。战后利益是作战管理的主要关注点之一。胜利者以胜利为资本，试图攫取尽量多的利益，但是离不开作战正义性的制约；失败者穷途末路，为避免太大的损失，就尽量博得国际社会的同情和谅解，这一工作同样要借助作战道义的支持。在联盟战争中，借助"道"谋求利益的现象更为显著。对立的两个集团之间，在战后通常借助"道"来获取或保卫利益；就是在同一个集团内部，利益之争也很突出，往往撕破脸皮，将利益划分的根源追溯到作战的道义上。作战中对道义的良好把握就成了争取更多利益、避免更多损失的理由；而作战中违背道义的做法则会成为其他国家攻击的口实，对于利益分配极其不利，对于遭遇可能的损失，也没有太多的办法避免。但是作战的"道"不是在战后才形成的，而是在战争的开始和进行中就逐渐形成了，且一旦形成就无法改变。因此，为了战后利益的归属，作战管理者要在作战中注意作战"道"的管理，为将来的利益分配奠定基础。

由此看来，"道"对于作战管理具有基本的和长期的影响，同时兼具战略影响和战术影响，是作战管理者要考虑的第一要素。

三 "道"的主要影响因素

由于"道"的意义重大，关系到作战根本性和目的性的内容，因此，其影响因素也涉及作战的根本性、目的性的内容，同时手段性的内容也起到了不容忽视的作用。

第一，是战争目的。目的决定性质，战争目的直接决定战争的"道"。如前所述，基于战争与局部作战"道"的统一性，在战争道义既定的情况下，局部作战的道义也基本确定下来了。其中有三种情况，第一种情况是由于目的和手段的基本一致性，战争中，得道一方的作战，是正义的；即使有部分作战行为表现出非正义性，但是只要管理得当，合理控制，就不会从总体上改变作战的正义性，也就不会改变战争的道义。如中国人民的抗日战争、苏联人民的卫国战争等，均属此列。第二种情况与第一种情况相反，由于局部作战的管理失当，造成失道，使得局部作战的道义与战争的道义产生背离，并且引起战争范围内失道行为泛滥，因而改变了战争的道义。这种情况下，实际上战争的目的也已经发生了改变，因此并不影响战争目的对于道义的决定性。如中国古代战国时期，燕国反抗齐国，燕国将军乐毅驱逐齐人之后入侵齐国，几乎灭掉齐国。战争性质因而发生变化，转变为齐国的卫国战争和燕国的侵略战争，燕军的失败即源于此。第三种情况是战争双方均以掠夺为目的，此时，战争的道义就显得模糊，而作战的"道"就基本取决于局部作战的道义了。哪一方更加注重作战"道"的管理，哪一方就显得比较正义，获得的支持就多一些；哪一方在作战中恣意妄为，哪一方就显得非正义，遭到的反对就多一些。从这个意义上说，战争目的使得战争的"道"模糊，作战的"道"就显现出游离的特点，但战争目的还是在左右作战的"道"。如历史上英法之间的"百年战争"。

第二，是利益相关方。如前所述，由于立场的不同，对战争的正义与否，看法不同，利益是战争各方对作战道义的评判标准。在两极战争中，夺取有时被看做保卫，为己方利益而战，就被己方看做是正义的。如1898年美国占领菲律宾的战争，美国人认为占领菲律宾可以推进美国的安全线，保护美国的安全与战略利益，名正言顺，就得到了议会的支持，美国在"帮助"菲律宾人赶走了西班牙人之后，理直气壮地占领了菲律宾。反之，保卫也会被敌方看做侵害，被敌方看成是非正义的。如17世纪北美原住民反抗欧洲移民的殖民战争，就侵害了殖民者的利益，因而被称为野蛮的土著人的战争，使殖民者对原住民的"清除"感觉心安理得。在多极战争中，利益相关方数量和类别较多，对作战"道"的影响较为明显和复杂。利益相关的程度和角度不同，会对战争产生多样的看法。战争的"道"因而在多个利益相关方之间产生差异，很难用单纯的得道与失道来定义；随着战争走势不断变化，"道"也在利益相关方之间不断变化，原来认为得道的，有可能转化为失道，同时也存在相反的转化。不同的利益相关方之间对作战"道"

的不同认识，还可以形成一个综合印象。总体上印象强烈而占优势的一方会在多极环境中赢得更高的呼声，占据较大的主动，显得较为得道；另一方则显得较为失道。这种印象还会影响战争之外的大环境，左右旁观者的态度。因此，利益相关方是最为现实而具有强制性的因素。

第三，是作战尺度。古代思想家孔子曾说："过犹不及。"① 意思就是做事要把握尺度、处置适当，才能达到理想的效果。作战是人类社会最为微妙的事物，多进一步可能踏入雷池，少进一步可能远离胜利，合理把握作战尺度，是赢得作战胜利的关键之一。尺度对于作战"道"的影响也是极其微妙而关键的，主要从三个方面施加影响。一是作战的范围，作战通常在一定限度的空间内进行，超出了这个空间，就会造成打击行为的泛滥，作战内容发生变化，道义自然变化。作战也通常在一定的时间内进行，超出了这个时间，就会造成作战的不合理延续，甚至引发新的战争，作战道义自然也产生变化。作战中对军事目标的打击在战争的常理范围之中，而不分军民界限的狂轰滥炸显然就不得人心，造成道义上的被动。二是打击手段，一定时期内的常规打击手段和非常规打击手段是有区别的，在战争法和各国军事法律中存在相关规定。如使用核武器、生化武器等，一直都是战争法明令禁止的作战手段。其他手段如使用地雷、滥用红十字标志等违反人道主义的手段，也是为战争法所禁止、并为国际社会嗤之以鼻的作战手段。不择手段的作战行为会将"道"送给敌方。三是打击程度，它直接影响己方能力发挥、敌方灾难承受度和国际社会承认度。随着打击程度的延伸，各项指标就越来越接近各自的极限，导致作战道义的渐变；当极限被突破时，作战的"道"就发生完全的转化。无止境地摧毁和深入，是暴虐和贪婪的象征，势必激起敌我友各方面广泛而强烈的反抗，造成道义上的被动。

第四，是战后管理。无论是战争之后，还是局部作战之后，战后管理都是引起作战道义发生变化的重要因素，主要从三个方面影响作战的"道"。一是战后利益的挖掘度。毫无疑问，作战为利益而发生，挖掘利益是一切作战行动的根本目的。利益挖掘的程度主要是指获得利益的多少和比重。战胜

① （春秋）孔丘：《论语·先进篇》，广州：暨南大学出版社，2003，第118页。

者肯定要利用战果获取尽量多的利益，由于人类难以遏制的贪欲，常常使这种获取数量较大，如果获取利益超出了原本需要保卫的数量，就会变成一种侵略行为。获取利益的比重主要是对多极战争而言的，一方获取多，势必使其他方获取少，引起国际社会的不满，导致舆论等方面的责难，甚至直接的反对，造成不得人心的后果。二是战后社会秩序的维持，这是一切激烈的社会对抗行为在造成破坏与混乱之后的必然行动。成功的战后秩序维持，可以稳定人心，赢得赞誉，抵消作战造成的不良影响；反之，则会使原来的道义受损，并遭遇更多的反对。伊拉克战争后的长期社会动乱，就使美军遭到了广泛的质疑。三是战后部队约束。战争史上不只一次地出现暴掠、虐俘、辱尸，甚至屠城事件，这都是战后管理的失败。这不仅会在道义的天平上失势，还会积少成多，引起战争性质的变化，使正义变身邪恶，于作战不利。作战的"道"是一个微妙的事物，重要而脆弱，作战管理者要全面考虑、谨慎处之。

第二节 作战的"形"

"形"是事物的外在表现，一切事物所蕴含的所有信息，都通过"形"传达出来；人类探求事物的真谛、改变事物的属性、促成一定的成果，都需要通过对"形"做功，才能实现。

一 "形"的含义

作为人类社会的重要事物，作战具有鲜明而重要的"形"。作战的"形"就是与作战有关的一切事物的外在物理表现。"形"是从事作战的现有条件，可以运用之以改变态势，实现作战目标，是作战的现实基础。孙子曾对作战的"形"有过一定的阐述："兵法：一曰度，二曰量，三曰数，四曰称，五曰胜。"[①] 分别指国家的地理特点、物产资源、兵员多寡、军事实力和作战结果，从国家军事战略的高度阐明了"形"的组成内容。作战管

---

① （春秋）孙武：《孙子兵法·形篇》，北京：燕山出版社，1995，第49页。

理的"形"就包含在其中，并且随着战争形态的变化，有所拓展。

第一，是参战部队的规模和结构。是指参战力量在人员上的外在表现形式。参战部队的规模包括幅度、军兵种的结构、编成的层次、作战和保障单位的多少、武器装备的数量和总人数。它是军队遂行作战任务、编配武器装备、确定组织编制的基础性依据，直接影响作战部队战斗力的强弱，包括质和量两个方面。质包括参战部队武器装备的水平、军兵种构成及相互间的比例、人员的综合素质、编成的幅度和层次等；量包括参战部队总兵力和各种组成要素的种类与数量。参战部队的结构是其各个部分有机组合的方式，是整体的宏观构成形式。为了便于作战管理，完成作战任务，通常将参战部队划分为若干军兵种，按职能区分为领导指挥系统、战斗部队系统、战斗保障部队系统、后勤和装备技术保障系统等；并从上到下区分为若干层次，通常包括军兵种结构、职能结构和层次结构。一定形式的结构，是军事科学技术、武器装备发展水平、人员素质在作战组成方面的体现。科学、合理的结构是发挥部队整体作战能力的重要条件。参战部队是一个由许多分系统组成的复杂的大系统，作为一个作战团队，其整体功能并不是各个系统功能的简单相加，而是整个系统有效运行而产生的效能。所以，部队战斗力与其结构密切相关，很大程度上取决于结构的整体性。所谓整体性，是指各个基本组成部分紧密结合成一个整体的程度，宏观结构整体性不强，参战部队内部各个组成部分就必然相互制约，协调困难，甚至产生内耗，从而降低部队的整体功能。为此，必须科学、合理地确定参战部队的总体结构，加强其整体性建设。参战部队的规模和结构是关乎作战胜败的重要因素。在战争史上，有许多由于军事力量体结构存在缺陷，影响军队整体功能的发挥而招致重大失败的实例。第二次世界大战前，波兰和法国军事思想陈旧，军队规模和结构不合理，二者都保持了一支庞大的旧式陆军，空军力量、坦克和机械化部队薄弱。波兰陆军还保留了一支占相当比重的骑兵，却没有装甲摩托化部队，防空力量和反装甲力量也相当落后。结果，波、法两国在德军坦克、机械化部队和航空力量的多重攻击下，战争一开始便很快遭到毁灭性失败。就局部作战而言，也存在相同的例子。在 1983 年美军入侵格林纳达的机场战斗中，美军部队就同时拥有空军、空军突击部队、装甲兵和步兵部队，以压倒性的优势，击溃了仅有步兵的机场守军。作战终究是由人来进行的，人是作战的决定性因素，是作战"形"的首要组成部分。

第二，是用于作战的军事设施与武器装备以及作战保障物资。这是进行作战的物质基础，是作战中最具显性特征的事物，构成"形"的重要部分。对此，孙子论述说："凡用兵之法，驰车千驷，革车千乘，带甲十万，千里馈粮。则内外之费，宾客之用，胶漆之材，车甲之奉，日费千金，然后十万之师举矣。"[①] 军事设施是指"一切与军事作战目的有关的物质措施和设备。它最基本的意思，是指一定的军事工程及其附设于这种工程中的军事设备"[②]。军事设施用于作战，涉及作战的防护、驻留、机动、侦察、通信、能量供应等，通常包括参与作战的作战工程，军用机场、港口、码头，营区，预设战场，军用洞库、仓库，军用通信、侦察、导航、观测、电力设施，军用公路、铁路专用线，军用输油管道以及其他用于作战的设施。这些设施是作战赖以实施的支撑点，作战需要从这些支撑点中获得所需支持，在这些支撑点所形成的网络中进行。武器装备与人结合在一起，本来是参战部队的组成部分，但是由于其在作战中的突出作用，所以在这里单独予以说明。《太白阴经》中提出："器械不精，不可言兵；五兵不利，不可举事。"[③] 武器装备，是用于实施和保障作战行动的武器、武器系统及与其配套的军事技术装备与器材的统称。武器，亦称兵器，是直接用于杀伤、瘫痪敌方有生力量或破坏、瘫痪敌方军事设施和战争潜力的作战工具。武器系统，亦称武器装备综合系统，是武器和为了完成作战任务而与武器功能相关、有序组合、配套使用的军事技术装备构成的有机整体。由于军事科技对武器装备性能的巨大提升作用，因此军事科技也是武器装备的组成部分。武器装备是战争和军队建设的重要物质基础，是实施暴力的基本物质手段，是决定作战胜负的重要因素之一。作战保障物资是为顺利实施作战而为作战部队提供的作战辅助物资和生活消耗物资，如油料、食品和生活用品等。不管

---

① （春秋）孙武：《孙子兵法·作战篇》，北京：燕山出版社，1995，第28页。
② 中国人民解放军总参谋部军事设施保护法简论编写组：《军事设施保护法简论》，北京：法律出版社，1990，第2页。
③ （唐）李筌：《太白阴经·卷四·器械篇》，北京：军事科学出版社，1996，第197页。

何种样式的作战活动，都是建立在一定的物质基础之上。所谓"兵马未动，粮草先行"，就充分揭示了作战保障物资在作战中的作用。海湾战争中，美军通过预先储备、临时采购、紧急生产等方式，先后动员了13亿多吨装备、物资运送到海湾地区，为作战展开并取得胜利奠定了雄厚的物质基础。恩格斯指出："暴力不是单纯的意志行为，它是要求促使意志行为实现的非常现实的前提，特别是工具。"① 这里的前提就是物质基础，就包括作战用军事设施、武器装备和作战保障物资，它们是战争赖以进行的重要物质基础，是实现人的暴力意志的基本物质手段。

第三，是空间条件。是指敌对双方进行较量的环境，是实施作战部署的客观依据之一，是作战双方必须认真研究和利用的环境要素，它对作战活动有着很大的制约和影响。孙子在"地形篇"中就表达了对地理（空间的主要组成部分）条件的认识："地形有通者、有挂者、有支者、有隘者、有险者、有远者。"② 空间条件不仅影响作战的进程，而且有时直接影响作战的胜败。只要进行作战，就要受空间条件的影响与制约，这是一条客观规律，无论是过去的作战，还是未来的作战，都必须遵循这一规律。如果说有变化，只是影响的内容和程度不同而已。当前，随着武器装备技术水平的发展，作战的空间条件是由陆、海、空、天、电磁和网络等空间融为一体的广阔空间和气候条件的综合系统，是独立于作战系统存在的客观环境，是一切作战活动赖以进行的平台。诸空间条件对作战的影响是综合性的，尤其是在当代战争形态下，作战信息、机动能力、打击距离、打击手段多样化，军用卫星、作战信息系统、远程作战飞机、远程精确制导弹药等装备的使用，使任何一场局部作战都有可能动用地基、天基、电磁和网络空间的作战资源，因此作战中必须综合以上各条件对作战的有利与不利影响。同时，因为每场战争或者局部作战的个性化特点，在作战中要明确那些对作战起决定性影响的空间条件。也就是说在明确作战空间条件的普遍有效性的同时，还要明确其中个别条件的突出有效性。例如要根据作战空间条件的特点，选择那些隐

① 《马克思恩格斯军事文集》第三卷，北京：战士出版社，1982，第509页。
② （春秋）孙武：《孙子兵法·地形篇》，北京：燕山出版社，1995，第116页。

蔽的、能达成快速机动的通道，那些便于空降、机降的开阔地，那些击一点而溃全局的要害点位，那些利于组织坚固防御的、有控制意义的地形，那些便于某一电磁打击方式的天气等。

第四，是时间条件。任何作战，都是一定的作战力量在一定的时间内进行的。作战时间选择得好，可以大大提高作战效能；否则，就会贻误战机，陷于被动甚至导致失败。所以，作战的时间条件，是作战的重要外在物理因素之一，是作战"形"的重要组成部分。古人作战，讲究"天时、地利、人和"，把"时间"看做是作战的三大要素之首。列宁曾明确指出："决不能忘记，统一的领导，迅速而坚决的行动是非常重要的。果断，进攻迅猛——就是四分之三的胜利。"[①] 当代技术条件下作战，时间仍是作战时需详加考虑的问题。在作战中，时间往往表现出有限性和可选择性的对立统一的特点，即兼具相对的紧迫性和充分性。相对紧迫性是因为时间的运行方向是向前的，不能倒退，不以人的意志为转移；任何作战都有一个合适的持续时间，尽量要在这个时间内完成作战任务；任何作战态势的发展都有一个最佳点，作战行动的选择也有一个最佳点，战机稍纵即逝。相对充分性是因为无论短暂还是漫长，时间都给予作战一定的选择机会，时间点、时间段、持续时间都允许发挥人的主观意志，只要反应及时、准备充分，作战时间就会显得较为充分。其相对性还表现在，同一时间段内，对于一方是紧迫的，而对于另一方可能是充分的。在战争史上，把握时间的优秀战例不胜枚举。如以埃及和叙利亚军队为主的阿拉伯联军在 1973 年 10 月 6 日发动的"赎罪日战争"；美军在历经 5 个多月的充分准备之后，在 1991 年 1 月 1 日夜，利用武器装备擅长夜战的优势，发动的海湾战争。徐向前元帅指出"时间就是力量，就是胜利，就是军队的生命"[②]。甚至在一定条件下，时间因素对作战的胜负起决定作用。可以说，"时间"也是一种战斗力，是作战重要的"形"。

根据不同的标准，作战的"形"还可以分为不同的类别，如战略的

---

① 《列宁军事文选》第一卷，北京：中国人民解放军总参谋部，1959，第 233 页。
② 国防大学第二编研室：《徐向前军事文选》，北京：解放军出版社，1993，第 337 页。

"形"和战术的"形"、实形与虚形、强形与弱形等，彼此之间相互促进和转化。但是不管怎样，都主要由以上各要素的运动变化而实现。

二　"形"的意义

作战的"形"，是所有作战资源的融合，是作战赖以进行的物质基础。关于"形"，孙子对其中时间与地理的意义有过深刻的论述："故知战之地，知战之日，则可千里而会战；不知战之地，不知战日，则左不能救右，右不能救左，前不能救后，后不能救前，而况远者数十里，近者数里乎!"① 作战管理者必须了解作战"形"的意义。

第一，深刻影响战争形态。作战首先是物质的，作战的"形"包括与作战相关的一切事物在物质上的数量、种类、质量、结合度，决定了作战的物质性特点。作战的物质本质深刻影响战争形态。从作战的发展历程上看，运用不同的作战的"形"进行的战争形态是不同的。就作战主体来说，原始社会部落人口的数量、文明程度与信息时代国家或集团人口的数量、身体条件和文明程度是大不相同的，作战规模从数十人的百步战场扩大至数十万人的洲际战场，作战手段从驱动肌肉发展到驱动复杂战争机器。就作战工具来说，军事设施、武器装备和作战保障物资强制性地改变了战争形态。后膛枪、机关枪与铁丝网、坦克与飞机等武器的出现，使密集队形、疏散队形和壕堑战相继退出作战舞台。就作战地理要素来说，空间的拓展，不仅扩大了作战范围，而且扩大了作战领域，丰富了作战手段。从陆地的平面一维，到陆海空三维，再到陆海空天电磁五维，作战范围从陆地一直延伸到海底和外层空间，涉及机械、电磁、网络、航天等大量人类已知领域，手段从机械打击增加了电磁打击、网络打击、太空战等。就作战的时间要素来说，同样的白天和黑夜、晴天和雨雪、酷暑与寒冬在冷兵器时代和信息时代，对于作战的意义是不同的，甚至是完全相反的；在一天的战斗中摧毁一个兵团和在一个小时内摧毁一个师，产生的效果肯定是不同的。即便是同一时期，不同作战所具有的不同的"形"，也使作战表现出不同形态。如同样是发生在第二次世界大战

---

① （春秋）孙武：《孙子兵法·虚实篇》，北京：燕山出版社，1995，第71页。

中的作战，德军入侵波兰和入侵英国的战争形态就大不相同，其中重要原因就有陆地和海洋阻隔的地理区别、军队组成成分的区别、军事装备与物资的区别、持续时间的区别等，因而表现出速决与持久的不同作战局面。

第二，促成作战态势。作战的"形"作为物理存在，表现为一种状态，引申出一定的趋势，这仍然符合作战的物质本质。在同一战场上作战，双方所拥有的"形"是不同的，二者的对比产生一个差距，就构成了作战态势的先决条件。从参战部队到作战时间的各个"形"中，差距无处不在。其综合差距，就在总体上表现出了作战态势。如在伊拉克战争中，伊拉克拥有主场之利，沙漠的艰苦气候条件和防御工事就是于伊军有利的"形"；而波斯湾和地中海上的美国海军和陆战队、高空的侦察机和预警机、外层空间活动频繁的美国卫星、平坦的地势就是于美军有利的"形"。两种"形"的对比就产生了基本的作战态势，即美军总体上占优势，伊军总体上处于劣势。特定环境下，"形"的某一方面差距就能够单独决定作战态势。如第二次世界大战初期的法国战场上，德军作战部队中以装甲部队和飞行部队作为突击主力，而法军则保持着一支庞大的旧式陆军，装甲部队和飞行部队力量薄弱；双方在参战部队结构上形成的差距，就几乎决定了作战态势，预示着法国的速败。此外，通过对"形"的工作，作战管理者可以改变作战的"形"，造成新的"形"，间接地促成于己有利的作战态势。《孙子·虚实篇》中说："故形人而我无形，则我专而敌分。我专为一，敌分为十，是以十攻其一也。则我众敌寡……"① 可见，发挥人的主观能动性，使"形"在虚实、大小、强弱之间变化，就可以促成一定的作战态势。所以，作战管理者必须明确状态，趋利避害，以便促成趋势。

第三，影响作战方式的选择。有怎样的条件，就选择什么样的作战方式，方式依条件而定。孙子曾经就兵力对比与作战方式的选择上有过论述："故用兵之法，十则围之，五则攻之，倍则分之，敌则能战之，少则能逃之，不若则能避之。"② 在地形与作战行动选择上也有论述："是故散地则无

---

① （春秋）孙武：《孙子兵法·虚实篇》，北京：燕山出版社，1995，第69页。
② （春秋）孙武：《孙子兵法·谋攻篇》，北京：燕山出版社，1995，第38页。

战，轻地则无止，争地则无攻，交地则无绝，衢地则合交，重地则掠，泛地则行，围地则谋，死地则战。"① 这两条因"形"用兵的原则，至今仍然有一定的指导意义。推而广之，就是指根据作战"形"的强弱等级，可以考虑威势制敌，或者围绕防御进行管理，然后寻机制敌，或者考虑围绕进攻进行管理，或者考虑凭借威慑来保持平衡，或者考虑规避等。如在当代作战中，电磁能力弱的一方可以考虑选择适当的静默，机动能力强的一方可以选择远距离突袭，精确打击能力强的一方可以考虑"斩首"，打击力量较差但是作战潜力较大的一方可以选择消耗，"形"相近的情况下可以不断变换作战节奏。但是，作战是一门艺术，管理中不存在定式，所以一切作战方式的指导只是一个基本的划分，作战管理的精妙之处就在于根据现实物质条件，谋求劣势中获得优势，优势中扩大优势和寻求新的优势，这也是作战管理的魅力所在。《司马法》中说："称众，因地，因敌令陈；攻战守，进退止，前后序，车徒因，是谓战参。"② "形"的确是古今作战指导者赖以选择作战方式的根据。

第四，预示一定阶段的作战走向。主要包含两个方面，一是"形"的外在表现力，使其具有强大的威慑作用，使作战在一定阶段内，走势向着有利于表象强大的一方。尤其是作战的初期，意义尤为明显。强大的外在表现，首先在精神上压倒敌方，可以达到一击即溃，甚至不战而屈人之兵的效果。历史上，强大的军事实力实现了无数次望风之势和城下之盟。作战管理者要善于利用"形"的威慑力，提高作战效益。二是由于事物本身具有的惯性，既定的"形"的对比所形成的差距，在短期内很难改变，会使作战在一定阶段内，自然地有利于条件明显占优的一方。第二次世界大战中苏德战争初期，苏军的惨重损失就是因为德军在前线集中了精锐的作战部队、武器装备和给养，掌握了有利的地理条件，赢得了时间上的可选择性。而苏军则由于战略判断失误，而造成西部边境的部队战备不足、武器装备和物资匮乏、时间紧迫，使德军全线速胜，一度逼近莫斯科。无论是依靠"形"的

---

① （春秋）孙武：《孙子兵法·九地篇》，北京：燕山出版社，1995，第 130 页。
② （春秋）司马穰苴：《司马法》，石家庄：河北人民出版社，1992，第 35 页。

威慑作用还是所具有的惯性，取得阶段优势的一方，如果利用得当，引起连锁反应，造成"形"的不断加强和深化，使强势的战术的"形"不断转化为强势的战略的"形"；使阶段性优势积少成多，转化成战争优势。

以上所列举的只是作战"形"的主要意义，其意义不止于此，还存在很多微妙和细小的意义，然而不可谓不重要。作战管理者只要重视对"形"的认识，努力探索对"形"的运用，就能无限地实现"形"对于作战的意义。毛泽东同志认为：只有得其时、得其地、得其人，方能演出战争的活剧。

三 "形"的主要影响因素

作战的"形"包罗万象，表现多元，特点鲜明，影响因素兼具战略性与战术性。

第一，是国家整体实力。军事的经济、政治和文化本质，决定了作战的"形"包含于国家资源之中，以国家整体实力为基础。国家整体实力是战争潜力，也是作战"形"的潜力。任何作战活动的外在表现都包括物资的消耗与补充，作战依赖于一定的经济条件，国家经济实力是作战活动赖以进行的基本依据，是作战力量强弱的物质前提。政治对国家全局的统御，包括与作战有关的一切资源。文化对作战"形"的影响是深层的，文化中的科学技术、社会意识、社会活动方式都是作战力量的质量保证。如上所述，当代作战的"形"涉及参战部队、军事装备和物资、地理条件和时间条件。参战部队的诸要素受人口数量、结构和素质制约，受民族军事文化传统影响；军事设施、武器装备和作战物资以国家经济为基础，其质量与国家科技实力直接相关，国家科技的最新成果无不最先应用于军事，作战需求还是科技发展的动因之一，卫星、导弹、网络和传统武器装备的装备和研制更新对经济和科技的需求尤其强烈；地理条件中，地形、面积、气象、经度纬度、相邻海空等是国家的基本属性之一，电磁环境源于当地的军用和民用电子设备，外层空间环境的好坏源于国家的航天实力；作战时间条件与政治造势等紧密相关；所有的物质性条件综合集中于政治影响之下。

第二，是军事制度。军事制度影响作战的"形"，体现在作战物质性条件的数量、质量、生成速度和结合度等方面。军事制度是军队战斗力生成的关键环节，在战争和局部作战两个层次实现参战人力、物力的生成与结合。正如恩格斯所指出的：军队作战的胜负，"取决于人和武器这两种材料，也就是取决于居民的质与量和取决于技术"①。恩格斯所说人和武器这两种"材料"，除了本身的质和量，还有两种"材料"之间的结合问题和人与人、材料与材料之间结合的问题。在作战管理中，涉及战争资源能否合理开发和有效地结合运用，这就关联到方方面面的军事制度。主要包括国防领导体制、武装力量体制、国防经济管理体制、国防科技和武器装备发展管理体制、兵役制度、民防制度、战争动员制度和军队体制编制。以兵役制度为例，19世纪末期的普法战争是突出的例证。19世纪60年代，普鲁士开欧洲先例，实行了普遍兵役制。士兵在正规军服役3年后，再服4年预备役，尔后转入后备军。执行这种全面动员的兵役制度后，普鲁士军队的数量相对于人口而言，比任何其他大国都多得多。到普法战争前夕，普鲁士可动员的兵力已经达到100万以上，其中作战部队69万余人。恩格斯得出这样的结论：在1870年的普法战争中，法国的征兵制败于普鲁士的后备军制度。

第三，是战争准备。作战"形"的形成，需要一个过程，要投入时间。准备得越快、越充分，关于"形"的数量就越多、质量和结合度就越高，作战时间就越具有选择性，战争准备直接决定战争的"形"，间接催生局部作战的"形"。受作战紧迫程度影响，无论战争还是局部作战，都要将已有资源调动、整合，形成战时形态，以便可以为作战直接利用。而且，为了达成作战的突然性、节约资源，一切行动都要在尽量短的时间内完成。战争准备，是国家或政治集团为制约战争和进行战争所作的政治、经济、军事、科技等方面的准备，是预防和实施战争的精神和物质基础。②战争准备按时间划分，可分为平时准备、临战准备和战争过程中的准备。平时的准备是基础，临战准备和战争过程中的准备是在平时准备的基础上，根据战争具体情况所作的准备。不同的历史时期，战争准备都受到精明领导者的高度重视。

① 《马克思恩格斯军事文集》第三卷，北京：战士出版社，1982，第509页。
② 彭光谦、姚有志：《军事战略学教程》，北京：军事科学出版社，2001，第169页。

在冷兵器时代，人力、物力准备主要表现为招募和组织军队，打造兵器，筹措粮秣及训练和储备后备兵员等。机械时代，战争消耗增大，战争准备的内容更加广泛，包括战争体系准备、战争法规准备、战略物资准备、国民经济布局、战场建设等。当代科学技术在军事领域的广泛运用，正日益改变作战的样式和形态，作战的"形"空前复杂，良好的作战"形"的形成越来越难，从而使战争准备的地位日益突出，对战争准备的要求越来越高，涉及领域越来越广，层次越来越深。涉及政治准备、经济科技准备、武装力量准备、战场准备和作战时间的预测与预定。即便是战区覆盖世界、驻军遍及五洲的美军，在进行伊拉克战争前，也要陈兵海湾，并且临时发射多颗侦察卫星以助其"形"。

第四，是战场认知和创造力。对于作战管理者来说，战场是对抗双方共有的对立统一体。所谓共有，是指战场作为一种客观存在，它的所有内容，展现在所有作战参与者的视野中，这对于双方是公平的，不存在任何倾向。所谓对立统一，是指在激烈的暴力对抗活动中，战场内容有敌我之分，二者不言而喻是矛盾的双方；然而对抗是一种交互作用，双方的内容经过撞击，被硬性地耦合在一起，所以又是统一的。在这个共有的对立统一体中，作战管理者必须准确而全面地认识己方的"形"，尽量充分地认识到敌方的"形"，同时明晰那些存在于敌我之间的公共部分。明晰哪些是对己有利的，哪些是对己不利的。作战的"形"区别于其他事物物质性表现的特性还在于，它可以人为地隐现，双方无不在尽其所能使作战的"形"在虚实间变换，这对于作战管理者的认知力要求更高。在纷繁复杂的战场上，作战管理者的认知力强，认识得就较为充分，知晓更多的不易发觉的内容，这样，那些"形"的存在就是于己有意义的；反之，即便"形"客观存在，也是于己没有意义的，甚至是有害的。从这个意义上说，"形"的有无，在于作战管理者的认知力。作战的结果，显然倾向于能够充分认识关键的"形"的一方。在以人为主体的作战中，人的主观能动性又可以创造"形"，这一点取决于作战管理者对"形"的创造力。创造力强，可以在原"形"的基础上创造出新"形"，改变原"形"的种类、数量、质量和结合度，使之有利于己方的作战行动。从这个意义上说，作战"形"的有无，还取决于作战管理者的创造力。

作战的"形"是作战的既有物质性资源，作战管理者必须明确它的内容，认识它的存在，并且发挥主观能动性来改造它。使作战的"形"更加有利于己，而更加不利于敌。

第三节 作战的"势"

现代汉语中，"形势"是一个词语，形在前，势在后，形是势的基础，势是形的结果，是追求的目的。双方"形"的对比，产生一定的差距，就形成了"势"。

一 "势"的含义

作战的"势"就是双方作战资源对比产生的差距和进而引申出来的作战趋势。"势"有两个基本要素：一是双方既有作战资源间的差距，有了差距，才能形成高低之"势"；二是必须要体现一种趋势，有了趋势，"势"才有意义，才会使人利用现状以求得利益，或者激发人扭转现状以冲破困境。依据不同的标准，作战的"势"可以分成不同的类别。

第一，按照性质，可以分为优势与劣势。双方作战资源对比，己方在上，称为优势；己方在下，称为劣势；差距近乎零，称为均势；由于绝对的均势不存在，所以"势"总是定位在优劣之间。优势是现存作战资源对比产生的有利态势以及由此引申出来的良好的作战发展趋势；与此相反，劣势是现存作战资源对比产生的不利态势以及由此引申出来的不良的作战发展趋势。优胜劣汰是客观世界的竞争法则，优势压倒劣势是常理，优胜劣败是作战的普遍规律。所以作战管理者要力争获得优势以形成胜势；而力避劣势，以劣胜优是不得已而为之，是以民族前途和士兵生命冒险的行为，对管理者的主观能动性要求极高，风险极大。孙子说："……将不可以愠而攻战。合于利而动，不合于利而止。"[1] 而由于"势"的动态性，因此在积累到相当

---

[1] （春秋）孙武：《孙子兵法·火攻篇》，北京：燕山出版社，1995，第152页。

程度的前提下，总是在优劣之间转化。优势连续利用不好，改变了作战的发展趋势，必成劣势；而通过不断的积极行为，积少成多，引起质变，有希望转劣为优。如三国时期官渡之战，袁绍谋而无断，挟优势而贻误战机，终遭失败；而曹操用兵得法，扭转战局，终获胜利。

第二，按照影响范围，可以分为大势和小势。即战略的"势"和战术的"势"。前者受国际关系、国际舆论导向、军事同盟状况、国家战争潜力、总体武装力量部署、历史上的战争胜负比率等因素影响，形成战争态势，表现出一种将要释放的张力，在宏观层面和长远角度预示战争的走势。后者受局部兵力、装备、补给、战术等局部因素影响，同样形成态势、表现张力，决定局部作战走势。二者既区别又统一，在长期和总体范围内，战略的"势"是主导表现形式；而在一定时期和范围内，战术的"势"是突出的表现形式。在《论持久战》中，毛泽东同志就根据国际大环境和中日战争潜力的对比，预测到中国人民的抗日战争必将胜利和日本帝国主义必将失败。而在抗日战争的很多战役中，由于武器装备、军队素质、力量部署等方面存在的差距，使中国军队处于劣势、胜少负多。然而，由于战略和战术的"势"统一于最终的战争结局，所以，"势"在大与小之间转化。战略的"势"决定总体的战术的"势"，可以转换成战术的"势"，推动战争的走势；战术的"势"，积累到一定程度，引起质变，甚至有些关键性局部作战，一战就可以改变战争走势，决定战争结果。

第三，按照促成因素，可以分为内势和外势，即心理"势"和物理"势"。前者指由精神因素造成的差距，而形成的作战态势，受战争道义、民族性格、作战理论、作战技巧、舆论宣传、战斗精神、既有战果等因素影响；后者指由作战物质资源造成的差距，而形成的态势，受武器装备的准备程度、后勤补给水平、作战部队部署等因素的影响。外势是作战"形"的具体表现而产生的，是作战赖以进行的、直接可用的具体的"势"，作战双方最先体会到的就是外势。而内势的存在有其社会、政治、历史和文化的根源，是人的主观因素对作战"势"的贡献。没有内势，外势不会自动地，甚或是有效地倾泻打击到敌方身上，所以内势是劣势得以扭转、优势得以延续，最终铸就胜势的关键因素。强大的物理优势，提升部队信心，转化为高度的战斗热情，形成作战优势；强大的精神优势，触发战斗热情，可以转化为深度的训练、完善的部署、积极的行动；二者的完美结合，是形成作战"势"的真谛。如中国对印自卫反击战中，中方内外之势都强，印军却内外之势都弱，作战结果不言而喻。而在1835年美国与墨西哥之间的阿拉莫战役中，美军内强而外弱，墨军内弱而外强，但在内外"势"的总体结合上，美军占据优势。美军凭借得克萨斯人的归附之心、军队的战斗热情和休斯敦将军的高超战术，最终获得优势，取得胜利。

第四，按照实质，可分为虚势和实势。即伪装所成之势和表象之内的真实之势。前者主要受舆论宣传、伪装行动、信息欺骗等因素影响；后者受武装力量实力、部队实际部署、战局把握能力、作战艺术的因素影响。前者在于成一时之功，后者在于成最终之势。二者主要区别于两个方面，一是虚势所要表现的内容是不存在的，是一种虚假的外在展示，目的是迷惑敌方，造成判断失误；而实势是客观存在的，只要全面、细致地分析，就能够得到真实的作战态势和趋势。二是虚势主要是战术性的，一般只在局部和阶段起作用；而实势兼具战术性和战略性，是成就作战结果的最终决定力量。二者主要统一于两个方面，一是虚势的营造主要通过隐藏实势来实现；实势是虚势得以实现的基础，强大的实势可以使虚势的营造更加游刃有余、逼真有效。二是虚势的营造是为了加强实势，成功的虚势，迷惑对手，加强总体的实势，帮助实势更好地发挥作用，适当地转化为实势；而强大的实势，利用不当，也只能在表面上威慑对手，经不起实战的检验，只能成为虚无意义上的"势"。

作战"势"的划分方式还有很多，只要是对作战有指导意义，就可以针对具体情况，做必要的归类。作战的胜负往往只在毫厘之间，所以作战管理者不能忽视任何一点微小的差别，以便对"势"准确有效地判断与把握。

二 "势"的意义

孙子说："故善战者，求之于势，不责于人，故能择人而任势。……故善战人之势，如转圆石于千仞之山者，势也。"[1] 善战的人善于造势，势成

---

[1] （春秋）孙武：《孙子兵法·虚实篇》，北京：燕山出版社，1995，第61页。

之后，取胜就像把圆石从山顶滚落一样简单。看来，"势"历来都是作战的关键要素。

第一，"势"蕴含着作战能量。在物理学中，有"势能"一词，是指因弹性、高度差、温度差等因素而蕴含的能量。势能一旦释放，就转化为动能而做功，就像山上的圆石，一旦滚下就会砸坏树木；拉开的弓箭，一旦放出就会射伤人、物。作战的"势"同样蕴含着能量，也是其作战价值所在。作战要积蓄作战势能，就是布势。兵力的机动与集结、补给的准备与运送、舆论的鼓吹与攻击、士气的振奋与瓦解，都是布势，都蕴含着作战能量，在适当的时机，会喷涌而出，作用于战场，产生作战效能。作战的"势"所蕴含的作战能量大体包括三部分，一是己方所拥有的能量，通过布置与积累，己方的作战资源形成随时可用的战斗力，只要有合适的时机，一切冷热武器、口诛笔伐，就会如同山洪暴发，倾泻到敌人身上。二是战场上敌我共有的能量，历史上从来不乏利用水流、风势等实施作战的例子，对于这部分能量，需要主动地利用与引导，以便为我所用，摧毁敌方或者抵消敌方的能量。三是敌方所拥有的能量，对于这部分能量，作战管理者要采取一切物理和心理手段去瓦解，利用己方和共有能量去压制，利用敌方能量的内部矛盾去损耗。从这一意义上说，作战管理，就是要通过一切职能，实现对作战的"势"的管理，以使其蕴含的作战能量按照于己有利的方式流动。

第二，"势"是对环境的深化。作战本身在一定的环境中进行，就要分析这个环境。对战争而言，有国际国内的环境，确定我军所处的位置、面临的形势，充分考虑对我有利和不利的因素，以及按此"势"发展，对我所造成的作用；就局部作战而言，就要确定局部战场的兵力对比与部署情况、武器装备准备情况、地形天气利我程度、信息与电磁优劣程度、战斗意志坚定程度以及其他战场资源占有情况。在敌、我、友，社会与自然，心理与物理等所有方面有目的和本能的作用下，以上所有环境条件的整合与强化，就形成了作战的"势"。作战的"势"一旦形成，就是最为直接有效的作战环境。并且在各方面因素，尤其是在作战管理者主观能动性的持续作用下，不断地发展变化，持续地具体深入，会呈现出持续变化的"势"，也就是不断深化的作战环境。旧的作战管理成果不断成为新作战环境的组成部分，作战管理者不断地改造作战的"势"，深化这个环境，使之有利于作战。以管理的方式从事作战的重要意义之一，就是要通过对战场资源的管理，使之重新整合、配置，形成新的环境。"势"的有利与否，取决于既有环境深化质量和程度，当这个环境深化到完美的终点时，作战结果也就产生了，作战行动也就结束了。

第三，"势"是将胜利可能转化为胜利现实的桥梁。作战的"形"是作战的物质性基础，是静态的，总体上讲不具备主动性，没有外力使然不会发生作用，需要将之放在胜利的轨道上才能发挥作用。"势"是动态和抽象的，具有一定的主动性，在"势"的作用下可以将一切精神与物质战斗力倾泻到敌方身上。也就是说，有利的"形"的存在，提供了作战胜利的可能，而"势"为"形"的发挥提供了一个抽象的平台，产生具体的作战效果。所以只要"势"成，让战斗力像洪水一样奔涌而出，胜利就是一蹴而就的事情了。所以，历代军事家都先要谋求有利的"势"，才确定具体的行动。《尉缭子兵法》兵谈第二中说："见胜则兴，不见胜则止。"[①] 这与孙子所提倡的"先胜而后战"是基本一致的。"先胜"就是要有把握取胜，为了做到这一点，就要考虑如何营造作战的"势"，以便有可能将一切作战资源集中到"势"——这个平台上，以确立和加强这个把握。

第四，"势"具有强大的威慑作用。战争的本质目的是为国家或集团谋取利益，伤亡与摧毁只是手段；局部作战的本质目的是剥夺敌方的作战能力，服务于战争目的。无论是战争还是局部作战，以最小的代价，获得最大的效益，是作战行动永恒的追求。达到这个目的最有效的途径，就是以"势"的压迫功能，造成压倒之势。就要利用既有的"势"，加以深化或改变，不但做到自身的"不可胜"和对对手的"可胜"，还要让对手知道自己所面临的形势，使之未战而先折斗志，降低对手的战斗力；甚至使对手产生大势已去的感觉，而俯首称臣，达到不战而屈人之兵的效果。公元 7 世纪初，穆罕默德收复圣城麦加的战争中，穆斯林军队就是以万人大兵压境，完全震慑了麦

---

① （战国）尉缭子：《尉缭子兵法·兵谈第二》，台北：联亚出版社，1981，第 9 页。

加的古来氏人，从而签订了城下之盟，兵不血刃地占领了麦加。《晋书·杜预传》中讲："今兵威已振，譬如破竹，数节之后，皆迎刃而解。"① 看来，利用"势"的强大威慑力，是实现作战效益最大化的有效途径。

三 "势"的主要影响因素

作战的"势"，受作战的所有内容影响，包括作战力量、作战行动、战场、作战时间和信息。在作战管理过程中，集中体现在如下几个方面。

第一，是作战资源。作战资源是"势"的基础，无论是利用既有的"势"，还是造势，都要通过整合、分解、配置等手段对作战资源进行管理，才能发挥"势"的作用或者形成新的"势"。作战资源的变化，是"势"的外在表现形式，"势"是作战资源变化的内涵，并且通过作战资源的变化表现其意义。作战资源是静态的，本身不会产生作战效能，而"势"是动态的，对我而言，表现为一种呼之欲出的战斗力；对敌而言，表现为一种扑面而来的压力，并由此使作战的天平倾斜，胜利以较大的可能滑向"势"重的一方。而"势"的轻重，还是要表现为作战资源数量、种类、质量与结合度和由此预示的趋势。所以，作战资源是形成"势"的物质基础，作战资源的数量、种类、质量与结合度，是作战"势"的最重要的形成因素，直接影响"势"的质量。

第二，是军队士气。孙子说："勇怯，势也"②，就是说士气影响"势"，又反过来为"势"所影响。士气是组成"势"的心理因素，高昂的士气，是军队无形的战斗力，是武器装备效能的倍增器，战斗力提升，自然"势"大，反之，就小。"势"大，军队士气自然高涨，反之，士气就低落，这就是"势"对士气的反作用，最终还要归结到"势"上。作战管理，就是要提升士气，以气助"势"，并且瓦解和利用敌方的士气。在士气与"势"的结合上，孙子就主张："善用兵者，避其锐气，击其惰归，此治气者也。"③ 在以气助"势"方面，解放战争中体现得很明显。解放战争时期

---

① 《四库全书精编史部》，北京：国际文化出版公司，第 376 页。
② （春秋）孙武：《孙子兵法·势篇》，北京：燕山出版社，1995，第 59 页。
③ （春秋）孙武：《孙子兵法·军争篇》，北京：燕山出版社，1995，第 88 页。

歼敌 807 万，其中争取起义、投诚、接受改编和俘获的人员达 640 万，可谓战绩辉煌。可以说，大部分的作战效果，不是用火药和子弹的杀伤实现的，而是用解放军正义之师的强大士气所形成的"势"得来的。

第三，是作战部署。孙子说："战势不过奇正"，① 奇正就是巧妙的作战部署，说明作战部署对"势"的重要影响。"势"不是自然形成的，在通常情况下，是通过巧妙的作战部署实现的，关于如何部署以造势，有很多论述。明朝揭喧说："势已成，机已至，人已集，而又迁延迟缓者，此毁军也。"② 就是说战机稍纵即逝，必须风驰电掣，迅速行动。《尉缭子兵法》中也有"一人之兵，如狼如虎，如风如雨，如雷如霆，震震冥冥，天下皆惊"③。强调全军上下都要统一，指挥统一，意志统一，步调统一，在此基础上造势。总的来说，就是要正确地选择将领、军官和部队，选择最佳的战术，适当的部署，快速的机动，统一的行动，灵活的打击。"势"的逻辑起点既然是战前的部署，那么无论是战略部署还是局部作战部署，是否能形成有利于我，不利于敌的主动态势就是胜败的关键。

第四，是作战节奏。节奏是快和慢的组合，只强调快，是冒进；只强调慢，是拖延；节奏既需要快，也需要慢。节短而势险，势险而击利，紧凑快速的打击可获得更多的利益；节长而势大，势大而慑重，放慢打击速度是增加威慑的有效方式，甚至可以以"势"取胜。作战中，既需要疾如闪电的进攻和转移，也需要安静的审时度势和威慑。快，可以令敌人猝不及防；慢，可以令敌人无法捉摸而无所适从。在《战争论》中，克劳塞维茨用一章的内容描述作战节奏，即"紧张与平静——战争的力学定律"，其中说："同样的措施在紧张状态中比在均势状态中具有更大的重要性和更好的效果，而在最紧张的状态中，其重要性就最大。"④ 作战，就是要用快来摧毁敌方形体，用慢来摧毁敌方心理，快慢相间，就构成威威之势，使己方随心所欲，掌握主动；捉摸不定的作战节奏，产生又有利又重大的"势"，使敌

① （春秋）孙武：《孙子兵法·势篇》，北京：燕山出版社，1995，第 55 页。
② （明）揭喧：《兵经百篇》，北京：经济日报出版社，1995，第 282 页。
③ （战国）尉缭子：《尉缭子兵法·武议》，台北：联亚出版社，1981，第 72、73 页。
④ 〔德〕克劳塞维茨：《战争论》，北京：解放军出版社，1964，第 198 页。

方无从判断，心理上失去方向，陷于被动。

作战的"势"是古今中外军事家所共同关注的作战要素，和在作战中共同谋求的作战砝码。作战管理者必须明确它的含义和重要性，在明确普遍影响因素的同时，找出各具体环境所独具的突出影响因素，以便利于造势，形成胜势。

第四节　作战的"气"

汉语中，"气"的含义比较丰富，可以指心理、意志、精神、气质、士气、气节等多个方面。在作战中，心理因素的影响巨大，心理战一直就是重要的作战方式之一。随着现代管理理论的引入和心理战的深入，作战的"气"也就成为作战管理的重要对象之一。

一　"气"的含义

作战的"气"在内植根于意识，在外表现为精神和气质。作战的"气"就是指作战心理及其外在气质表现。按照不同的标准，作战的"气"有不同的划分。

第一，可分为正气与邪气。正气是刚正的气节，是一种相信正义必将战胜邪恶的心理。一支军队如果认为自己从事的作战是正义的，就会油然而生一种自豪感和使命感，整体上会表现出浩然正气，军队在作战中会展现光明正大的作风或纯正良好的风气。邪气是邪恶的气质，源于内心深处的自我否定。如果认识到自己从事的作战是非正义的，就会在军队心理上造成阴影，或者因理亏而无法正视所从事的作战行为，因而造成上传下达不通畅，执行命令不坚决。尉缭子说："武王不罢士民，兵不血刃，而克商诛纣，无祥异也，人事修不修而然也。"[1] 这里阐述的就是在武王伐纣的战争中，武王率领的正义之师和纣王率领的邪恶之师，在作战中所表现出的正气与邪气。

---

[1] （战国）尉缭子：《尉缭子兵法·武议第八》，台北：联亚出版社，1981，第71页。

　　第二，可分为盛气与衰气。汉语中有"盛气凌人"一词，虽然不是褒义，但在作战中，盛气的确是重要的气质之一。既然盛气可以凌人，自然有益于以剥夺敌方战斗力为目的的作战。盛气是强盛的气势，是军队对作战行动的自信心理。这样的军队对于作战行动富有积极性和创造性，能够开发作战资源、创造新方法，善于能动地完成任务。衰气则是一种低落的情绪，是军队的自卑心理。这样的军队作战的信心和积极性都明显不足，无法充分利用作战资源，主动性和创造性都大打折扣。著名的"曹刿论战"中有"夫战，勇气也。一鼓作气，再而衰，三而竭。彼竭我盈，故克之"① 的论述。说明在作战中，盛气与衰气是一对相生相克、截然相反的作战心理表现，合理的控制作战的"气"，使我盛敌衰，是作战管理中必须考虑的因素。

　　第三，可分为生气与死气。生气是军队生命力旺盛的气质，旺盛的生命力产生旺盛的战斗力，军队的生存能力和作战能力因此而增强。将士活力四射，在作战中表现活跃，就能最大限度地保存自己、消灭敌人，极大地提高战损比例，增大作战效益。而死气则表现为军队生命力逐渐衰竭的气质。垂死的心理使物质资源变得缺乏意义，无法发挥作用，无法产生有效的战斗力，军队死气沉沉，甚至自我放弃，也就谈不上作战的胜利了。在美国的独立战争初期，北美的大陆军和民兵屡受挫折，一败再败，甚至丢掉了首都费城，部队因而死气沉沉，缺乏活力，逃兵现象严重。华盛顿认识到独立事业需要一支充满活力的军队，于是为了生存而冒生存之险，于 1776 年圣诞节期间袭击了在特伦顿和普林斯顿的英军部队，取得了振奋人心的战役胜利从而转军队死气为生气，重塑了一支生气勃发的军队。之后的萨拉托加大捷，不能说与此无关。

　　第四，可分为杀气与惰气。杀气是军队强烈的战斗欲望，对胜利的渴望使将士克服了对暴力的心理障碍，抛却了对受伤与死亡的恐惧，一心想用杀伤敌人来抒发心中的愤懑、赢得向往的荣誉。能够得到合理控制的杀气腾腾的军队，是一切作战领率者共同追求的作战力量。惰气则是对作战行动的畏缩情绪，作战人员无法克服内心对流血牺牲的恐惧，毫无责任感和荣誉感而

———————————

　　① （春秋）左丘明：《左传·曹刿论战》，西安：陕西旅游出版社，2003，第 15 页。

言，埋怨和牢骚滋生，因而作战行动迟疑不决，效率低下。杀气与惰气相对存在、相互对立。明朝末年，李自成的起义军攻陷北京后，作战管理失当，军士追求享乐，惰气丛生。而山海关外皇太极的军队则向往中原的富饶和武士的荣誉，人人求战。当两军相遇时，杀气腾腾的后金军奋勇拼杀，惰性十足的起义军裹足不前，胜负立分。

当然，作战的"气"不是一成不变的，而是随着作战态势的变化而变化，甚至发生转化。所以作战管理者要密切关注作战的"气"，明确影响它的诸多因素，以便合理掌握与控制。

二 "气"的意义

作战心理管理主要通过对认知、情感和意志的影响，巩固并提升己方心理战线，感知并瓦解敌方心理战线来实现支持作战的目的。从三个方面支持作战。

第一，"气"是作战的软实力。毛泽东指出：战争的目的不是别的，就是"保存自己，消灭敌人"[①]。还进一步指出，所谓消灭敌人，就是解除敌人的武装，剥夺敌人的抵抗力，不是完全要消灭敌人的肉体。克劳塞维茨也有类似的看法，认为：所谓战争，就是使敌人在精神和肉体两个方面屈服。使敌人心理屈服，无疑是作战的一个有效手段。毛泽东在领导中国革命战争实践中，从来都要求"进行公开的广大的政治宣传和政治攻势"[②]，形成有利的舆论态势，瓦解敌人的心理防线。指出：我们的胜利不但是依靠我军的作战，而且依靠敌军的瓦解。通过新闻舆论造势，展开政治和思想攻势，诉诸国际社会和敌我友各方的广大军民，通过较大的胜利强烈地震撼对手，其指向性和针对性是非常明确的，就是最大限度地孤立和瓦解敌人，击溃敌人的作战心理，达到激励自己、瓦解敌人的目的。

第二，"气"是作战能量释放的催化剂。历代军事家一直重视作战心理的运用，使作战的物质能量与精神能量很好地结合在一起。孙子说："三军

---

① 《毛泽东军事文集》第二卷，北京：军事科学出版社、中央文献出版社，1993，第310页。

② 《毛泽东选集》第四卷，北京：人民出版社，1991，第1174页。

可夺气，将军可夺心。是故朝气锐，昼气惰，暮气归。善用兵者，避其锐气，击其惰归，此治气者也。"① 这就是说，对于敌军可瓦解其士气，对于敌军的将领可动摇其决心。善用兵的人，避开敌军的锐气，在敌军懈怠疲惫的时候，发起攻击，这是掌握利用敌军士气的方法。当然，这是战术层次上利用作战心理的观念。在战略层次上，作战心理就是一支军队之所以投入战争的精神支柱。气之正，可以令将士效死；气之亏，虽百万亦成乌合。如毛泽东同志在《关于西北战场的情况与经验》一文中说："我军战斗意志极其坚强，士气极其高涨"②，因此克服了各种困难，大量歼灭了敌人，使我军转入了反攻。就是凭借高昂的斗志、坚定的作战心理，以劣势装备战胜优势装备之敌。意志和精神，是战争能量的组成部分，虽然很少直接杀伤敌人，却能够使己方部队，从心底爆发出战斗热情，使战争能量从内心深处奔涌而出，以最猛烈的形态表现出最大限度的释放。作战的"气"以其精神的先导作用，保证由战争资源所形成的胜利可能转化为胜利的现实。战争以其人类社会最极端的残酷性，让人望而生畏，钢铁和火药的威力也往往因此而减弱，问题必须从心理上解决。勇气冲在前面，火力就有了意识的速度，作战效果就在眼前，恐惧自然落在后面，甚至消散于无形。

第三，"气"可以赢得广泛的支持。心理的外在表现就是精神状态，一支拥有积极作战心理的军队必然表现出进取的精神面貌，具有高昂的斗志。这种外在的表现不仅在战场上发挥威力，而且可以影响战场之外更大的范围。军队在战场上的精神表现可以感染从军队到社会、从国内到国际的各方面势力，使之加深或者改变倾向。出于对这样一支军队的信任，原来的支持者会加大支持的力度，投入更多人力、财力和物力援助；处于游移状态的势力甚至会考虑实施援助；反对者也会考虑投资风险，而减弱对同伴的支援。美国独立战争时期，大陆军和美国民兵的高昂的战斗精神，就使法国决心全力支持美国；处于游移状态的西班牙也在南方战事的后期加入了支持美国的行列。

① （春秋）孙武：《孙子兵法·军争篇》，北京：燕山出版社，1995，第88页。
② 《毛泽东军事文集》第四卷，北京：中央文献出版社，1993，第302页。

三 "气"的主要影响因素

作战的"气"受到作战资源、作战行动与战场等有关作战的全部内容的影响，具体有如下几个方面。

第一，是作战性质。任何作战都有正义与非正义之分，作战性质是军队作战心理的重要根源。一切进步的、革命性的作战都是正义的，一切阻碍进步的、反革命的作战都是非正义的。正义的作战是为保卫人民利益、保卫祖国独立安全而进行的，"得道多助"，群众拥护，人心归向。指战员们认清了自己的行为是正义的，是为广大人民群众和全民族的利益而战斗的，这个军队就有一往无前的精神，它要压倒一切敌人，而决不被敌人所屈服，在正义感的鼓舞下英勇杀敌。反之则必然"失道寡助"，内部矛盾重重，士气低落，丧失信心。理亏的人是无法积极行动的，理亏的军队虽然可以凭借物质的优势，取得暂时的胜利，却没有精神的动力，无法持续而充分地发挥物质基础，最终导致现实的失利。

第二，是作战双方实力对比。作战实力是作战内容的首要决定性因素，双方的实力对比，在很大程度上影响作战心理。尉缭子就注重"威胜"："审法制，明赏罚，便器用，使民有必战之心，此威胜也。"[①] 强调依靠健全的制度、优良的武器装备、坚决的战斗决心所形成的强大战斗力，形成如虹的气势，提升己方作战心理，压迫敌方作战心理。作战实力差距的存在，抵消或者加剧了其他因素对作战心理的影响。公理在某一阶段内，常常会屈服于强权。在以暴力为主导的作战行动中，实力具有相当大的独立性，在差距比较大的情况下，可以单独影响敌对双方的作战心理。在第二次世界大战初期，德国就凭借强大的军事实力，彻底摧毁了荷兰人的战斗决心，在 5 天之内，荡平荷兰全境。即便是综合作战行动的正义性等各种因素，实力在作战心理的诸多影响因素中仍然十分突出，因为军人们知道，实施最后一击的是由军队、武器装备、作战技术等构成的作战实力。

第三，是战场氛围。当军人置身于某一环境的时候，第一印象就来源于

---

① （战国）尉缭：《尉缭子兵法·战威第四》，台北：联亚出版社，1981，第 28 页。

环境。作战中，无论是重峦叠嶂，还是旷野空寂，都会给军人一个直观的感受。这个直观的感受是对所处环境认识的起点，是作战心理最初的、感性的状态，对于即将发生的作战的态度即起源于这个心理状态，之后会产生深层的心理响应。孙子说："凡为客之道，深入则专，主人不克，……投之无所往，死且不北。"① 就是说越是深入敌境，我军军心越容易凝聚……将士卒置于无路可退的绝境，那么，他们战斗至死也不会败退。可见，对战场特征直观的感受对指战员的作战心理有着最初的导向作用。直观的感受激发理性的思考，探求表象背后的实质。一旦明晰了自身所处环境的优劣，指战员就对作战或者充满信心，或者力求死战，或者产生悲观情绪。例如在 1944 年诺曼底登陆后，8 月，巴顿将军的第三集团军在塞纳河畔形成了对德军的包围圈，阴雨天气、泥泞的地面、前方败军传来的令人沮丧的讯息、联军的铁桶阵，使德军战意全无，疯狂地向东撤退，反而遭遇了更加猛烈的打击。德军惊呼：包围圈变成了屠宰场。

第四，是既有战果。一系列交战所形成的既有战果，是作战过程以结果形式的排列，是交战双方在一次或历次战争中的历史战绩。任何积极或者消极的作战心理都不是一蹴而就的，而是有一个逐步形成的过程。敌对双方的交战过程显然是与作战心理的形成伴随而行的，并且时时地促进某一作战心理的形成。这一作战过程的阶段性成果，即战果，将是一段作战时期内影响作战心理的直接因素。战果的变化起伏，会引起军队作战心理随之变化起伏。而一系列既有战果的积累所形成的综合性结果，则是军人对于战争的既有印象，促进其形成对整个战争的作战心理。如果一支军队在一系列作战中常常取得胜利，那么其作战心理无疑是坚强的，将士就会认为在这支军队里作战可以保证安全、获得荣誉，因而乐战。反之，一支屡战屡败的军队，军心必然涣散，生存都会成问题，更别说作战的信心和决心了。

第五，是战斗文化。团队心理是团队文化的一部分，团队文化孕育团队心理。作为战斗团队，军队自有其团队文化。民族传统、历史背景、社会制度、军队性质等方面的差异，使各支军队拥有不同的团队文化，战斗文化蕴

---

① （春秋）孙武：《孙子兵法·九地篇》，北京：燕山出版社，1995，第 135 页。

含其中。战斗文化是一支军队长期以来形成的对作战行为的认识、态度和精神状态，它是一支军队在厚重的社会和历史底蕴下长期发展形成的。因此，战斗文化是作战心理的文化源头和集体意识根源，深深扎根于军队意识之内，对作战心理的影响是潜在和深层的。作战文化具有历史性，一旦形成，在短时间内就不容易改变，对作战心理的影响具有长期性。虽然在某些重大的胜利或严重的挫折时期，军队的作战心理会与其战斗文化不相符，但是必然在长期的作战中回归，表现出作战心理与战斗文化的一致性。

作战心理还与政治攻势、新闻舆论、法律攻势、精神教育等很多因素有关，但大多存在于以上几个因素之间，以这几个因素为基础。以上几个影响作战心理的因素彼此交织、相互作用，共同促进军队作战的"气"的形成与发展。作战管理者要综合诸多影响因素，善于发挥积极因素，抑制消极因素，在作战部队中培养人人乐战的胜利之"气"。

第五节　作战的"变"

"变"是事物的根本属性，事物总是处于不断的运动变化之中。作为人类社会最激烈的对抗方式，作战的变化更为激烈和微妙。不仅行为在变，心理也在变；不仅自己在变，敌人也在变；不仅对抗的双方在变，环境也在变。所以必须认识作战的"变"，以有效管理作战——这一不断变化的动态过程，那么这里所说的作战的"变"就是作战的动态性。

一　"变"的含义

作战的"变"是一个永恒的话题，孙子说："兵者，诡道也。"① 就一语道出了用兵打仗的诡诈多变。在作战所包含的纷繁复杂的事物中，蕴含着丰富的变化，主要从几个方面表现其动态性。

第一，是意识的"变"与行为的"变"。意识的"变"是指参与作战的人，在激烈的对抗活动中，意识的不断变化。参战人员作战心理的高昂与

---

① （春秋）孙武：《孙子兵法·计篇》，北京：燕山出版社，1995，第 24 页。

低落，固然是意识变化的一部分，在作战的"气"中，已经有过阐述。意识的另一种变化是对抗双方的意识对抗，从作战指导的角度讲，作战过程就是双方作战指导者意识较量的过程。意识变化在作战中历来极其显著，双方无不想洞悉敌方想法、隐瞒己方想法而占据主动，因而通过活跃的意识活动来实现这一目的。行为的"变"就是作战行动的发展变化，行为本身就是一种变化，意识对抗目的的实现靠的是行为。包括进攻与防御行为、前进与退却行为、保障行为与战斗行为、隐蔽行为与显示行为等一切与作战直接相关的行为。意识的"变"驱动行为的"变"，行为的"变"验证并助长意识的"变"。

第二，是主动的"变"与被动的"变"。二者虽然也表现在意识领域，但是在结果上终究被行动所确认，因此以行动为主。主动的"变"是作战管理者为实现某一作战意图而采取的主动作战行动，一般符合施动者意志。进攻是典型的主动作战行为，其中的挑衅、诱敌、攻击、迂回等都是主动的，具有明确的目的性和较强的控制性。主动的"变"也包含于防御行动之中。在积极防御战略中，主动进攻、退却和迂回活动，就是以防御为最终目的而采取的主动行为。被动的"变"是由于形势所迫而不得已采取的作战行动，一般不以施动者的意志为转移。被迫地防御、退却、投降等都是不得已而为之，是自己无法控制的。进攻行动也有被动的，如因被敌方诱骗而导致的进攻。因身陷绝境、别无选择而孤注一掷的进攻等，都是被动的"变"。主动的"变"与被动的"变"通常是交织在一起的。

第三，是本身的"变"与环境的"变"。本身的"变"是指局限于作战内容上的变化，是最核心的变化。在层次上包括战略性变化和战术性变化；在内容上包括作战人员的增减、武器装备的增损、后勤物资的消耗与补充、作战空间的扩展与压缩、作战时间的持续、作战态势的利弊等，这些都是作战最本质的内容。环境的"变"是指围绕作战的情况和条件的变化，是作战外围因素的变化。在范围上包括国际战略环境、国家安全环境、战争战略环境和战役及战斗环境的变化；在类别上包括物理环境和精神环境、地理环境和时代环境的变化等；物理环境又包括能量环境和信息环境，地理环境又包括地貌环境和气候环境的变化等；在诱发因素上包括自变与随变，即环境遵循自身规律而发生的变化和因作战行为而引起的变化。作战本身的"变"存在于环境之中，又能引起环境的"变"；环境的"变"宏观上影响作战本身的"变"，又受作战能动作用的影响。

第四，是层次的"变"与阶段的"变"。层次的"变"既包括战略层次的变化和战术层次的变化，也包括战略层次与战术层次之间的相互转化。战略层次是那些宏观的、影响长远的变化，如军队总体规模、核武器等战略性武器、战争总体局势的变化等；战术层次的变化是那些局部作战的变化，如战役、战斗攻防的转换，战役态势的转变等。在关键的作战节点上，战略性变化会降低为战术的变化，如战略性武器的出现会改变战争形势，但因其过早暴露遭到破坏而只能是昙花一现。同理，战术性变化也会上升为战略性变化，一枚战术导弹如果击中战略目标，就会引起战略性变化。阶段的"变"是指作战时期的深化。对于战争，有战争的初期、中期和末期；对于局部作战，有序曲、高超和尾声。随着作战时间的推移，作战情势的有利与不利就会显现出来，并体现为战略性变化的决定性和战术性变化的累计成果。

事物的变化是无穷的，作战的"变"尤其如此，作战管理者要善于纵览这个"变"，发现新的变化因素，以应对之。

二 "变"的意义

认识作战的"变"，就是认识作战的本质属性，对作战管理意义重大。

第一，顺应作战基本规律。既然"变"是作战的基本规律，作战管理者就要立足于"变"来考察作战，树立应变的思想。虽然有很多人认为作战的变化是没有规律可循的，其中包括《战争论》的作者克劳塞维茨，他说战争是"人类各种活动中最近似赌博"的活动。但是从战争史上的作战实践可以看出，那些善于作战的军人还是找到了作战变化的规律，所以，作战的"变"还是自有其规律的。如孙子就认为"胜可知""胜可为""战道必胜"；拿破仑也认为作战有规律，可以从战争史中提炼出来。认识作战"变"的规律，就是要尽量多地找出局部作战和战争胜负的必然因素，以及它们之间的关系；明确如何管理才能使作战的走势像百川入海一样成为必然。所以认识作战"变"的基本规律，是成功进行作战管理的基础。

第二，提供作战管理的艺术空间。认识并驾驭作战的规律性，是成功作战管理的基础，是将作战——这一人类社会复杂而激烈的矛盾斗争作为一门科学来对待的。在这个基础上，由于作战的随机性、直觉性和创造性，作战管理还表现出另外一个特质——艺术性，即对基本规律的运用上，在此，作战管理表现为科学性与艺术性的统一。作战管理的艺术就是基于作战活动的特点，创造性地运用已有的知识、经验与方法，灵活机动地处置作战活动中各种偶然的事件，创新地处置必然的事件。艺术性与科学性融为一体，作战的"变"为管理提供了艺术空间。由于是对抗性的互动活动，在运用上就不存在固定的方法；正因为没有固定的方法，所以就拥有取之不尽的艺术源泉。孙子说："凡战者，以正合，以奇胜。故善出奇者，无穷如天地，不竭如江海。"[1] 岳飞也说："运用之妙，存乎一心。"[2] 都是说对于作战，应该待以艺术的思想，发挥艺术的魅力。所以，作战管理者要善于谋划、博弈、机变，用管理艺术使作战的过程流畅而激荡，看似自然又难以捉摸。

第三，战局发生变化的先天条件。"变"是作战的本质属性，是作战局势发生变化的内因，有了内在的"变"，外在的"变"才会起作用。也就是说，内在的"变"为作战局势的转化提供了可能。任何外部努力都要尊重其内在的"变"并认识其规律，才有可能因时顺势地加以激发和导引，实现局变。"变"还为作战局势的变化提供可以选择的方法。针对特点和现状既定的客观存在，作战局势的改变有待于外部因素的推动。调整主攻方向、兵力部署、装备分布、攻防转换等，都是试图通过外部的变化，触发内在的变机，以实现作战局势本身的"变"。无论是外在的"变"，还是内在的"变"都是作战管理者等待时机、创造时机、实现变化的主要动态资源。

第四，为提高作战效益提供思想方法。作战固然存在人力、武器装备、财力等物质资源的消耗，但是只偏重于物资的比拼并不能带来作战的完美胜

① （春秋）孙武：《孙子兵法·势篇》，北京：燕山出版社，1995，第55页。
② 龚延明：《岳飞评传》，南京大学出版社，2001，第346页。

利，大量的物质消耗使得胜利变得丑陋。孙子说："……故举秋毫不为多力，见日月不为明目，闻雷霆不为聪耳。"① 这就是强调完美的胜利。毛泽东指出：战争的目的不是别的，就是"保存自己，消灭敌人"。也就是说，作战要关注投入与产出，讲求效益。在其他因素既定的前提下，只有通过"变"来争取更大的胜利，减小付出的代价。在战略层次，要考察全局变化的整体因素、历史背景、社会现实、军事内涵等因素，宏观、长远、深层的要素，以确定总体上的作战效益基调；在战术层次，要根据战场态势，具体情况具体分析，找出局部作战的内在变化关节点，创造性地运用外在变化方法，确定细致的作战效益策略。作为以效益为核心的管理来说，以"变"求效益是其一贯注重的思想方法。"变"对于作战管理效益的提高，是取之不竭的思想源泉。

"变"之于作战管理，就是要认识作战内在的"变"，利用"变"的趋势，启动外在的"变"，实现作战效果的变化。

三 "变"的主要影响因素

既然作战的"变"是作战管理中最为活跃的要素，作战管理者就要善于分析作战至"变"的内在与外在因素，以便合理地处置作战的动态性。由于"变"的本质性和关键性，其影响因素具有隐蔽性；因其物质性和对抗性，其影响因素具有鲜见性；因其层次和类别的多样性，其影响因素具有繁复性。因此，在作战中，"变"的影响因素广泛而细密、深刻而复杂。

第一，是可用资源的丰富程度。这里的可用资源是指有可能为作战管理者所利用的一切人员、事物、过程和现象。为了实现作战目的，很多现实存在的人员、事物、过程和现象都可能成为战争和局部作战的利用对象。这类对象的多少，是作战管理者主动施变的现实资源。能够在多大的范围内、多少内容上实现多大程度的作战活动，受到这个现实资源的限制。一般来说，资源丰富的一方，客观上选择的变数就会多一些；资源贫瘠的一方，客观上选择的变数就少一些。其丰富程度主要由资源的类别、数量、质量和资源的

---

① （春秋）孙武：《孙子兵法·形篇》，北京：燕山出版社，1995，第46页。

结合度构成。类别主要包括可用的人、财、物、时间、空间、信息、事件等，其下又可以分成很多分支，类别的丰富与缺失将兼具战略和战术意义。数量历来是作战重要的因素。克劳塞维茨说："数量上的优势不论在战术上还是在战略上都是最普遍的制胜因素……"[①] 质量是数量存在的价值所在，而且，质量与数量还存在相互转化机制，质量的优势在某种程度上可以弥补数量的劣势，反之亦然。资源类别、数量、质量的存在，为作战管理者的主观能动性提供了现实基础，管理者要善于将资源的类别、数量和质量有机地结合在一起，取长补短、相互增益，成为系统的资源域，以便根据施变的要求，提炼出核心的资源点。

第二，是环境紧缩度。作战在一定的环境下进行，环境的张弛范围形成对作战主体大小不同的压力，即紧缩度。环境的紧缩度决定作战主体的行动自由度，也就决定了作战管理者谋求变化的自由度，紧缩度与自由度成反比。环境紧缩度包括空间、时间、安全、政治和经济的紧缩度，前三者兼具战略和战术意义，后两者主要体现为战略意义。空间紧缩度取决于作战活动存在的空间的特征，作战能力的发挥受空间的限制，能量所达到的距离、方向与精确度在作战空间特征的影响下，表现不同。在较为自由的空间和较为紧迫的空间内，作战能量的发挥显然是在充分与局限之间徘徊。当然，局限的空间也会产生较好的效果，如"背水一战"的应用，但大多是主动创造局限空间的结果。作战活动又是在一定的时间阶段内进行的，时间阶段的充裕与紧张，决定作战活动的从容与紧迫，充裕的时间可以较为完全、细致地部署作战活动，以求得较大的战局变化；紧迫的时间一般就显得相反了。但是其中也有例外，在一些紧迫和关键的时间点上，果断地采取变化会取得决定性的效果；而在较长但是平庸的时间段内，一般就只能耐心部署以等待变数了。安全环境的紧缩度与作战力量的生存息息相关，当一支作战力量的生存都成问题时，主动求变就显得勉强了。反之，则可以追求更高的作战局势变化目标。政治与经济紧缩度，对于战争全局具有较大的影响，制约着战争持续的时间、范围、进程和战略打击手段的运用，如大规模杀伤武器的使用。

① 〔德〕冯·克劳塞维茨：《战争论》，北京：军事科学出版社，1964，第164页。

第三，是敌对双方领率者的作战理解度。作战理解度是指对涉及作战的各方面内容的认识程度，包括对作战本身及其相关事物的认识、作战内在规律和外在表现的认识等，决定领率者进行作战的方式。兵家历来重视作战理解度，《六韬》中说："资因敌家之动，变生于两阵之间，奇正发于无穷之源。"① 作战理解度直接决定作战变数的多寡、谋略的形成。对作战理解仍然是围绕其动态性核心，包括必然性和偶然性、对抗性和调和性、显现性和隐蔽性、可预见性和不确定性、理性和非理性、全局和局部、科学性和艺术性、主动和被动的转换、进攻和防御的关系等方面的理解。对作战的理解积极地作用于实践，指导作战实践。合理的理解产生合理的原则，继而产生合理的行动。作战理解通过两个途径指导作战实践，一种是大同的理解产生普遍的行动；另一种是在此基础上，个人根据具体情况的独特性而产生的个性化的理解，产生主动的、难以为他人所琢磨的作战行动。前者是作战领率者的基本素养，后者则是杰出领率者有别于常人的地方，是产生杰出作战变化的直接源流。孙子就专门针对作战施变做了阐述："故能而示之不能，用而示之不用，近而示之远，远而示之近。"② 作战的超长之"变"，往往催生令人瞩目的，甚至是决定战争胜负的作战效果。谋略、伪装、奇正等诡变的作战思想都包含其中。领率者的能力具有举足轻重的作用。《吴子》表达了对将领率军作战的见解："凡兵有四机：一曰气机，二曰地机，三曰事机，四曰力机。"③ 强调将领要有能力很好地理解作战，并能够因敌应变。

"变"是作战领域最富魅力的要素，也是最难以把握的要素，作战管理者必须重视对"变"的理解，运用广泛联系的观点和方法来领悟作战的"变"，以驾驭之。

第六节　作战的"功"

汉语中"功"的解释很多，有功劳或成绩、功勋或功绩、成就或成效、

---

① （西周）吕望：《六韬·龙韬·军势》，北京：军事科学出版社，2004，第116页。
② （春秋）孙武：《孙子兵法·计篇》，北京：燕山出版社，1995，第24页。
③ （战国）吴起：《吴子·论将第四》，上海：上海人民出版社，1977，第30页。

成功、功能、本领或能耐等含义，本书中指成就或成效。那么，作战的"功"可以这样定义：作战所取得的成果，简称战果。

一　"功"的含义

对于作战的"功"，典籍中早有提及，如"毕其功于一役"中的"功"指的就是战果。关于"功"的其他表述就更多了，而且被看做作战所要考虑的重要因素之一。《孙子兵法》中有"兵法：一曰度，……五曰胜"[①]的表述，其中的"胜"指的就是作战结局的胜负，即战果。随着战争形态的发展，作战的"功"的内容逐渐增加了，表述也逐渐清晰了。

第一，是正功与负功。作战有胜负之分，"功"则可分为正功与负功。正功就是在作战中获得利益，一般表现为书面的确认、人员的斩获、财物的增加、空间的拓展、时间的争取和意志的征服。虽然有些情况下，作战某一方面的内容明显负于敌方，但是，各个作战内容的综合成就超过敌方，并不影响作战的成果为正功。负功就是在作战中失去，一般表现为书面的承认、人员的伤亡、财物的损失、空间的压缩、时间的消耗和意志的屈服。即使在某些内容上占据优势，也不能扭转整体上的颓势，仍然是负功。一般来说，正功是作战双方所追求的，但是也有特例。战争所追求的"功"，一般都是正的，可实现结局的胜利。局部作战所追求的"功"大部分也是正的，但在个别的局部作战中，作战所追求的"功"也有可能是负的。例如战法中经常出现的诈败，除了表面上的失败之外，还经常会造成局部的人员伤亡和物资损失；甚至因主要作战方向的需要，并且追求诈败的逼真程度和牵制力，而彻底牺牲某一方面的部队。所以，局部作战所追求的"功"的正负，还要看更高层次的作战意图，或者战争全局的需要。从这个意义上说，"功"的正负取决于是否达到作战意图，达到为正，反之为负。

第二，是战略性战果和战术性战果。从意义上讲，作战有战术性和战略性之分，那么"功"也可分为战略性战果和战术性战果。战略性战果指的是具有战略意义的作战成果，包括战争结果。战略性战果可以由战争全局的

---

① （春秋）孙武：《孙子兵法·形篇》，北京：燕山出版社，1995，第449页。

作战产生，也可以由局部作战产生。覆盖战争全局的作战，产生整体效果，对战争走势产生深刻而长远的影响，其作战结果因而具有战略性。在关键时间和关键地点发生的局部作战，有可能决定战争的走势，这种局部作战因而具有战略性，其战果即为战略性战果。例如1983年美军入侵格林纳达，就以机场上的关键性战斗结束。战术性战果指的是具有局部意义的作战成果。一般由局部作战产生，并且其直接意义只存在于作战局部，因而只具有战术意义。全局作战不可能产生战术性战果，因为无论作战后的局势是优势、劣势还是均势，都决定战争的状态，因而不会产生战术性战果，而只能影响战术性战果。战略性战果与战术性战果之间的区别是显而易见的，同时因为它们共同服务于战争目的，所以也在最后的战争成果上实现统一。在特定的过程中，二者有发生转化的可能，对战果的利用是其中的关键因素。例如在东汉末年，官渡之战中，曹操在劣势中寻得战机，奇袭乌巢得胜，震动整个战局，其他战斗也转入反攻。而袁绍在全局占优的情况下，利用不当，贻误战机，导致丧失优势，而致失败。

第三，是战争战果和阶段战果。不同阶段的作战构成战争的全过程，"功"因而可以分为战争战果和阶段战果。战争战果是战争最后的结果，是各阶段战果的积累，战争全过程成果的终端输出。一旦战争战果形成，将是不可改变的。阶段战果指战争的某一阶段性作战取得的作战成果，是以时间段为标准划分的。阶段战果的意义取决于它的性质、发生时间、发生位置和成果大小，受这几个因素的综合作用。一般来说，阶段战果如果是决定性的，将具有预示战争结果的意义；其发生的时间和地点越关键，意义就越大；在前几个方面既定的情况下，其成果越大，意义也就越大。阶段战果与战争战果的区别在于阶段性和全程性，但是在最终成果上是统一的，前者的连续累积促成后者的形成。而且，严格来说，作战的各个阶段没有明显的界线，只是为了管理工作的方便而人为划分的，各阶段作战从来都是一个连续的过程，这个连续的过程就是战争，过程的连续性结果就是战争的总体成果。

第四，是物质战果和精神战果。由于作战中包含物质得失和精神起落，因而"功"还可以分为物质战果和精神战果。物质战果是指具有物质性质的作战利益的得失，内容包括人员、武器装备、作战物资、作战时间、作战空间、作战信息的获取、破坏与损失。由于各类作战物质基础在作战中结成整体，发挥系统的作用，因此在战果的得失上表现为总体的一致性。而个别类别的物质基础经常与总体的得失表现为相反的情况，所以考察物质战果的时候要全面衡量；又因为某些特定的情况下，某类物质基础具有决定性意义，所以又需要在把握整体的同时关注个别。相应于以上的特点，在作战中的物质取舍上，就要在把握整体的前提下有所取舍。精神战果是指具有精神性质的作战利益的得失，内容包括认知、士气和支持度等的提升和下降。认知、士气和支持度等作战的精神基础相辅相成，是作战心理的综合体现，彼此相互影响，兼具大势趋向和一损俱损、一荣俱荣的特点。在战果的选择上，应该把握总体、兼顾重点。物质战果和精神战果之间虽属不同范畴、区别明显，但也存在强烈的相互影响，物质战果的显著可以弥补精神战果的损失、助长精神战果的扩大；同样，精神战果也对物质战果有相似的影响，二者表现为统一性。虽然在不同的作战环境下，某一方面会表现偏重，但总体上还是一致的。

按照不同的标准，战果还可以划分为不同的类型，但以上是基于对作战管理具有直接和首要意义的标准而进行的划分。相信随着战争形态的发展，还会产生其他直接和重要的标准。作战管理者必须能够根据具体的作战条件，尽量明确地认识作战的功的内容和含义。

二 "功"的意义

不管是正的还是负的、战术性的还是战略性的、阶段的还是战争的、物质的还是精神的，作战的"功"都是结果性的东西，是既有作战活动的成果，也是后续作战活动乃至国家战略行为的前提。其意义不仅限于既有作战活动的本身，还在于更广泛、更深入的作战及战略活动。

第一，"功"是一切作战活动的本质目的。无论规模如何、烈度如何，也无论是局部作战还是战争，都要追求一个结果。从作战主体的角度讲，就是追求最终作战的胜利；从作战的客观结局来讲，胜利不总是能够追求得到。但不管怎样，从事作战的人总是要达到一定的目的。没有目的的过程将失去方向，目的与过程是统一的。作为战争全局的一部分，局部作战的目的是实现局部的胜利；作为战争全程的一个阶段，阶段性作战的目的是取得某一阶段的优势；作为战争本身，其目的是全程、全方位的胜利。总体而言，作战的目的都是物质的摧毁与精神的征服。只是因作战特点的不同摧毁和征服的类别、数量与程度不同而已。毛泽东说过："保存自己消灭敌人这个战争的目的，就是战争的本质，就是一切战争行动的根据，从技术行动起，到战略行动止，都是贯彻这个本质的。战争目的，是战争的基本原则，一切技术的、战术的、战役的、战略的原理原则，一点也离不开它。"① 从战争的高度，说明了作战的目的就是"保存自己，消灭敌人"，这是战争存在的本质基础。保存自己就是尽量多地保存自己的一切战争资源；消灭敌人，就是尽量多地消灭敌人的战争资源。这个论述具体到局部作战，仍然合理。只要"保存自己，消灭敌人"，就是作战的胜利。胜利的目标是作战活动存在的基本条件。不追求胜利的作战将无法进行，也就无法称之为作战。

第二，"功"是作战效能的检验。作战效能是作战力量实现作战效果的能力。作战效能与"功"之间关系密切。一般来说，效能高的作战力量，善于完成作战任务，取得正功的可能性就大，遭遇负功的可能性就小；反之，情况就不容乐观了。对于作战管理来说，这一点相当重要，是制订作战管理计划和实施作战管理的主要依据，具有至关重要的作用。但是作战效能是一种较为抽象的事物，在事实发生之前，无法对一支作战力量的效能进行客观的定位。而作战的"功"是一支作战力量取得的既定战果，具有现实的说服力。管理者可以根据"功"的大小和正负来初步判断一支作战力量的作战效能。如果有机会在长期的作战中效力，一支作战力量长期的综合性战果，则是判断其作战效能的较为可靠的依据。根据"功"的不同，管理者有理由依据任务、环境等作战活动的特点，合理地使用作战力量、配置作战资源。将某一作战力量部署到最适合它的位置上去，将某一作战资源配置到善于利用它的团队去。因此，作战的"功"是作战效能的检验，间接决定着作战管理者实施管理的方式。

第三，"功"是战术效果向战略效果的转化桥梁。作为不断运动变化的

---

① 《毛泽东军事文集》第二卷，北京：军事科学出版社、中央文献出版社，1993，第311页。

人类活动，作战的每一点进展，都会产生或多或少的效果，效果的积累，就是全局和全程的结果。"功"的特点之一是可以累加。单元作战效果是局部战果的基础，是"功"的最小单元；局部作战效果是作战全局战果的构成部分，是"功"的初级模块；阶段作战效果是战争全程战果的形成过程，是"功"的时段积累，而阶段战果也是由局部作战战果组成。由此可见，作战的战术效果在时空上的累加，就构成了战争的最终结果。如果战争进行中，一些细小的失利可以被认做无关紧要，那么，站在战争的末端，回过头来看，似乎每一点胜利都是必不可少的，每一点失利都是相当危险的。因此，战术效果的累加，历来为作战管理所重视，认为它是通向战争胜利的桥梁。《孙子兵法》中叙述："是故屈诸侯者以害，役诸侯者以业，趋诸侯者以利。"① 意思是说：用讨厌的事情去伤害诸侯使其屈服，用最危险的事情役使诸侯使其忙于应付，用小利诱惑诸侯使其疲于奔命。认为要实现最后的胜利，就要从一点一滴做起，从最细微的作战成果积累开始。战争就像方程式，似乎每一点战果都无关大局，但是对于最终的胜负结果来说，每一点战果都是必要的。

第四，"功"影响战略利益的获取。"功"的特征影响战局的发展。如果某一方在一次作战中损失过多，虽然获得胜利，也会因为丧失了太多的战略资源，而在今后的作战中无以为继，走向劣势。反之，如果一方善于掌握"功"的特点、认识"功"的重要性，即使在某一次作战中失败，也会因为保存了宝贵的战略资源，并且以较小的代价消耗了敌方较多的战略资源，而在其后的作战中走向胜利。而且，战后的相互关系定位、战争利益划分，都是以胜利者为主导的，失败者几乎没有话语权。在较为单纯的两极战争中，胜败已经决定了战后利益的归属，并将成为此后在广大区域内、较长历史时期内的最初决定因子。中日甲午战争之后，日本挟战争之"功"，以战胜国的身份，向中国索取了大量的战略资源，导致此后一百多年亚洲国际关系局面的改变，确立了日本亚洲大国，甚至世界大国的地位。在联盟战争中，"功"对于战略利益的分配，具有更加复杂的作用。在正功与负功的结合

———————————

① （春秋）孙武：《孙子兵法·九变篇》，北京：燕山出版社，1995，第97页。

上，最为鲜明。战争中所取得的成就，固然是利益分配话语权的一部分，但是战争中失去的资源也是决定这个话语权的关键因素。战争损失小的国家，因为保存了相对丰富的作战资源，因而显得比较强硬；不足之处在于付出的代价相对较小，没有足够的理由获得更多的利益。而战争中损失比较大的国家，因为付出了相对较大的代价，因而获取利益的理由比较充分。在1945年2月的雅尔塔会议上，同为战胜国，斯大林就以苏联攻克柏林的"功"和苏军在战争中付出的惨重代价为资本，在独立面对西方大国集团时，获得了相当多的战略利益。

作战的"功"不但是作战的本质目的，在作战中始终处于被关注的核心，而且是管理者实施作战管理的依据。它不但有利于作战的战时管理，还有利于战争的战略管理。

三 "功"的主要影响因素

作战的"功"作为一种结果性的要素，受其形成过程中的所有因素的影响。其内容纷繁复杂，巨细交错。为了表述方便，将其归为如下几个主要类别。

第一，是战场上的胜负。求胜，是作战的第一要务。但是求"胜"不等于求"功"，"胜"与"功"之间存在着双重关系。一是"胜"与"功"的一致性。获得胜利，必然获得了足以取得胜利的正功，也就是说，正功是获得胜利的必要条件之一。二是胜利并不意味着正功大于负功。从"功"的角度讲，胜利是因为胜者获得足以胜利之"功"外，其遭遇的负功在其可以忍受的限度之内；而失败是因为失败者遭遇了难以接受的负功。显然，失败者也获得了一定的正功，其数量不一定比胜利者获得的少，它的失败，是因为难以承受的失败之"功"的作用。第二重关系对于全局和长远的作战有着深刻的影响，获得暂时胜利的一方，不一定再有能力获得足以胜利之"功"了，而暂时的失败者则有可能保存了在此后作战中，获得胜利之"功"的能力。战场上的"负"对"功"有着与上述相反并接近对称的关系和影响。这种双重关系，影响着"功"的状态，"功"反过来又影响作战的胜。所以，作战管理者要明确战场胜负与"功"的关系，认识何种"胜"

对"功"有正面的影响，何种"胜"对"功"有负面的影响，怎样通过战场的胜负，来获得于作战全局与全程有利的"功"。

第二，是领率者对战果的驾驭能力。为了能在尽量大的范围内、尽量长远的阶段里获得优良的战果，领率者就要不断将小的战果扩大，将目前的战果延伸。前面说过，作战单元获得的战果是构成局部战果的元素，领率者首先要善于将单元战果集成为局部战果。单元战果的特点是细密而繁杂，其间正负交错。如何使有利的元素占据战局的主导位置，将不利的元素化解为无形，是局部作战中领率者面临的第一道难题。对此，克劳塞维茨有过较为具体的表述："不进行追击，任何胜利都不能取得巨大的效果"[1]，强调利用胜利延续战果。还讲到："胜利的大小主要取决于追击时的猛烈程度；追击是取得胜利的第二个步骤，在许多情况下甚至比第一个步骤更为重要；战略为了同战术接近，以便利用战术上取得的完整的成果，就要求战术获得全胜。"[2] 这里的追击讲的不仅是时间上的延续，还强调将战术性胜利扩大为战略性胜利。领率者发挥战果驾驭能力，还在于将局部战果扩展为全局战果，将阶段战果延伸为全程战果，这就要求领率者具备战略管理的能力。因此，作战领率者要善于处理局部与全局、阶段与长远的关系，发现那些具有战略意义的局部战果，看到当前阶段战果所预示的发展趋势，助长或者改变之，以求得新的、于战争有利的战果。

第三，是利益相关方。所谓利益相关方，就是在一定的范围内，就某一事务而发生利益关系的各方。他们之间的利益既存在着相互协调，也存在着相互冲突。利益的协调，使他们彼此配合；利益的冲突，使他们彼此分歧。利益相关方之间配合与分歧，就影响着战果的分配与发展。就局部作战而言，各作战单元之间，存在着作战利益关系，他们就是利益相关方。基层指挥员有各自的想法与要求，需要上一级领率者予以关注、协调，以利于战果的扩展。就战争全局而言，各局部作战单位之间存在作战利益关系，他们是利益相关方。区域作战团队存在生存与发展的呼声，上一级领率者必须通盘

---

[1] 〔德〕冯·克劳塞维茨：《战争论》，北京：军事科学出版社，1964，第249页。

[2] 〔德〕冯·克劳塞维茨：《战争论》，北京：军事科学出版社，1964，第254页。

考虑、有所侧重、有所取舍。就战争以上层次而言，各国家和政治集团之间存在战略利益关系，它们是利益相关方。它们以各自集团或国家利益为重，对战果的发展密切关注，避免伤害本集团和本国利益。战果的发展方向、规模、程度均在它们关注范围之内。考虑到它们的态度以及战争权重，发展战果时，必须考虑利益相关各集团和各国的反应。利益相关方在各个层次的广泛存在，是影响作战的"功"的重要因素。

影响作战的"功"的因素广泛存在于安全战略、战争战略和局部作战等几个层次的范围内，作战管理者要善于发现、认识、引导和利用它们，以实现最佳的"功"。

作战的"道""形""势""气""变""功"，是作战管理要素的精髓，其中既包括物质的内容，也包括精神的内容；既包括战略层次的内容，也包括战术层次的内容；既包括理性的内容，也包括非理性的内容；既包括眼前的内容，也包括发展的内容。作战管理者要尽量全面地发现它们，深刻地认识它们，以便尽量完美地管理它们，实现作战管理的目的——作战效益与战略发展的最大化。

第四章　作战管理的原则

作战管理自古有之，可以说有作战，就有作战管理。然而，由于指挥在作战中发挥着至关重要的作用，所以长期以来，作战管理并没有被作为驾驭作战全领域、全过程的作战活动为人们所重视。至于作战管理的原则，虽有提及，却总是被归结到作战指挥的范畴，或者是零星地存在。在信息时代和全球化条件下，作战活动变得更加公开和复杂，各种影响作战的因素与被作战所影响的事物均空前膨胀，单纯强调作战指挥，显然不是信息时代从事作战的有力方式，在战略的高度上谋划和运用作战管理，已经成为必然，并已经为近几场战争所证明。作战管理的原则也就当然地成为研究作战管理首先要思考的问题。本章根据历史的经验和现实的环境，融汇作战和管理的理论，以作战为中心，以管理为手段，提出作战管理的如下原则。

第一节　静以观势、动以造势

一　基本含义

势，就是态势和趋势。在作战中，态势是实施作战行动的基本条件，要取得作战的优势，就必须具备整体或某一主要方面的有利态势，以形成良好的作战发展趋势。中国历代优秀军事家都追求先胜而后战，探索如何最大限度地增大获胜的把握。观势和造势就是作战前增大这个把握的最有效途径。静以观势，就是在基本不采取任何作战行动的情况下，分析态势、预测趋势、等待机会。静以观势，是优秀的作战领率者进入作战状态的第一步。古代著名军事家吴起就非常注重观势，他不仅从战略高度分析了六国大势，而且在局部作战层次也主张："用兵必须审敌虚势而趋其危。"[①] 静以观势又是当代管理学提倡的首要环节，无论是哪个管理学派，在采取措施之前，都要分析国际和国内环境、行业和组织环境，可以说，静以观势是组织决策的第一步。战略管理理论就主张 "环境的影响因素及其趋势，可以被理解为存在于组织周围的不同层次之中"[②]，并且把分析环境作为组织目标确定的重要依据。当代战争形态下的作战管理，在做出决策之前，战争管理者首先要观国际和国内大势、政治和军事大势；局部作战管理者要观敌我两军相对之势、战场自然与人文之势，分析强弱之势、主动被动之势、先机失机之势。其主要内容除了分析环境形势之外，还包括预测趋势和静候机会。

动以造势，就是通过主动的作战行动，改变原有的态势、营造新的态势、创造制胜机会、追求新的趋势；是作战管理者在观势的基础上，发挥主观能动性，通过积极的行动使作战态势和趋势向着有利于我、不利于敌的方向发展；是切实采取行动的阶段，包括作战准备行动和先期作战行动。造势也是当代管理学主张的重要方法之一，提倡的主要方法包括产品或服务的宣传、产品试销、利益相关方谈判等。这与作战的舆论造势、试探性进攻、誓师、拉拢盟友并孤立敌人等活动不谋而合；将决策置于其中并为执行决策做准备，都是执行主要决策的前奏。作战管理就是要在采取主要作战行动之前，赢得国际和国内支持、准备和部署作战力量、试探敌方反应、创造有利时机、扭转或深化趋势。

---

① （战国）吴起：《吴子兵法注释·料敌第二》，上海：上海人民出版社，1977，第 20 页。
② 〔英〕格里·约翰逊、凯万·斯科尔斯：《战略管理》，北京：人民邮电出版社，2007，第 84 页。

二 静以观势

历史无法改写，战后不容假设，死去的战士不能复活。所以，翔实深入地分析作战态势、预测作战趋势，即静以观势，是实施行动前作战管理的首要工作。同人类社会的所有事物一样，好的结局有其内在原因；作战行动的胜利与否，是将要发生的必然结果。作战管理者如果能够通过翔实地分析作战态势，看到作战态势所喻示的较大可能的结局，将对作战进程十分有利。分析作战环境，是掌握态势和预测趋势的第一步。

1. 从层次上观察态势

首先要分析国际总体政治、经济和军事态势，明确在国际关系中获得支持和遭遇反对的可能性和程度；明确国际经济状况及布局是否有利于己方在某一地区作战，战争是否有利于战后国际经济形式的有利重置；明确己方军事发展水平处于哪一位置，如果发生战争连锁反应，有哪些国家或集团会投入战争，这些国家与己方的军事实力对比状况，预测可能的后果等。其次要分析战争的军事态势，明确作战双方的总体军事力量对比，包括军队规模和结构、军事设施和武器装备数量与质量、作战理论等；明确敌我双方战争潜力、国内对于战争的态度、人心向背、社会生活系统的脆弱程度，战场地理条件等；明确己方在战争中的竞争力，以及核心能力是否值得依赖，也就是通常所说的"量力而行"。再次要分析局部作战态势，明确那些最具体、最直接的作战要素，包括局部兵力、所处位置、武器拥有度与发挥度、部队士气等；明确局部作战在整个战争中的地位，是否有利于战争的胜利。

2. 分析己方的行动自由度

在分析环境的基础上，要分析己方的行动自由度，即在作战环境和能力既定情况下，己方采取作战行动的可选择程度。作战环境和能力是作战的资源，又是作战的限制。作战能力强，这个限制就小一些，行动自由度就大一些；作战能力弱，这个限制就大一些，行动自由度就小一些。在一定的作战环境和能力下，行动自由度总是在一定的范围内起伏，作战行动在这个范围内，就是合理的，可以趋利避害；超出这个范围，就是不合理的，就会损利增害。拥有航天优势，就可以获得在外层空间的行动自由；拥有空中优势，就可以获得空中行动自由，甚至制空权；善于在开阔地域作战，在沙漠和平原的行动自由度就大些；善于复杂地形作战，在山区和高原的行动自由度就大些；水下作战实力强，在海洋和江河的行动自由度就大些；人心归向，在民间的行动自由度就大些；电磁、网络方面有技术和数量优势，电子战和信息战行动自由度就大些；部队反应迅速，在时间上的自由度就大些；部队机动能力强，在空间上的自由度就大些。在伊拉克战争中，美国精湛的航天和航空作战能力，就是其空天行动自由度的保证，实现了极大程度上的自由行动。有了行动的自由，才有行动的可能，才有作战的效果。作战在某种程度上说，就是争夺行动的自由。确定行动自由度要根据作战环境和能力，某种作战能力在某一作战环境下，总有合理的行动选择；行动自由度还有一个综合的问题，在分析特定环境下的各方面行动自由度及其权重之后，最后确定如何行动好处大些、危害小些。

3. 预测作战趋势

在分析作战环境、确定作战行动自由度之后，也就基本明晰了敌我双方的作战优劣；掌握作战态势，预测作战趋势，就成了重要的环节。凡事预则立，不预则废。作战活动是一种前瞻性极强的实践活动，前瞻得长远而准确，预测趋势的质量就高，行动起来就更加主动。要准确预测作战趋势，首先要对许多未知的东西做出判断，由于敌方的保密、伪装与佯动等活动，即使组织周密的侦察与调研，仍有大量内容需要预测；其次要利用已有的资料推导出几种可能的结果，包括直接和间接结果，以及其中最可能出现的结果；再次要瞄准未来作战行动的目标，充分预测在实现这一目标过程中可能遇到的问题、困难和危险，设想行动的开始、进程和结果。预测作战趋势，还可以实现一个重要的职能，就是静候机会，可以促成直接的作战效果。战争史上，有无数这样的战例，那些优秀的将领通过缜密的分析之后，静观敌变，寻求战机。静候机会，有一个先决条件，即要求保证己方处于不败之地。孙子说："昔之善战者，先为不可胜，以待敌之可胜。"[1] 这在当代战争中同样有效。无论在进攻还是在防御中，静待机会都是适用的，只不过在防

---

① （春秋）孙武：《孙子兵法·形篇》，北京：燕山出版社，1995，第45页。

御中表现明显而已。在进攻中静候机会是指在无机可乘时，不可强求，可静观其变；在防御中静候机会是指不足以反击获胜或者没必要出击时，在保证己方安全的情况下，等待敌方出现破绽。在接近均势的作战中，静候机会来加以应用尤其频繁、效果尤其显著。

既连续又交叠的作战管理活动，分析作战环境、确定作战自由度与预测作战趋势彼此承接、循环往复。从本质上说，三者是一体的，不可割裂；只是为了重点表述，才从静以观势的活动中提炼出来。作战管理者一定要知己、知彼、知环境，真正做到审时度势，才能在即将发生的作战中获得优势。

三　动以造势

孙子说："兵无常势，水无常形"[①]，"势"是可以造的。造势，就是创造有利态势，以获得优势。在分析既定作战态势的基础上，为了谋求作战的优势，就需要用积极主动的行动来创造有利的态势，积累有利态势，进而获取战争的优势。

1. 善于顺势

作为作战的客观条件的综合与深化，"势"不可避免地制约着人的主观作战活动，限制着造势的方式和程度。既然"势"是客观存在的，就有它本身的特点和规律，蕴含着能量，确认强胜弱败的规律，不以人的意志为转移，为造势而采取的行动必须符合这个特点、顺应这个规律。因势利导，顺其自然，进而通过改造和创造一定的客观条件使作战态势发生有利于己和不利于敌的变化，使造势符合既有之势的特点和发展规律，实现二者的统一，才能造就良好的作战态势。实践证明，凡是能够顺应既有之势而造势的，成功的可能性就比较大。如中国人民的抗日战争，在战争初期日军风头正盛之时，避其锋芒，不强求扭转颓势，而是根据日军战争潜力有限和其作战方针追求速决的特点，制定了持久战战略。在经过一定时期的消耗之后，待到日军强势减弱，其势甚至"不能穿鲁缟"之时，我方从战略到战术上均转守

---

① （春秋）孙武：《孙子兵法·虚实篇》，北京：燕山出版社，1995，第75页。

为攻，实现了压倒之势，使日军大势已去，终于获得抗日战争的胜利。凡是试图逆既有之势而造势的，往往归于失败。如第二次世界大战欧洲战场后期，盟军在诺曼底登陆之后，不断推进，向德国本土进攻，此时无论从国际形势，还是战场军事形势上看，都是盟军处于优势、德军处于劣势。而此时，希特勒妄图通过短促而强势的反攻，实现战场态势的扭转，在1944年12月的突出部战役中调集"B"集团军群，反攻推进了60多公里，一度气势汹汹，盟军被迫后撤。而德军却终因矢尽道穷，大势已定，无力回天，这一行动反而加重了其颓势。

2. 善于乘势

所谓乘势，是利用既有优势，采取合理的作战行动，以扩大优势的造势方式。乘势有一个先决条件——拥有一定的优势，即必须有优势可乘，劣势是无法借助的。对于战争全局，乘的是战略大势，拥有宏观和长远的意义，具有整体性特点；对于局部作战，乘的是战术小势，拥有微观和阶段的意义，具有局部性特点。但无论是大势还是小势，都具有变化迅速的特点，而其归宿点都是战争的胜利，所以乘势要把握以下几点。首先，乘势要稳，作战之势关系重大，决策者背负压力，压力之下经常会出现思维变形，只有稳定的心态才能够看到隐藏于纷繁复杂的作战烟幕下的机会；能够确保在采取行动扩大优势之时，立于不败之地，确保保存自己；能够有利于管理者做出正确的决策。其次，乘势要快，要求快速的反应以发现稍纵即逝的战机；快速的决策把握变化不定的优势；快速的行动使所乘之势有效；快速的终止行动以确保在势尽之前保留优势。再次，乘势要准，选择目标要准，以便能够最有效地利用可乘之势；选择方式要准，以便能够更有效地扩大优势、减小危险；把握程度要准，要在优势接近最大化的同时在敌方没有摸清己方情况的时候，有所控制，以便为下一步造势奠定有利条件。需要说明的是，乘势是在拥有一定主动权的情况下进行的，没有主动权就谈不上乘势，作战管理者切不可急功近利、违背现实、强求乘势。

3. 善于积势

作战中的优势和劣势没有绝对的，优势和劣势总是掺杂在一起的，只能从某一方面分清优势和劣势，或者从总体上综合比较优势和劣势；优势和劣势又是动态的，优势和劣势增减所引起的量的变化，达到一定的程度，会导致质的变化。所以，优势不是一蹴而就的，而是在空间、领域和时间上逐渐积累形成的。作战管理要注重优势的积累，以利于优势的扩大和升华。首先要总揽全局的优劣之势，最大限度地发现战场上存在的和隐含的可能优势。战场上的"势"无处不在，看到的"势"永远少于存在的"势"。积累优势，就是要发挥宏观观察能力和深入挖掘能力，尽可能多地找到客观存在的优势，明确哪些是至关重要的，哪些是处于摇摆状态的，哪些是无关大局的。其次要把握那些关键性的优势，在大局观的笼罩下有所取舍。对敌我来说，优势是双方矛盾斗争的关键，双方都想获得优势；对己方内部来说，不同的优势之间也存在矛盾，即关键性优势与非关键性优势之间的矛盾。积累优势，是要善于积累那些关键性的、对于作战全局有重大意义的优势；而在资源和精力都有限的情况下要懂得有所取舍，适当放弃那些非关键的、不可能转化为具有关键意义的优势。再次要注意各方面优势的有机结合，作战管理者要明确不同优势间彼此的联系，有目的地将它们组合在一起，实现优势的综合。这样才能不断地将战术的优势提升为战略的优势，同时发现和吸收新的作战优势，实现优势的升华。中国人民的抗日战争，就是利用游击战和运动战获得的各个局部的优势，积累而成战略的优势，最终转入战略反攻。

4. 善于变势

无论是处于优势还是劣势，作战的态势没有尽如人意的，都需要主动地改造，才能实现符合作战管理者要求的态势，所以，作战造势要善于主动变势。变化是事物的根本属性，改变态势是作战造势的真谛。前面所说的"顺势、乘势、积势"都是改变态势的方式，只是侧重对既有之势的引导、扩大和升华。这里所讲的变势，是指在以上三个活动的基础上，极大地发挥人的主观能动性，主动求变。这一点相当重要，因为静态的事物容易被观察，也容易被时间和形势抛弃。作战是瞬息万变的激烈对抗活动，己方不追求变化，敌方也在追求变化，作战态势也会不断地改变。不采取主动变化，很快就会落后于作战形势，陷于被动而不得不变。毛泽东曾说："由于主观指导的正确或错误，可以化劣势为优势，化被动为主动；也可以化优势为劣势，化主动为被动。"① 对处于优势的一方，要谋求不断变化，时刻掌握战场主动权，而使敌方持续陷于被动，最终化优势为胜势。处于劣势的一方，主动求变显得尤为重要。变化意味着新事物、新情况的产生，意味着机会。扭转颓势，就是要最大限度地开发和利用作战资源，发挥人的主观能动性，善于使用谋略，采取积极行动。在关键性的局部作战中强势地扭转颓势；在千千万万的局部作战中，积少成多、变弱成强；在看似密不透风的战场上，用主动的作战行动，诱发局变，以期扭转败局，转劣为优。主动施变以扭转作战态势，是作战领域最富魅力的活动。历代杰出的军事家，无不擅长此道。拿破仑就经常通过军队的机动和集结等组织活动，形成局部优势，进而取得战争全局的优势。1796 年 11 月 15 日，在阿尔科拉血战中，拿破仑率领仅有的 2 万多人面对奥地利 4 万多人，先以大胆的迂回，绕到奥地利阿尔文奇军尾部，将其诱至沼泽围绕的几条大路上展开决战，再占据有利地形从多个方向进攻，形成局部优势，使奥军无法发挥兵力优势，一举击溃奥军。

静是动的前期状态，观势是造势的前提，造势是观势的延续，能动地认识作战的客观态势是能动地改造作战客观态势的前提，能动地改造客观态势是目的。毛泽东曾明确指出："一切事情是要人做的，……做就必须先有人根据客观事实，引出思想、道理、意见，提出计划、方针、政策、战略、战术，方能做得好。"② 作战中，要清晰地认识既有的作战态势，就要对大量获取的战场情报资料进行分析判断，正确地认识敌情、我情、战场环境以及相关的政治、经济、外交等方面的本质、特点，以及它们之间的相互联系。在此基础上，通过积极主动的作战行动，改造作战态势，使之向着有利的方向发展。

第二节　合而不僵、分而不散

作战中，"合"与"分"是一对矛盾统一体，相互对立又相互依存，

① 《毛泽东选集》第二卷，北京：人民出版社，1991，第 491 页。
② 《毛泽东选集》第二卷，北京：人民出版社，1991，第 477 页。

"合"有其优势，"分"有其长处。在任一体系内，"合"与"分"都是发挥体系整体效能的必要条件。"合"是要结束无序的"分"，没有"分"也就没有"合"；"分"是要避免僵化的"合"，没有"合"也就没有"分"；"合"与"分"又相互交融、相互补充，"合"中有"分"，"分"不忘"合"，"合"使相对独立的作战要素发挥体系整体效能，"分"使合成的作战体系保持弹性与活力。因此，作战不仅要重视研究"合"，还要关注"分"，正确处理"合"与"分"的关系。

一 基本含义

作战从来都是交战双方系统的对抗，古今莫不如此，不同之处在于，当代作战系统中所包含的内容空前丰富。作战是人类社会系统的子系统，又深入到社会系统的诸多领域，其自身是由一系列要素构成的完整系统。在目的上，既体现着军事运动追求胜利的直接目的，包括大大小小局部作战和整场战争的胜利；又体现着一定阶级、民族、国家和政治集团的意志，因而构成一个完整的目的系统。它规定着作战系统的运动方向、范围、规模和时空界限。在手段上，以作战目的系统为牵引，以各种暴力对抗为主，表现为参与作战活动的人，运用各种作战方法性要素，使用以武器装备、军事设施为主的工具性要素，作用于作战对象上。无论是人、作战方法性要素、武器装备和军事设施，还是作战对象，各要素均是以一定的方式组合而成的有机系统。因此，"合"是作战的本质属性之一。而作为当代作战最有效的方式，"合"也是管理学的要义之一。系统论是当代管理学的基础理论之一，当代管理学将管理对象视为大小不等、层类交融的有机整体，因而在目的和手段上都讲求有机整合。因此，"合"是作战管理的要义之一，作战管理要形成管理系统对作战进程的系统管理，但整合要力避僵化。由于作战活动系统性特点，统一地驾驭作战活动成为必然，任何系统本身都是一个不断变化的动态的集成，弹性是系统成为有机整体的重要条件。作战管理强调协调配合，所以作战活动的系统性不排斥组织的灵活性、指挥的决断性、协调的机动性、控制的弹性，统一的部署不反对特殊情况下的机变。从这个意义上讲，僵化本身就不是系统的内容，作战管理的"合"反对僵化。"合"是在任何现实条件下的弹性的整合，要求作战管理系统保持高度的灵活性，作战管理要做到合而不僵。

由于作战领域个体的显著差异性和要素的时空关键性，使得作战管理在"合"的基础上必须重视"分"的重要性，充分发挥局部或个体的作用。从构成上看，作战系统是由各个子系统构成，如目的性系统、主体系统、客体系统、工具性系统、方法性系统等。其下又分为诸多系统，如主体系统可分为军团、兵团、部队、分队、战斗部队、保障部队等，工具性系统可分为军事设施系统、武器系统、保障性装备系统等，逐步具体为要素、元素。各个分系统、要素、元素在各自的位置发挥着不可或缺的作用，甚至在某一时间和空间内发挥关键性作用。例如在美国独立战争中，南方的格林将军在兵力远少于康沃利斯的情况下，果断分兵，以摩根将军数百人的小股部队袭扰英军后方补给线，造成英国南方主力部队的瘫痪。战争史一再证明，有条件的"分"是保持作战活动机动灵活的要点，是出奇制胜的法宝。在管理学领域内，"分"是取得效益、推动组织进步的重要方式。战略管理重视个体多样性对组织发展的促进作用，项目管理重视某一方面的突破性进展对整个项目的带动作用。当代战争牵一发而动全身的特点，使得局部作战具有前所未有的重要性，甚至决定整场战争的胜负。分进合击、分兵牵制、特遣偷袭、化整为零等都是作战力量与行动的有效分散。所以，分散作战能够出其不意地打击敌人的关键环节，取得战争决定性的优势。因此，"分"是作战管理必须重视的重要原则。而不加节制的"分"会使作战系统要素或元素之间失去必要的联系，造成不同各方的冲突、结果的不一致，甚至是目的的混乱。所以，强调"分"，但是注意不能"散"，做到分而不散。

二　合而不僵

《六韬》中说："凡兵之道，莫过于一。一者，能独往独来。"① 信息时代，任何作战行动都牵涉全球，作战空间涵盖陆海空天电磁等所有领域，系统对抗性尤为显著，作战要追求"合"。而灵活的应变、富有弹性的整

———————————

① （西周）吕望：《六韬》，北京：军事科学出版社，2004，第 50 页。

合，是发挥系统优势的关键，"合而不僵"是作战管理追求"合"的真谛。

1. 基于认知而"合"作战信息

作战始于认知域的对抗，有认知才会有行动，认知是对作战态势的判断、推理和作战决策。认知域的对抗异常激烈，主要是增强己方认知、破坏敌方认知，信息在该对抗中扮演着工具与媒质的角色。作战中一切推理、判断和决策都要以信息为依据，认知域的直接对抗也要通过信息的作用得以实现。作战中信息量是庞大的，必须对信息加以综合，才能够对作战有意义；而信息的综合要有方向，必须围绕认知展开，即基于认知而"合"作战信息。有了认知这个中心，作战信息的综合就可以通过众多的途径，使用多样的方法，发挥无限的变化。信息的获取可以通过分布于外层空间、天空、海上、陆地的各种探测器和探测分队，大量收集，而不依赖于某些固定或单一的途径，不强求面面俱到的收集，不忽视常规途径之外的信息。信息的传输可以根据战场实际情况，选择最短、最隐蔽的路径，或者是最容易的路径。信息的处理可以依据现实，除去那些显然与作战实际相去甚远的信息，而对当前作战认知最具价值的信息进行处理，以最快的方式形成最贴近实际的作战图景，指导打击行动。在整个过程中，领率者完全可以根据战场情况、国际环境，抛弃一切获取和传输途径、处理方式和程序的局限，从纷繁的信息中抓取那些符合自己认知的信息，依此果断决策和行动。

2. 基于任务而"合"作战力量

集中优势力量，一直都是经典的作战原则。对作战力量的整合，既要注重层级，又要注重类别。层级的整合主要指战略力量与战术力量的整合，使战术力量成为战略力量中契合的部分，增强力量的战略支持能力；使战略力量的结构，适合战术资源的特点，促进战术力量充分发挥作战效能。类别的整合主要指作战和人员的合理编组，物资资源的有机组合（核心是武器装备的合理组合），作战软实力与硬实力的交互，时间与空间关键节点的掌握。作战管理中，认识作战力量的系统性并利用之，就能形成合力，增大力量效能；反之，忽视作战力量的系统性，就会使作战力量的效能大打折扣，甚至因内耗丧失应有的作战效能。作战力量是指各种参战力量的总和，是作战的主体，具有高度的综合性和不断发展的特点。各种参战力量合成的力量体系，是形成作战能力的基本要素。当代作战普遍要求的能力主要有信息作战能力、决策组织能力、指挥控制能力、机动突击能力、联合火力打击能力、全维防护能力、综合保障能力等。它的构建依作战任务而定，不同的任务，需要的能力不同，因而所需要整合的作战力量也不同，必须根据任务灵活组合作战力量。构建作战力量，有两个必须考虑的因素。一是任务所需要的能力，作战力量的合成，应该以此为标准，努力达到这个标准，以适应完成任务的需要。二是自身作战力量所具备的能力，需求是一回事，自身能力是另一回事。现实与需求之间永远存在差距，因此要通过多种力量的组合来弥补这个差距；对于实在无法弥补的差距，就应该正视这个差距，独辟蹊径，构建独具特色的、适应自我特点的作战力量，以便创造使用力量的独特方式来完成任务。作战力量是取得作战胜利的先决条件和物质基础，当代作战力量的多元性，提供了灵活构建作战力量的条件。按照作战信息、火力、机动、防护、控制等能力的整体匹配，将诸作战力量按照编配比例与作战任务、环境相适应的要求，构建适应不同需求的联合作战力量体系。

3. 基于效能而"合"作战管理机构

作战管理机构是作战指令存在、传递的框架。作战管理机构的系统性、精干性、高效性原则要求机构内部形成封闭的良性循环回路、循环指挥控制周期；建立健全运作法则，理顺关系；缩小机构规模，简化运作程序。一般以集权为主，明确各级权限，并保持管理权适度转换的灵活性。这些要求基本遵循了作战的一般规律。而当代作战节奏快、功能转换频繁，各局部之间差异较大，对于作战体系影响较深，一味地追求这种既定的作战机构工作要求，只能使作战行动僵化、贻误战机。作战制敌机先，重点在于先敌认知、先敌行动，精要在于一个"快"字，即时效性。因此，在总体上遵循机构整合要求的同时，要保持弹性。尤其是在己方作战体系弱于敌方体系的情况下，以上的基本要求更加接近理想化，不适于实战的要求。因此，应基于时效，发挥各作战单元的灵活性，下放作战管理权力，不回避职能和任务交叉，中断管理的常规回路，乱中取利。而且，我军提出的体系破袭战在破袭敌人体系的同时，要保存己方体系；一定程度上的体系模糊，会使得敌人对我无体系可破，无规律可循；待己方取得较大优势之后，条件允许的情况下，可以重新回到宏观的作战体系中来。作战管理以效益为目标，效能是构建作战管理机构的核心，其他一切要求与原则都是形式上的东西，因此，在鲜血横流的战场上，要基于效能，灵活地组织作战管理机构。

4. 基于效果而"合"作战行动

作战效果，是作战管理追求的直接目的。作战是有目的的对抗活动，所有的作战行动都要服从于战争目的，最终归结于国家利益。可以说，作战活动是在国家利益的指引下、在战争目的的总揽下进行的系统性对抗行为。每一个作战行动在战争中都有一个合理的定位，这个定位即使在实施作战前是不甚明确的，那么至少在作战发生后是清晰的，即作战实践会最终检验作战活动在战争中是否合理。为使作战活动符合作战本身的系统性，就要在实施作战活动之前，把将要发生的作战活动作为战争系统的有机组成部分合理地排列组合、设计规划。为此，作战计划要全面而周密，作战组织要系统而精干，作战指挥要坚决而果断，不同作战部门和领域之间要协调一致，战局控制要有节、有度，时间管理要精确有序，空间管理要规范严格，信息管理要细密流畅，务必使作战行动做到整体协调、相互补益、统一筹划、统一部署、统一指挥、配合实施。要追求战争的总体效果——通过武力的征服迫使敌人服从于己方的意志。以此为出发点，实现多种作战行动的整合，给敌人以物理和心理上的全面影响，破坏其凝聚力，瓦解其斗志。作战中，除了陆、海、空打击外，要重视信息作战与其他作战行动的整合，取得信息作战攻防效果的同时，使其他形式的作战行动也获得最大限度的信息支持；重视心理战与物理战的整合，以心理战辅助物理战剥夺敌人的战斗力，同时以其对心理构成的直接影响，与物理战的震撼作用一起摧毁敌人意志。要追求快速精确打击，使作战感知与作战行动紧密连接，使感知、机动、打击一气贯通，融为一体，使"传感器到射手"的能量流动简捷通畅。但是，由于每次作战所追求的效果不同，同时所处的社会和自然环境及双方作战能力对比的差异，使得作战行动的整合必须保持高度的灵活性。并不是每次作战都要采取所有方式，要根据实际主要采取某一种或几种作战方式；也不是缺乏任何一种形式，作战就不完美，面面俱到只能浪费资源、贻误战机；更不是要不分主次地获得全面的优势，因为敌我之间强弱交错，要发挥长处、回避弱点。因此，要灵活组织与协调作战行动，并针对作战节奏快的特点，给予作战单元一定的自主作战权力。

作战是一个激烈变化的动态过程，其中包含大量难以预知的内容；作战具有一定的强制性，战端既开，其发展变化就不完全以人的意志为转移，主动与被动相互掺杂。如果将作战管理的"合"，理解成单一的集中统一行动或完全依命令而行，则恰恰违反了"合"的主旨，作战活动本身就不允许这样做。那种认为理论上的条件不具备就不打仗，或者没有接到上级统一的命令就不行动的认识违背作战规律。在必须采取行动的时刻，以总体目的为指引，调整计划，重组资源，是对作战管理"合"的最好执行。

三 分而不散

在对抗激烈的作战活动中，完全的、实时的"合"是一种理想状态，作战单元之间彼此割裂、相互失去联系是常见的情况，所以，分散行动是无法避免的。而且，在总体联合的情况下，主动地分散行动是发挥各作战单元主动性与灵活性，增强作战行动的隐蔽性与多样性不可缺少的作战方式。"合"是作战的主旨，而"分"是保持联合作战体系活力的关键，以"合"为前提。所以，"分"要分得合理，不能无限制地分下去，"分"要保留"合"的意义，分而不散。正如战国名将吴起所说："虽绝成陈，虽散成行"①，如何做到分而不散，要把握以下几点。

1. 追求互有联系状态下的"分"

无论作战力量和作战行动怎样分散，只要彼此之间能够保持沟通，那么这样的作战管理还是系统的。彼此间联系是达到分而不散的最佳媒质，然而要兼顾沟通能力的差异，在信息时代，沟通能力的差异既能加强"分"的效果，也能造成"分"的失败。在信息能力明显强于敌方的情况下，沟通往往比较自由，此时分散的作战活动，彼此可以达到互联、互通，甚至互操作的境界，即使远隔数千公里，也能使作战活动结合紧密。如在伊拉克战

---

① （战国）吴起：《吴子兵法注释·治兵第三》，上海：上海人民出版社，1977，第23页。

争中，美军以其强大的信息能力，将各种技术与力量运用自如，调动从本土到作战前沿的军事力量共同实施打击，虽然分散，却迅速促成了伊拉克的溃败。在双方信息能力处于均势的情况下，信息对抗就显得非常突出。分散作战追求联系时，就要注意隐蔽，以免暴露。隐蔽得力、联系适当的一方，可以既保障作战的灵活性，又保证作战的系统性。在信息能力处于明显劣势的情况下，沟通基本处于敌人的视野之下，因而存在致命的危险。伊拉克战争就是鲜明的例证，伊拉克也有雷达、电台、电话和网络，却成为美军的利用目标；相反，美军以其强大的信息优势，使伊军如同盲人。在类似情况下，统一筹划和部署，困难重重，因此分散行动的作战力量，就不该勉强地追求彼此的联系了。在尽量明晰作战环境的基础上，实施对作战的分散管理，使部队分散行动，可以拉近敌我双方的差距，使信息优势之敌难以掌握己方意图，无法充分发挥信息优势，只能按照落后的方式来作战，这是劣势情况下的明智选择。

2. 在预有协同的情况下"分"

如前所述，战场上的沟通，并不总是畅通的，而是危机四伏的，即便是对伊作战的美军，也经常受到限制；这种限制对于信息能力弱的一方更大。为了保存自己、隐蔽作战意图，在实施作战行动之前，作战力量的各个分支之间总体上的相互约定，是极其必要的。历史上，相互约定曾经是作战的主要协同方式。在美国南北战争期间，北方的格兰特和薛尔曼将军在战争的关键时期，就以分进合击的约定，成功实施了正面进攻和纵深迂回相结合的战略。当代，信息技术给沟通以前所未有的流畅，但是给作战带来的方便是相对的，强者更强，弱者更弱。弱方的信息沟通只能带来毁灭型的打击，所以要在大部分时间关闭信息路径，而作战却在继续，仍然要服从于战争的整体目的，此时战前的彼此约定将是最有力的支撑。在信息均势的情况下，作战力量间的相互约定，是系统作战有益的补充，可以作为作战管理者辨别真伪的依据之一，防止作战对技术的绝对依赖。相互约定，还能使信息强势一方避免因技术错误和外部干扰所造成的误解。在伊拉克战场上，屡次出现的误炸事件，不能不说与沟通误解有关。可见，相互约定是作战保持分而不散的重要保障之一。

3. 在遵循既定作战方针的情况下"分"

作战方针是引导作战活动前进的方向和目标，作战方针在战前一般是确定的，即某一规模的作战的发展方向和目标是明确的。这个发展方向和目标会引领作战力量的投入方向和方式，引领作战活动的组织与实施，在不同的作战力量和作战方向之间形成总体上的自然协作。这种总体上的协作虽然包括偶尔的冲突，但是在大方向上是一致的，何况作战中经常出现特殊情况，在不允许顺利沟通时，也只能遵循既定的作战方针行事了。如果在战前将己方的作战方针尽可能地让主要参战人员领会，将会使分散的作战活动更趋合理。尤其在任何不宜联系的情况下，或者在相互约定失去信任基础的情况下（如敌方的离间与干扰），分散的作战力量以共同作战方针为指引，将是对分散作战力量实现系统合力的有力补充。在抗日战争中，从事游击战的各支抗战力量在联络方式落后、沟通途径遭到打击的情况下，以毛泽东持久战战略结合游击战战术的既定作战方针为指导，取得了抗日游击战的伟大战果。在解放战争时期，刘邓大军千里跃进大别山，与党中央远隔数千里，联络困难，却能够与其他地区协调发展，共同促进了解放大业。在这个分散作战形成合力、取得系统作战效果的大规模作战行动中，作战方针在其中起到了重要作用。

4. "分"不忘"合"

在具有决定意义的方向上集中兵力，仍然是作战的真谛。只不过"兵力"的含义扩展为作战力量，包括参战部队、武器装备、军事技术等。分散的作战是为了最后的系统合成，局部作战目的要契合战争目的，局部作战效果要合成战争全局效果，局部作战力量要合理地成为总体作战力量的有机组成部分，局部作战行动要配合并服从全局作战行动。"分"只是"合"的前期过程或者表面状态，"合"才是作战达到目标的主要途径。毛泽东就十分擅长作战力量分合的变化运用，以机动灵活的运动战达到"分"与"合"的统一。在土地革命时期，他经常将部队分成若干单位，分头行动；待到时机成熟时，快速集结兵力于主要方向，实现局部的优势兵力，歼灭敌人，而且往往能够达成击其一部、溃其全军的效果。拿破仑也擅长此道，不同的是，他经常将部队分成主、次两军，以附属力量牵制敌之一部，以主力部队寻求局部的优势作战机会，并适时地将附属力量调回主战场参战，常常在战争全局上实现以少胜多。所以，作战采用"分"的原则，要时刻为了"合"的目的，才不会散。

作战之所以要"合"是因为作战要素多元化，而作战的结果只有一个，因此需要所有要素为最终结果服务；而作战要素广泛分布于各维作战空间内，必须以一定的方式、媒质连接在一起，才能有利于产生合力、输出统一结果。可见，是因为"分"所以才追求"合"，"分"是作战事物的一种自然状态。而由于事物之间的普遍联系性和人为的有计划、有组织的整合，分散的作战事物不可避免地在某一意义、某一程度上，以某一方式合为一体；分散的事物具有多样性与自主性的优势，同时为"合"的意义、程度和方式提供了变化的空间。"合"主要是功能的"合"与效果的"合"，围绕于此，"合"的形式就灵活机动、不会僵化；"分"指的是力量的广泛分布与行动的多点共进，实现战果共享和作战全局效果的集中输出，围绕于此，"分"就有了主线，分得有度。"合"与"分"不能为形式所禁锢，要统一于作战的主旨，做到"合而不僵、分而不散"。

第三节 弱不避争、强不忘存

弱与强，是战争永远无法回避的东西。弱者如何选择，强者如何把握，是在战略层次上必须解决的问题，更是战术层次上必须实践的措施。战争历史提供了实践依据，现代管理理论也提供了有力的理论支持。

一 基本含义

作战从来都是不对称的，必然有一方强于另一方，然而强者未必恒强，弱者未必全弱，通过适当的作战行动，弱者也可以获得一定的优势，甚至强弱易势，胜负易手。伟大的军事家在以弱对强的情况下，经常能够以卓越的作战才能赢得胜利，除了必要的物质基础外，主要原因在于他们能够认识到强弱对比的可变规律。拿破仑对阵欧洲同盟的每一次战争，都是处于弱势的一方，却总能以合适的行动逆转形势，夺取胜利。弱者通常是在兵力、武器装备、空间环境、同盟状况等方面综合起来处于劣势，以至于很多时候在战前就失去胜利的信心。但是，只要行动适当，弱者有机会取得优势。《孙子兵法》中说："敢问：敌众以整，将来，代之若何？曰：先夺其所爱，则听矣。"[1] 而且，弱者在有些方面却是强者，有地理环境方面的、战略战术方面的、人心向背方面的，可以发挥强的方面，回避弱的方面，有夺取一定优势的可能，所以弱者一定不要放弃斗争和争取胜利的信心。第二次世界大战期间的马耳他战役，英军就是利用地理优势和坚决的战斗意志取得了抗击德意军队的胜利。当代战争的影响因素空前繁多，不确定性加剧，强弱、胜负的形势转换频繁，弱者完全有可能通过合理的作战争取胜利。至少，可以通过坚决的战斗，支持整个战役或战争。朝鲜战争中，上甘岭战役的胜利就得益于中国步兵在要地的坚守。还可以通过坚决的战斗，获得另类的胜利。越南战争中，美军尴尬的撤退和越南非主动性的胜利，就得益于越南人民坚决的斗争，使战争久拖不决，美国国内压力增大，越南人从而获得了另类的胜利。所以，一旦进入战争状态，就不要幻想别人的施舍，绝不能放弃斗争——这一获取胜利的根本方式。

对于强者来说，取得胜利也绝非一蹴而就那样简单，胜利不是强者的囊中之物。即便是在阿富汗战争和伊拉克战争中，以美军的强大，也要制订周密的作战计划，反复论证，虚实并用，才得以实施作战。首先，鉴于强弱可以易势、胜负可以易手，要防止为弱所胜，贻笑大方。中国历史上的赤壁之战，就是最好的教材。至于强者处境尴尬，聊聊收场，更是不胜枚举，美国的朝鲜战争和苏联的阿富汗战争就是例证。其次，胜利对于强者的要求更高。孙子说："战胜而天下曰善，非善之善者也。故举秋毫不为多力，见日月不为明目，闻雷霆不为聪耳。"[2] 强者要胜得漂亮，要以最小的代价获得最大的效益，不计损失的胜利是丑陋的。第二次世界大战中，盟军在荷兰阿纳姆的集市花园行动，虽然获得了初期的成功，但是损失两万余人，不能不承认此胜利的丑陋。再次，当代作战牵一发而动全身，要站在战略高度实施

---

① （春秋）孙武：《孙子兵法·九地篇》，北京：燕山出版社，1995，第132页。

② （春秋）孙武：《孙子兵法·形篇》，北京：燕山出版社，1995，第46页。

作战，既要运用优势获得胜利，又要长期保持这一优势，实现持续的强。只有在作战中有节制地投入资源、保证己方强势的存在，才能实现持续的强。所以，作战的管理者既要调动一切可用的资源，谋求作战的胜利；又要周密计划、缜密实施，消灭敌人的同时保存自己，用最少的投入获得最大的利益，取得最大的作战效果。

二　弱不避争

弱是作战中相对于敌方的先天条件而弱，但不是失败的理由，更不是放弃斗争的托词。只不过以弱对强，要讲求方法，把握原则。

1. 明确争的条件

强胜弱败的普遍规律决定了作战首先要明确敌我对比的强弱形势，弱势固然不能放弃斗争，但要有争的条件，因为这个条件决定是否存在争的可能和争的方式。作战力量的强弱，决定作战的主动权的归属。完全丧失主动权的情况下，就不存在争的可能，无力去争，不会给敌方造成任何伤害，只能使己方遭遇损失。如果在力量对比中，总体虽弱，但是有一定的优势和较强的局部，可以给敌方造成一定的伤害，才能考虑去争。明确争的条件，才能决定争的方式。防御能力强，可以考虑防御；机动能力和精确打击能力强，可以选择袭击；技术力量强，可以考虑以软打击为主；战术能力强，可以考虑虚实变化以迷惑牵制敌人。明确争的条件，不仅要明确己方条件，还要对比敌我条件，分析在总体弱势的情况下，己方有哪些方面是强的，是否值得信赖、可以利用。不仅要分析兵力对比，还要分析领率者才能；不仅要分析武器装备的数量与质量，还要分析作战人员的使用能力；不仅要分析物质条件，还要分析精神因素；不仅要分析作战本身条件，还要分析作战环境条件。在对敌我作战条件有了一定的分析判断之后，才能确定己方在哪些方面可以打击敌人并最大限度地保存自己，获得作战利益。或者在舍弃自身安全的同时，可以在多大程度上伤害敌人。

2. 明确争的意义

弱方部队可以采取行动打击敌方，可以冒险甚至放弃自身安全，但是首先要考虑这样做的意义。以弱对强本来就非常困难，需要冒极大的风险，是一切作战指导者努力避免的情况，若非意义显著，就不能轻易以弱抗强。之所以弱不避争，一般要考虑是否具有以下几个意义。一是对主要方向的作战行动支援。作战行动有主要方向和次要方向之分，一切作战行动都要以主要方向为主，服务于主要方向。以弱对强，如果能够在较大程度上支援主要方向的作战行动，就具有一定的意义，甚至可以为支援主要方向作战而以部队的生存为代价，与强敌抗争。二是赢得国际社会声援。如果艰苦卓绝的作战可以昭示己方将战争进行到底的决心，无疑会先声夺人，在国际社会树立积极坚韧的形象，使支持者增强信心，游移者转向支持，反对者慎重考虑继续反对的必要。美国独立战争中，大陆军和民兵以毫不动摇的战斗决心，坚持以弱敌强，就赢得了法国和西班牙的强力支持，并最终拖垮了英国人。三是以弱胜强的可能。战争史告诉我们，以弱胜强虽然困难，但是毕竟存在可能。如果能够以弱胜强，将是对主要方向作战行动最大的支持，可以得到国际社会更加强有力的声援，还可以直接赢得局部作战，甚至是战争的主动权。当然，对于抵抗侵略的战争而言，民族存亡关头，是必须要进行义无反顾的斗争的。

3. 考虑争的代价

作战是鲜血横流的暴力活动，消耗与毁伤充斥其中。在以弱对强的作战中，严重损失的可能性更大。因此针对不同意义，要考虑相应的代价。对于以支援主要方向作战行动为主的情况，在决定性的时刻，认为支援行动可以帮助主要方向作战取得决定性胜利的，可以不惜一切代价，全力作战来支援主要方向。如解放战争中的辽沈战役，为了全歼国民党锦州守军，我军以2个纵队和2个独立师的步兵单一兵力在塔山阻击增援之敌，国民党军队每天使用5个师的兵力连续6天进攻，面对绝对优势之敌，我军发扬战斗精神，以弱抵强，部队损失惨重，但是成功支援了锦州的歼灭战，这一以弱对强的战斗是值得的。在非决定性时刻，需要持续支援主要方向作战行动，在使主要作战部队能够获得更大行动自由的情况下，保持一支弱势部队在强敌视野下的持续存在并连续发挥作用，是第一位的。此时需要在以弱对强的作战中给敌方以深刻印象，并保持部队的极大存在，避免过多的损失，同时不放弃转为主要作战方向的可能。对于以赢得国际声援为主的情况，保持一支作力量的存在与坚持战斗是第一位的。这就需要以顽强的存在坚定国际社会对己方的信心并拖垮敌方的意志，需要以不断的小规模胜利来加强这种存在的印象，如越南人民的抗美战争。对于期待以弱胜强的情况，就要考虑胜利为主，同时保存相当的实力，因为一支已消耗殆尽的部队所取得的胜利，其意义会大打折扣，其效果难以持久。总之，以弱对强，要做到代价与效果相称。

4. 考虑争的方法

以弱对强，存在先天的劣势，就要用合适的方法来弥补。首先，无论出于哪种目的，要做到既能实现意义，又能减小损失，就要注重方法的运用。既然资源有限，就要重视每一种资源的开发与利用。当代作战条件下，技术的进步提高作战效率的同时，使作战链条十分脆弱。任何一点或者一个方面的失利都会危害作战系统的整体性，甚至有可能使全局崩盘，这给弱势的一方提供了获取作战利益的机会。弱者要重视运用多种作战力量来追求目标的实现。其次，弱者并非在所有方面都弱，在某些方面，必然处于优势，就要以己之长，攻敌之短，获得局部的作战优势。如英阿马岛战争中，阿根廷的飞鱼导弹就给英军舰只以重创，遗憾的是阿军没有扩大这个局部优势。再次，作战是一个曲折跌宕的过程，在这一过程中，强势的一方会经常暴露一些弱点，产生一些失误，为弱者提供可乘之机。弱者一定要发现并抓住这些稍纵即逝的机会，采取果断的行动，打击强敌。最后，谋略的运用是作战中最为绚丽的部分。"强胜弱败"是战争的普遍规律，但"弱能胜强"也是客观存在的。所谓"弱能胜强"，是指战争双方的力量对比在战争过程中是可以变化的，弱势一方通过主观的正确认识和指导，能够以一个个局部的胜利逐步改变力量对比的基本态势，最终实现由弱变强并战胜敌人。谋略运用就是建立在正确处理"强胜弱败"与"以弱胜强"的辩证关系的基础上，而不是它们改变了"优胜劣败"的规律。战争史一再向世人展示优秀将领运用高超的谋略，以弱胜强，克敌制胜。

三 强不忘存

"强胜弱败"是战争规律。然而"歼敌一千，自损八百"，再强大的力量在作战中也会有消耗、有损失。如何在强大的基础上，以最小的代价消灭敌人、保存自己，实现最大的作战效益；同时保持强的连续性，使强者更强，是作战管理者必须关注的问题。

1. 合理设定目标

任何规模的作战行动，一旦启动，就会有一个基本的损耗。所以，设定作战目标，不能过低，以保证作战资源不会无谓耗费，使效费比不至于过低。过低的效费比会带来危险的结果，作战资源受到基本损耗的同时，没有取得相应的战果，从而给敌人以喘息之机，后患无穷。古代迦太基著名将领汉尼拔的失败就是很好的教训。他远征意大利 16 年，历尽艰辛、耗费巨大，创造了翻越阿尔卑斯山的创举，随后波河大捷、特拉西美诺湖大捷、坎尼大捷使罗马无力反击，最后的胜利唾手可得。然而，他没有乘势摧毁罗马城，就连他的得力助手马哈拔将军也感叹：上帝是公平的，他给予汉尼拔打胜仗的能力，却没有给他如何利用胜利的能力。从而导致罗马人重整旗鼓，败汉尼拔于扎马。再强大的军队，也有达不到的目标。即使在能力范围内，较高的目标，也会使军队疲于奔命，损耗过大。所以强大也需要量力而行，要求合理设定作战目标。作为创造一个战争时代的卓越军事家，拿破仑的军事生涯显赫无比。在 23 年的征战中，他指挥了 50 多场大规模作战，最后却兵败滑铁卢。其主要原因就是过分信赖自己与法军的强大，设定作战目标过高。他征服了大半个欧洲，还想征服东方，结果陷入两线作战，导致一个英雄时代的结束。

2. 充分发挥行动自由

一般来说，强势的一方拥有较大的行动自由，可以运用多种力量、多种手段进行作战。作战管理，以强击弱不能单纯地依靠强大的力量来完成，不计代价的胜利是丑陋的，应该根据具体情况，选择利用那些最容易带来胜利的资源和方法。首先，要发挥长处，扬长避短。强者之所以强，是因其强大的地方较敌方多，或者综合起来比较强，就是说强者也有一些方面弱于敌方。作战中，强者一定要善于发挥强的方面，避免用弱的方面与对手对抗；避免给弱者发挥强的方面的机会，减少己方的消耗；尤其在关键的时间和位置，更不能给弱者这样的机会，从而避免被逆转的危险。其次，要多种资源和手段并用，强者在弱处可以不与敌方直接对抗，但是可以作为对抗的辅助手段，形成强弱的有机结合。强者发挥强势的方面，关键是不能忽视任何一个小的方面对作战的支持。最后，强者可以选择多种战法，要重视战法的运用。强者明显的优势，会给自身造成一种错觉，即作战的胜利是一蹴而就的事情。然而这种想法既违背了管理学关于作战效益的原则，也忽视了强弱转化的规律。就像亚历山大远征中著名的高加米拉战役，波斯国王大流士率军数倍于马其顿军，认为打败亚历山大只要挥挥手让部队按例行动就行了，不注重战法，结果被战术高超的亚历山大击败。可见，无论多强大，硬拼都是作战管理所忌讳的。

3. 保证稳妥、力求精确

作战关系到兵民的生命财产安全和民族国家的生死存亡，作战的胜利是第一位的，胜利是其他利益的保障。因此，对于强者来说，作战管理的首要目标仍然是胜利。就战争而言，如果失败，即使是"零消耗""零伤亡"，也是没有意义的；就局部作战而言，其主要目的仍然也是求胜。有时虽然付出了沉重的代价，遭受了巨大的牺牲，但是也要达到作战的目标，取得作战的胜利。胜利固然重要，但是出于效益管理的战略管理考虑，强者也要力求精确，主要指应力争作战消耗最小化。作战目的与作战消耗本身就是辩证统一的，有时要不惜一切代价实现作战目标，但作战消耗过大会使取得的胜利黯淡无光，影响后续的作战行动，使其无法有效进行，甚至直接影响作战目标的实现。如科索沃战争中，北约部署兵力 20 余万人、40 多艘舰艇、1055架飞机，投弹 20000 余吨、发射巡航导弹 1800 余枚，狂轰滥炸 78 天。虽然人员伤亡很小，但是资财耗费数以百亿计，而南联盟却保存了 90% 的人员和装备。巨大的消耗也是作战行动草草收场的原因之一，战后，科索沃并没有马上从南联盟彻底肢解出来。保证稳妥与力求精确都是客观的、正确的，但又是相互依存的、辩证的。保证稳妥是力求精确的基础，力求精确是更高的标准要求，是追求最佳作战效益的要求。

4. 筹划后续作战

战略管理要求组织活动以全局和长远利益为标准；作战活动要求局部服从全局，短期服从长远。战争中保持军队的生存是一个长期的问题，战争之后如何谋求军队的持续强势存在也是一个战略问题。强者所需考虑的不仅仅是战胜敌人的同时保存自己，还需考虑己方以良好状态持续存在的问题。既然强者拥有资源和行动自由的优势，其精力和思维空间也相应充裕，因此有能力、有理由、有责任对作战的将来进行更深入的思考。在强者成为战场作战主导的情况下，有条件对将来的作战形势做出接近实际的预测。如三国时期官渡之战后，曹军势头正强，袁军势衰，谋士郭嘉就根据有利形势准确预测到袁绍先死，诸子争利，退至辽东，袁尚死于叛将的一系列战争走势。当失败的一方疲于奔命时，强者对战果的利用也相对自由，这对于保持持续的强势是必要的。第二次世界大战欧洲战场初期，德国就以强者的身份，充分利用了入侵波兰、荷兰、比利时等作战胜利的阶段性战果，从而保持了 3 年的强势。争取胜利是作战的硬道理，保持胜利的连续性是强势存在的最佳途径，这有赖于对作战行动的提前筹划，强势的一方有条件做得更好。解放战争时期，毛泽东就在辽沈战役接近胜利的尾声时，较为从容地筹划了接下来的淮海战役和平津战役。强有强的道理，更有保持强的条件和责任。因此，强者的作战管理要尽量充分地预期后续作战。

弱与强是交互存在的，弱者有强的方面，在有些方面和机会上甚至是完全的强者；同理，强者也有弱点，处理不好会导致较大范围的崩盘。弱与强是可以转化的，弱者认识和利用强弱转化规律得当，会转变为强者；而强者如果盲目恃强凌弱，会因此而付出惨重的损失，甚至强弱易势，将强势拱手让与敌方。弱者绝不能因为总体的弱而放弃斗争和胜利的希望；强者也绝不能盲目自大，更不能因为强而强打硬拼而忽略自身的损失，更不能只图一时的胜利而缺乏战略意识而不考虑持续的强势存在。作战管理一定要认识到弱与强的辩证关系，做到"弱不避争、强不忘存"。

第四节　全不失重、泛不失精

全面的考虑、实施和全面的胜利，是较高的要求，但是并不排斥重点的考虑、实施与重点的胜利。作战管理中，全面是重点的前提，重点是全面的引领。广泛的事物或状态，是作战管理面对的现实，也是管理的难点，必须抓住精要。因此，作战管理要求全不失重、泛不失精。

一　基本含义

第二次世界大战以来，全面战争的概念深入人心，作战也越来越深刻地表现出全面性。作战的全面性带动了全面的作战行动，为了实现作战目标，必须全面调动作战资源，考虑和采取全面的作战行动，一切可用的手段均被应用于作战。全面已经成为作战的必要条件，被强制性地植根于作战之中。追求全面也是当代管理理论重要的一个方面，是组织获得效益和发展自我的基础之一。战略管理理论认为：没有一个方面比另一个方面更重要。作战管理在实现目标的过程中就是要实施全面的行动，凡是对赢得作战胜利有利的行动，都在作战管理者选择范围之列，作战管理就是要以作战行动为中心，超脱作战行动本身，采取一切行动从事作战。然而，任何事物都有主要矛盾和次要矛盾，作战活动在不同的时间、地点和背景下，都有其主要矛盾和次要矛盾。作战管理，在兼顾次要矛盾的基础上，要抓住不同条件下作战的主要矛盾。依据主要矛盾，找到那些对作战乃至战争的胜负意义重大的内容，来确定作战重点。在这个前提下，采取果断行动，实施重点作战。全面胜利往往源于重点作战行动的胜利，重点胜利是全面胜利的转折点和基石。从第二次世界大战的历史来看，欧洲战场的胜利源于斯大林格勒保卫战和不列颠之战，无论德军此前积累了多少胜利，都无法决定战争的走向；第四次中东战争中，阿拉伯联军取得了辉煌的战果，胜利似乎近在咫尺，但以军在德维斯瓦十公里宽度上的突破彻底改变了战局。全面是重点的基础，重点是全面的手段和目的，全面要有重心。

战争从来没有脱离政治和经济而独立存在，民族文化、宗教信仰、科学技术、地理条件等广泛的内容，也一直在战争中发挥着显著的作用。这使得作战涉及的内容十分广泛，充斥着或真或伪的信息、军民相间的目标、虚实的活动、广泛的联系、浩繁的保障等。因此，作战管理必须重视作战的广泛性，分析与作战直接相关的、广泛存在的作战内容，以保证不会遗漏任何有价值的事物，忽视任何联系所带来的影响。然而由于作战资源的有限性、时间的紧迫性等限制条件，作战管理者对广泛的作战内容实施具体的管理是不切实际的，而且事无巨细地"眉毛胡子一把抓"被作战历史证明是有害的。

管理学也认为在管理过程中存在一些关键点，要注意这些关键点的把握。一些管理学著作中还明确引用了"拐点"的提法，如《做优秀的管理者》一书中指出："拐点是事物发展过程中的一个临界点，在拐点的一边事物具有一方面的性质，在拐点的另一边事物具有另一方面的性质。拐点也就是转折点，它是事物发展过程中呈现出本质变化的转折点。"① 认为要把握拐点提供的机会，充分利用之以向好的方向发展，避免向不利方向发展。战争史也一再证明了"泛中求精"的重要性，如在中途岛海战前，美军截获了大量的日军电文，在浩繁的电文中，反复提到一个词，根据当时的战场态势与作战重点方向，美军认定这一词指的就是"中途岛"，提前在中途岛海域作出部署，从而取得了作战胜利。因此要在兼顾作战广泛性的基础上，在纷繁复杂的作战内容中，不为繁复所累，去粗取精，把握作战的精华，实现作战的精确管理。

二　全不失重

全面与重点在目的上是相同的，但是如果处理不当，会发生冲突，影响作战。作战管理要做到既能够全面，又能够不失重点，就要把握以下几个方面。

1. 全面筹划，确定作战重点

全面筹划才能确定重点。只有通晓全局、掌握全局，才能深刻理解全面与重点的辩证关系，集中精力研究那些事关全局的战略性问题。在战略的指导下，确定作战重点，使之服从和服务于作战的全局，主导作战的走势。具体地说，就是要全面分析作战的各个层次、各个方面、各个阶段。研究作战在不同层次、不同方面和不同阶段的特点、规律及其相互关系，发现其中的重点内容，之后根据重点内容的性质和特点，确定作战的重点。在作战层次上，顶层战略筹划自然是最关键的，但是不同环境下，不同的作战层次重要程度不同。例如在美军清剿塔利班势力的山地作战中，只能依靠山地步兵进行最为具体的山地战斗，其作战重点层次就是战斗层；在科索沃战争中，北

① 王久彬：《做优秀的管理者》，银川：宁夏人民出版社，2006，第112页。

约部队依靠的是成批次的轰炸，其作战重点层次就是战役层（依据传统划分）；在抗美援朝战争的最后阶段，以谈判为主，各种作战行动都以支持谈判为目的，其作战重点层次就是战略层。在作战诸方面上，作战从来都牵涉到军事、政治、经济、科技、文化、宗教等各个方面，必须全面分析各方面对作战的影响，发现对作战影响最深刻、最直接、最显著的方面，以此为依据确定那些能够决定这一方面的作战重点。例如在科索沃战争中，北约持续轰炸南联盟军事目标收效甚微，调整后以轰炸重要民用目标为主，摧毁了南联盟的社会生活，因此很快促使米洛舍维奇投降。此外，作战行动本身就有主要方面和次要方面之分，主要方面是决定作战全局的方面，一切作战行动均以主要方面为主。以当代美军强大的火力和机动能力，在 2003 年打击伊拉克时，它在初期仍然确定以伊拉克南部为主。在作战阶段上，各个阶段是一个连续的整体，必须宏观筹划，并且根据各阶段的意义和彼此的联系，确定对全阶段有至关重要影响的作战重点。例如在三国时期曹操平定北方的战争中，官渡之战就是决定整个战争的作战重点。通过对作战形势全面的了解和掌握，尤其对敌我双方客观实际的深刻分析研究，才能正确地预测作战发展趋势，发现和把握影响作战全局发展变化的重点内容，确定作战重点。

2. 全面行动，形成重点作战

确定了作战重点，就要为之行动。作战的输赢直接取决于行动，作战行动千变万化，而且牵一发而动全身。麻雀虽小，五脏俱全，实施任何规模的作战，为了实现最佳的作战效益，都必须全面启动战争机器，全面行动。全面行动要注重行动间的配合与衔接，使作战行动既能彼此协调、形成合力，又能过渡自然、过程流畅。美军在近期的几场战争中很好地诠释了这一点，在伊拉克战争中，BM/C^3 系统收集作战信息，经传递、处理后辅助决策，形成作战指令后直接作用于射手；作战的装备物资保障、伤员与战俘的后送、舆论宣传等其他行动时时伴随，各方面行动配合紧密，过程流畅快捷。全面行动有利于凸显优势、发挥优势，以便采取最适合的行动。通过全面作战行动，敌我双方强弱各点立判，有助于以己之长、攻彼之短，回避弱点，并根据特定的作战形式采取最合适的作战行动。但是全面行动不代表不分主次的四面出击，重点行动是制胜的法则，四面出击只能分散兵力，在局部造成劣势，再多的兵力也会散于无形。拿破仑的每次胜利都是在以小部兵力为牵制的前提下，重点击破敌分散之一部的。要实现最佳的作战效益，必须通过全面行动，形成重点作战。首先要通过兵力机动形成局部优势，集中兵力于重点作战行动通常是主要的方式；而分散兵力是必要的补充，辅助重点作战，如分兵牵制、诱敌等。其次是作战资源的调动，要优先保障武器装备、军需物资于主战场，如卫星变轨、弹药输送等。再次要注重战术的运用，使敌方无法判断己方的主要行动，难以采取相应措施，确保己方在重点作战中形成优势。最后是坚决的打击，重点作战必然事关战争胜负，战端既开，就要坚决地争取胜利。

3. 全面调动，选择重点力量

当代战争的复杂性使得作战力量的投入复杂化，在战场既定的情况下，围绕战场部署的作战力量都是投入的对象。各种作战力量性质、特点不同，功能作用也不同，每种作战力量都有其特有的功能，都有不可替代的作用；而且一旦部署在战场上，其数量与质量就基本稳定有限了，每种力量都相当宝贵，因此要全面地调动作战力量，充分发挥其作用。在英阿马岛战争中，英军就充分调动了远征军的一切可用力量，陆海军协同作战，在陆海空三维空间内向阿军发动攻势；而马岛虽然近在阿根廷家门口，阿军却未能充分调动本国的作战力量，守岛军队孤军奋战，本土海空军大部分袖手旁观，甚至不能在自己的家门口持续作战，不能不承认这是阿军力量调动不全面。最终老牌帝国远征获胜，而阿根廷人只能接受耻辱的失败。全面调动作战力量不排斥选择重点力量，相反，这恰恰是选择重点力量的前提。只有全面调动，才能够准确地考察作战力量，根据作战的实际情况确定最有效的作战力量，甚至可以根据特定的情况使用非常规力量获得胜利。科索沃战争中，美军虽然部署了陆海空天电磁等多维打击力量，但是根据南联盟复杂的地理特点，决定以空中力量作为重点作战力量，实施空袭，并取得了预期效果。中国古代著名的崤之战中，郑国商人烛武就根据当时秦军劳师袭远、战意不坚、信心不足等特点，以三寸之舌说退秦军，使本国避免了一场战乱。解放战争的辽沈战场上，沈阳城内国民党军队成建制的投降就归功于我军强大的政治宣传队伍。

4. 全程管理，不断调整重点

全过程管理是当代一切社会活动必备的方式之一，只有实施全过程管理，才能适应社会活动的动态性，根据某一活动在不同时期的环境特点、内部结构变化、活动的阶段性效果和发展趋势实施进一步措施。作战活动具有强烈的动态性，战况变化常在弹指之间，使得对作战实施全过程管理具有不同寻常的意义。全程作战管理中发挥首要作用的职能是控制与评估，通过控制使作战活动紧密围绕作战目标，通过评估确定前期作战效能，之后进行调整，进入新的管理流程。控制和评估之后，要进行决策、计划、组织、领导等职能的调整，而一切调整的重心在于作战重点的调整。作战强烈的动态性决定了作战重点必须具有机变性，不同的时间、空间和阶段内，作战态势必然变化。为了适应这一变化，取得作战胜利，就必须调整作战重点。适时调整作战重点，是取得作战胜利的重要措施。作战重点调整后，要预测连锁反应，迅速采取措施，通过兵力火力的机动、战术战法的变化、作战资源的转移等方法，快速形成新的重点作战。还要根据新形势，调整重点作战力量的选择。第二次世界大战欧洲战场的反攻阶段，"霸王行动"的作战重点是诺曼底登陆，兵力和装备物资的集结、战术的应用都围绕这一重点，重点作战力量是海军陆战队。登陆成功后，以陆战为主，作战重点调整为陆地推进，兵力和装备物资的机动以陆路为主，还专门组织了"快运货车队"（穿越法国西北部直达盟军前线的物资运输力量），重点作战力量是步兵和装甲兵，作战重点的调整贯穿始终。全程作战管理跟踪作战的矛盾变化，是调整重点的基础；调整重点是全程管理的主要目的和成果，是体现全程管理跟踪作战矛盾变化价值的突出特点。

三　泛不失精

作战所包含的内容是广泛的，必须兼顾每一元素；而最终起关键作用的，却是那些少数的因子，所以作战管理必须泛中求精。所谓泛不失精，就是既要使管理覆盖广泛的作战内容，又不能为浩繁的对象所累，而应提炼作战的精华，实施精确管理。

1. 广泛获取信息，精确感知态势

作战活动包含海量信息，信息时代作战信息的意义不言而喻，其中最直接的意义在于作战信息是作战管理者感知作战态势的第一手资料。广泛获取信息是作战的首要任务，古今中外概莫能外。随着战争形态的发展，信息量越来越大，需要获取的信息也越来越多。对于尚未获得的信息，更谈不上对该信息的处理，任何人都无法确定其价值的大小；为了不遗漏重要的信息，只有尽最大努力广泛获取信息，没有捷径可走。不但要获取敌方信息，还要收集己方信息，做到知己知彼；不但要获取作战本身的信息，还要收集与作战直接相关的外围的政治、经济、文化等方面信息，如有关国家结盟情况、经济增长或衰退情况等；不但要获取作战表层信息，还要收集作战深层信息，如双方军事制度对比、战争潜力、将领才华和性格等；不但要努力获取信息，还要努力阻碍敌方获得信息。获取信息的方式也应该是多样化的，近些年来，信息技术的高度发展，使得信息获取方式空前丰富。在探测、计算机、通信和网络技术的支撑下，利用外层空间军事卫星系统、空中预警侦察系统、海上舰载侦察探测系统、陆基探测侦察系统和特种分队进行信息获取；利用有线和无线传输系统进行信息传递。广泛获取信息的目的是要进行信息综合，以便形成精确的作战态势图景。信息筛选技术可以辅助人工识别信息的真伪和有效性，信息综合处理技术可以辅助人工将大量信息处理后形成作战态势综合图景。美军的 BM/C^3（作战管理）系统的主要任务之一就是信息获取和处理。作战管理就要在广泛获取信息的基础上形成尽量准确的作战态势图景，以便精确感知作战态势。

2. 广泛考察战场，精选作战目标

当代战争范围的拓展，使战场呈现出泛化的趋势。军用与民用目标交叉混杂，甚至结为一体，加以虚实相间的战术手段，使得无论是进攻还是防御，都要面临分析大量作战目标的问题。为此，要广泛考察战场，确认目标的价值，明确各种目标的直接作战价值和非军事目标的间接军事价值；确认摧毁或保卫目标的迫切程度，包括战略迫切程度和战术迫切程度，明确哪些目标是必须立即摧毁或保卫的，哪些是需要长期关注的；确认目标的脆弱程度，明确目标的抗打击能力，估计作战难度；确认目标之间的相关程度，明确其存在与毁坏引起连锁反应的可能性。由于作战资源有限，同时考虑到作战的时效性和效益，不可能对大量目标实施不分主次的打击。以美军的强大，在海湾战争中实施所谓的地毯式轰炸时，实际上选择的也是精简之后的目标；在 10 年之后的伊拉克战争中，更加强了目标选择力度，确定了重要军事目标作为打击对象，斩首行动中的打击对象就是萨达姆的可能停留地。因此在广泛考察战场并分析作战目标之后，就要精选作战目标，也就是作战要害。要把握要害目标的基本特征，之所以成为要害，就必然具有要害的特征，如关键的空间位置、密集的电磁信号、频繁的交通流动等；要综合分析构成要害目标的多种因素，如作战体系中的位置、作战中的战略层次等；要根据己方作战条件选择重点作战目标，选择那些便于发挥自身优势的目标，回避那些不利于己方获得优势的目标，无论是进攻还是防御，都要有所取舍；要根据作战阶段的变换，敏锐地发现要害目标，在特定的作战阶段内，会有些特别的要害目标，这些目标的重要性具有时效性，机会稍纵即逝，因此要敏锐地发现、果断地选择。

3. 广泛布势，实施精确打击

广泛布势是适应作战广泛性的需要，可以最大限度地拓展作战自由度；精确打击是精确管理的需要，可以充分发挥广泛布势创造的自由度。通过广泛布势，可以在广泛的领域内寻求机会，选择合适的力量，实施精确打击；可以引起敌方的各种反应，使其暴露弱点、显现要害、创造机会，以便精确打击；还可以隐藏意图，使敌方陷入困惑，无法准确预知与应对，增大精确打击的成功率。可见，广泛布势与精确打击是一种有机的融合。从打击的过程上看，是广泛信息获取、处理、使用等信息运动过程与精确的弹药发射、投送、爆炸等火力运用过程的融合。从融合的内涵上看，是广泛的时空、因素和作用等方面与精确打击要素的融合。精确打击包括目标定位、指挥控制、实施打击、效能评估等功能要素，只有实现各要素之间的融合，精确打击才能完成。对于一次成功的精确打击，信息能、机械能、化学能互相依存、叠加、融合，缺一不可。因此，要把握广泛布势、精确打击的要点。在全空间、多方位同时部署，实行线式与非线式相结合，将太空力量、空中力量、海上力量、水下力量、地面力量、电磁和网络力量有效结合起来，形成多层次、多点面、多元化的火力打击体系，造成泰山压顶之势。采取纵深配置与前沿配置相结合，固定配置与机动配置相结合，正面配置与侧翼配置相结合等方式。火力运用要做到远近结合、射程衔接，确保覆盖广泛、效应互补。精确打击要做到精确定位、集中火力、精确摧毁。打击能够产生全局效应的政治、经济目标和对敌作战体系起维系作用的关键点。重在点穴断脉，打击敌方作战中枢、信息系统节点、武器系统核心、保障系统要地、交通系统枢纽、社会生活支柱，以期迅速瓦解敌方斗志。集中使用精锐力量于主要方向和关键时节，精确计算各种作战力量，做到突然集中、快速隐蔽。

4. 广泛协调，力争精确控制

广泛协调、精确控制是充分发挥作战潜力、灵活运用火力、把握作战节点、实现精确管理的重要途径。针对当代作战中精确打击参加兵力装备多、作战空间广、牵涉要素微妙等特点，必须依据广泛联系的观点，对作战进行广泛协调。将各种力量、空间、手段有机结合，使之互为补充、多元一体，进而精确地作用于作战的关键节点上，实现精确控制。精确控制是作战活动关键性与微妙性的迫切要求，是为了掌控作战的关键节点，扭转战局；防止作战范围的无谓扩大，减小负面效果；在作战进程中把握最佳时机，控制作战节奏，增大作战效益。为此，要建立可靠、有效的协调机制，周密制订协调计划，严密组织作战；要按照全面协调、突出重点的要求，以关键时节、关键部队、关键作战行动为重点，最大限度地发挥火力打击的威力；要根据战局发展，审时度势，及时进行调整修正，保证作战行动有条不紊地进行；控制作战范围，减小附带损伤，以免造成不利的政治后果，达到遏制危机、控制战局的目的。要密切关注作战形势的发展，及时做出准确判断，把握作战拐点，果断决策，适时进行作战重心转换，调整打击重点、兵力部署和火力强度，确保始终掌握战场主动权和战争话语权；要计划用兵，控制不同作战阶段的兵力投入，保持对敌压迫的连续性；要留有足够的作战预备力量，保持作战的弹性，应付意外情况和抵御第三方势力的可能介入。作战管理者要根据总的作战目标，精确划分作战阶段，精确调控作战范围、作战进程、作战深度、作战强度和作战阶段转换等影响战局及战后利益的关键因素。要精确把握好作战阶段的转换与衔接，准确抓住各个阶段的作战关节点，准确评估，掌握作战目的的实现程度和作战环境的变化，及时修改和完善作战计划，时时掌控作战进程，推进战局顺利发展。

5. 广泛动员，追求精确保障

作战活动源于人类社会最初级的暴力对抗，因而涉及人的衣食住行、工具器械，也产生了初级的保障。进入信息时代，这一特点并未发生本质的变化，只是其中的内容得到了空前的丰富。作战保障因而变得空前广泛，主要包括武器装备保障、物资保障、交通保障、信息保障、技术保障等，作战保障的触角深入到社会的每个领域，必须进行广泛的动员，才能满足作战需求。要动员军地两方面资源，以军队资源为主，引导调动地方资源，如提供日常消耗品、研发新装备、提供技术支持等；要动员利于作战的软硬资源，软资源如信息、技术、媒体等，硬资源如装备、物资、设施等；要动员前后方资源，后方资源是动员的主体，前方资源是补充，如因粮于敌、修复装备，甚至使用战俘等。然而，广泛动员所提供的作战保障并非越多越好，因为过量的保障同样有害，会造成作战资源的浪费，无谓地消耗国家的战争潜力，甚至使后续的作战难以为继，产生战略劣势；会阻碍作战活动的流畅进行，过多的作战资源在某一时间内充斥作战空间，成为作战的羁绊，甚至造成想用的拿不到、不想用的难以丢掉；过多的保障资源管理不当会大量外流，造成资敌，起到与初衷截然相反的作用。所以要在广泛动员的基础上追求精确保障。要根据作战规模和特点，参照历史经验，周密计划；要根据作战实际整体协调、灵活保障，适时调整作战资源的来源与流向；要缩短保障源头和使用单位之间的运行链路，减少中间环节，拉近供给和需求之间的距离，减少误解，降低中间消耗；要增加伴随保障，明确前端的作战保障需求，确定种类和数量，以减少保障两端之间的误差。当然，作战活动事关国家民族命运，因此在追求保障的精确性的同时，应该把满足作战需求放在首位，切勿因为一味追求精确而造成保障缺失，酿成严重后果。

全不失重是作战活动的整体性与作战矛盾主次性的要求，泛不失精是作战内容的广泛性与作战管理精确性的要求，二者都是在全面而广泛的作战事物中寻求那些重点的、决定性的内容，有针对性地施以宏观基础上的微观管理，要求作战管理在宏观与微观上的统一、和谐。

第五节 连则成体、断而有序

保持连续性，是对作战管理过程的要求，便于作战全过程中效益的持续获得和累积，"连"就要连成一体。而作战活动还外在地表现为断续性，既有自然表现，也有刻意而为，断不能背离连续的总体要求，要保持实质性的秩序。

一 基本含义

毛泽东曾经说过：仗只能一仗一仗地打，敌人只能一部分一部分地消灭。工厂只能一个一个地盖，农民犁田只能一块一块地犁，就是吃饭也是如此。……这叫做各个解决，军事书上叫做各个击破。在这里，毛主席虽然没有直接讲要划分作战阶段，但"各个击破"已经有了划分作战阶段这个意思，各个阶段彼此承接，就形成了连续的作战过程。阶段性是作战的人为划分和外在表现，连续性是作战的本质属性。总体上说，作战是一个物质与精神连续运动的过程；而管理是一个持续积累效益的过程，从分析环境到作战结束各个阶段，作战管理必须贯穿始终。从作战管理的内容上说，作战力量的调整、调动与使用，作战行动的筹划、部署与实施，战场的感知、建设与利用，都必须具有连续性，才能使前期工作与后期工作彼此衔接、前后呼应，形成有效的作战成果，不使阶段性的优势流失。第二次世界大战初期，德国一系列闪电战的成功，就是作战管理连续性的最好范例。从作战管理的职能上说，计划、组织、指挥、协调、控制等职能，无不是根据作战过程中不断变化的形势连续实施的。只要作战行动是一个变化的过程，那么作战管理的职能活动就是时刻伴随的，作战行动的动态性，决定了作战管理职能活动的连续性。滑铁卢战役中，拿破仑的失败，至少有一部分原因是因为作战力量的管理失当，在胜利刚刚偏向法军之时，内伊元帅在未获准许的情况下擅自使用骑兵预备队进行无谓的冲击，而被尚有一定战斗力的英军以菱形方阵击溃，这是法军战役失败的导火索。所以，纵使作战管理工作千头万绪，也要以绝对负责的态度和必求一胜的渴望，将管理工作进行到底，才能形成整体效益，取得最终的胜利。

就像物理学一样，宏观运动的连续性，源于微观运动的量子化，正是量子化的微观运动，使宏观世界呈现了无比绚丽的多样性。这种连续与断续的统一，在作战中，也表现得淋漓尽致。作战活动本来就是断断续续进行的，以打击行动的断续性最为显著，这种断续本身孕育着无穷的变化，在作战过程中有序地存在着。而且，作战过程中，存在大量的跳跃性、突发性事件，这些事件看起来异常突兀、不合于众，实际上却能够产生深刻的影响。在表面上看来，这些反常的思维和行动，或者违背常理，或者无碍大局，甚或与胜利背道而驰，就像在一贯进行的战事中，突然出现中断，代之而来的是完全不同的事物。而实际上，看似违背常理的行动是出其不意的，世上不存在没有道理的行为；微观战事对宏观战局的影响在当代战争中越来越明显，任何小事都可能有关大局；主动吃亏孕育后招。杰出的军事家，总能在看似大势将成之际，以微妙的变化，博取更大的利益；也总能在看似败局已定之时，以匪夷所思的变数实施一反常态的行动，力挽狂澜，反败为胜。这是因为他们能够在作战的连续性中，发现关键的可变因子，以截然不同的方式加以利用，引起一个至多个局部的突变，甚至连锁反应，最终导致整个宏观战局的转折。作战管理者要在连续的作战活动中利用、寻求和创造突发的断续性事件，使断续的行动和效果，在整个作战过程中以一种更宏观的连续性存在，进而取得作战管理的成功和作战的胜利。

二 连则成体

在整个作战过程中，由于对抗行动的间歇、进攻与防御的转换、作战烈度的强弱变化、作战特点的改变，使作战表现出特点各异的阶段性。此外，为了表述与组织的方便，作战过程也通常被人为地划分成各个阶段。然而，无论是外在表现还是人为划分，作战过程本身是连续的，作战管理要尊重、顺应这种连续性，使所有作战行为连成一体。

1. 兼顾战役、战斗过程的连续性与战争全程的连续性

一般来说，在表象上，战役、战斗过程激烈紧凑，是一个紧张而连续的

过程；同时也有例外，战役、战斗中也有间歇，是战役、战斗过程中相对平静的片段。然而战役、战斗间歇是准备采取行动的阶段，与激烈的攻防行动一样，是战役、战斗过程必要的组成部分，与其他特点鲜明的攻防行动一起构成了动静相间、张弛有度、变化无穷的连续作战过程。攻防行动各阶段的间距，取决于作战双方的意图碰撞。间歇蕴含着组织力量、寻求变化等内在活动，其实质是追求连续性。间歇的长短，取决于双方的意图，也取决于作战条件。尽管可以将间歇的长短作为一种战术博弈，但是在作战条件允许的情况下，应尽量缩短间歇时间，以达到连续打击敌人，不给敌以喘息之机的效果。连续焦灼地攻击敌人一直是以弱胜强的要义之一，毛泽东同志就较多地主张发扬连续作战的精神。通过战役、战斗的连续过程，可以管中窥豹，与战役、战斗一样，战争也是一个连续的过程。战争过程中的动静张弛更加明显，阶段性表现更强，但尽管如此，各阶段还是战争结局不可或缺的中间环节。战争的各阶段一般是由行动暂停造成的，克劳塞维茨认为："从上述所有的原因中可以看出，一次战局中的军事行动不是连续不断的，而是有间歇的；因此，在各次流血行动之间总有一个双方都处于守势而互相观望的时期；但一般说来，抱有较高目的的一方主要采取进攻的原则，它处于前进的状态，因此它的观望态度是稍有不同的。"① "观望"和"守势"实则是一种运筹、谋划、博弈等心理较量的过程，同时决策、计划、控制、协调等管理职能始终进行，而较高的目标马上促使打击行动继续。实际上，战争过程中，作战活动从未间断。作战管理过程中一定要认识战役、战斗与战争的连续性本质，兼顾微观与宏观不同连续过程的统一性。作战管理中既能做到战役、战斗过程变化性的连续，又能做到战争过程环环相扣的连续，利用作战阶段性的表象，服务于作战连续性的实质过程。

2. 统揽全程，恰当地划分作战阶段

作战的全程本来就是一体，但是，为了作战计划和行动的方便，又往往必须将作战划分为各个阶段；同时为了顺应作战的连续性，加强作战全过程的整体效果，各个阶段的划分要恰到好处，在顺应的基础上加强并完善作战

---

① 〔德〕克劳塞维茨：《战争论》，北京：解放军出版社，1964，第194页。

的连续性。研究形势、确定主题是管理的第一步，是统揽全程的关键。通过广泛、深入、迅捷的调查研究，确定当前的具体环境，形成作战图景。不但要研究作战区域性环境，还要研究国际环境；不但要研究敌情、我情，还要研究战场环境；不但要研究军情，还要研究民情；不但要研究敌方意图，还要明确己方意图。明确形式之后，也就明确了从事的是怎样的一个作战，并以此确定作战的主题，即作战所要解决的核心问题或者中心目的。研究形势是使作战连则成体的起点，确定主题是在缺乏中间过程的情况下，规定作战的意愿终点。起点和终点之间就是划分为多个阶段的全过程，划分阶段就要以这个现实为基础。中间过程尚未发生，使得划分作战阶段有一点风险，要求一定的预见性。因此要分析历史、现实和未来的联系，预见作战发展方向，确定作战的方针。历史是指导作战可资利用的宝贵财富，顺承历史的脉络，可以获悉当前现实的合理性与必然性，并有所延伸，预测到将来可能的现实。作为历史与将来的中间过程，现实是历史的延续、将来的起点，处于枢纽位置。联系从前、预想今后是分析现实的自然过程和必然结果。经验、现实和可能的未来，就构成了确定作战方针的主要基础。不但要确定作战全程总的方针，还要确定阶段性方针，作战阶段的划分，在作战全程方针和阶段性方针的明确下会逐渐显露形迹。主题和方针既然确定，划分作战阶段的主要依据也就产生，要按照作战进程中的任务要求或行动性质，将作战全过程具体划分为不同阶段；要注意阶段的主次，确定重点，强调首战；要充分考虑各作战阶段之间的相互衔接，不给敌以休整喘息之机。划分作战阶段，实际上是对作战全程进行预先计划和控制，是为了有效地将作战连成一体。

3. 衔接各个作战阶段

作战过程中在主观上有阶段性目标、阶段性行动，在客观上有阶段性效果。所要着重衔接的，就是这三个方面。阶段性目标必须是作战全程目标的中间愿景，所以当前目标是前一目标的调整与延续，所有阶段性目标必须指向全程目标。战争史中不乏此类战例，在辽沈战役中，毛泽东就根据战局不断调整阶段性作战目标，对先打长春还是先打锦州、沈阳的问题多次发电报给林彪。也有阶段性目标偏离全程目标造成巨大损失的，第四次中东战争中，埃及军队就因为只顾眼前目标，而大量消耗了防空导弹，并且过多地暴露了防空实力，致使后续防空力量不足，无法对抗以军后续投入的空中力量。阶段性行动是作战过程中主动的意图实施或被动的反应，任何阶段性作战行动都不是孤立存在的，必然或多或少地受前期行动影响，并必然影响后续行动。合理与不合理，取决于对前后期行动的连接。合理的阶段性行动必须是全程作战行动的有机组成部分，能够顺畅地承接前期行动，强力地支持并引导后续行动，成为后续作战进程的有利基础，并成为全程作战行动中契合的部分。契合的阶段性行动效果是正面和明显的，哪怕是规模较小的行动。解放战争中辽沈战役之后，党中央对先打淮海还是先打平津进行了缜密的研究，使之后的平津战役以较小的代价，顺利进行。而在第二次世界大战的苏德战场上，德军过分注重进攻莫斯科的重要性，脱离了战争的客观实际，导致了投入力量过多，浪费了大量的时间，因而使战役难以为继，最终在形势大好的情况下惨败。阶段性目标和行为的衔接，在客观上形成了作战效果的衔接，目标和行动促使产生新的效果，与前期效果连为一体。而且阶段性目标和行动的衔接还依赖阶段性效果的连接。新目标的确立，必然依据已有效果，依据得越客观，目标就越合理；新行动的执行，必然利用已有效果，利用得越充分，行动就越有效，越能够产生新的良好的效果。衔接阶段性成果，生成战略效益，还是战略管理的重要理念之一。将已有的阶段性效果按照时间和功能特点排列，展现在视野中，会展现一个总体的作战态势，并对已有的目标和行动的有效性与合理性产生自然的评价。尚未结束的战争，将是对后续作战行动的指导；已经结束的战争，是对战争全程效果的总体概括，是谋求国家战略利益的可靠依据。衔接各个作战阶段，就是要重视阶段性目标与行动的一致性，尊重作战效果的承接性，使主观的阶段性意志与行为符合作战固有的客观连续性。

4. 螺旋式推进管理过程

"兵无常势，水无定形"，无论是战役、战斗还是战争，作战都是一个连续变化的过程。围绕着主动与优势的斗争，对抗双方必然会不断地调整、改变己方的对策，都在积极追求"敌变我变""变在敌先"。因此，作战管理必须不断地分析形势、调整目标、改变计划、付诸行动，这恰好符合管理的过程。毛泽东说过："但由于战争只有程度颇低和时间颇暂的确实性，战争的计划性就很难完全和固定，它随战争的运动（或流动，或推移）而运动，且依战争范围的大小而有程度的不同。战术计划，例如小兵团和小部队的攻击或防御计划，常须一日数变。战役计划，……部分的改变是常有的，全部的改变也间或有之。战略计划，……但也只在一定的战略阶段内适用，战争向着新的阶段推移，战略计划便须改变。"① 计划改变，组织、指挥、控制等活动必须相应改变，要使作战活动连则成体，就要应用管理过程。管理的一般过程基本由决策、计划、组织、领导、控制等职能组成，不同的管理流派观点不尽相同，但大多是因为职能的合并或细化造成的，本质区别不大。根据作战活动的特殊性，对作战阶段的连续性实施管理，其基本过程应该是：决策→计划→组织→指挥→评估→控制→决策。需要说明的是，这是一个紧凑而交叠的过程，最初的决策与计划付诸实施之后，评估与控制实时跟进，再决策与再计划职能同时行使，管理过程进入循环。新的过程依据原有过程，是对原有过程的提高与生华，因此并不是闭合的循环，而是螺旋式的推进。作战因其在不同时间内的特点和人为因素而划分的阶段而得到有机的连接，其固有的连续性在管理过程的作用下，在人的主观意识中从未间断。作战过程的阶段性得到了很好的控制，其阶段性得到了很好的提升，按照作战管理者的意图流畅地发展和实现。局部作战和战争中螺旋式推进管理过程在性质上是基本一致的，只是节奏快慢不同，但都要求敏锐的发现与实施。

三　断而有序

连续性是作战的总体特性，作战过程中还包含很多具有跳跃性、突变性的现象，这种现象无疑对作战发挥着或大或小、或正或负的影响。为使作战中的跳跃性、突变性现象永远掌握在手中，使之符合作战管理意图，而不扰乱作战的整体构思和固有秩序，发挥积极的作用，必须通过有效的管理，使这些跳跃性、突变性现象按照作战管理思维逻辑和客观应有秩序合理地排列，存在于作战过程中。

———————————

① 《毛泽东选集》第二卷，北京：人民出版社，1991，第495页。

1. 注重断续行动与有序思维的统一

要做到断而有序，首先要明确行动的间断，不等于思维的间断，断续性作战行动之所以能够有序地存在，首要因素是连贯有序的思维。一切作战要素综合的表现，就是行动，其中以对抗性相互打击行动最为鲜明；一切作战行动的本质属性，是运动和静止，其中以运动较为能够引人注意。没有绝对的静止，静止的实质也是运动。由于作战的特殊性，其动和静有多种独特的划分。可以按照物理学的运动和静止标准，将人和物的形态与位置变化称为动，反之称为静；可以按照作战效能标准，将物理的变化和思维活动称为动，反之称为静；可以按照作战主体活动方式标准，将对抗性打击行动称为动，将机动等非打击行动称为静；按照作战效果标准，将敌方发现的行动称为动，反之称为静。除了第一种划分方式外，其他几种划分方式都是断续作战行动与有序思维得以统一的基本空间。要在作战行动固有的间断中，总结前期行动，分析当前态势，孕育后续行动。时间是以民族命运为代价换取的，一定要利用好可贵的行动间断期，合理安排后续行动。要寻求突变性作战行动与整体作战过程之间的必然联系，找出突变性行动的内因，以确定其位置，加以利用。无论己方还是敌方的突变性行为，都是作战管理的关键所在，其身后必然隐藏极大的变数。无论是打击还是机动，无论是动荡还是平静，行为越是突兀，就越值得关注，一定要联系前因后果，辨认并且因势利导。过程管理学派认为：管理是一个过程，是管理者根据各个管理要素，行使管理职能的过程。计划、组织、领导、控制等管理职能涵盖动与静，而思维从未停止。作战活动动静相间，缓急变换，跌宕起伏，思维是其连续的中轴线，其有序性客观存在，更要存在于思维中，形态和位置的变化可以停止，思维却要贯穿始终。

2. 把握作战节奏

作战节奏泛指作战进程的快慢、规模的大小、激烈程度、间歇与再战等。把握作战节奏是使作战断而有序的重要手段，既要把握第一种"断"的节奏，即作战行动固有的断续性；又要把握第二种"断"的节奏，即突发的断续性行为。通过作战的动与静、持续与停顿、急进与缓行的变化，一方面使敌方难以把握作战的脉搏，陷入迷惑；另一方面使己方时刻保持对作战脉络的清晰认识，成为作战的主导，使作战在跌宕起伏的变换中井然有序。把握作战节奏，首先要站在战略高度，以保证从宏观层面上把握作战的断续性，保持宏观的有序性。因此，要依据国家战略，着眼政治斗争需要，打打停停；要站在战争战略全局，协调各作战方向作战的快慢缓急；要根据作战重心，兼顾作战进程，纵横结合控制作战节奏；要着眼战略态势，先敌变化作战节奏。其次要根据制约条件，如兵力结构、武器装备、打击能力、机动能力、信息能力、战争潜力、作战环境等，保证作战节奏在己方能力范围内，以免失控而造成失去秩序和无法有利延续。再次要运用各种战法和手段，如任务时空的规定、人力物力的投入、机动速度的变化、打击烈度的调节、动静与隐现等，保证节奏的多样性，以免被敌方掌握规律，造成被动。作战节奏的良好把握，可以使作战在轻重缓急、明暗隐现之间断而不断、序而不见，实质上使表面断续的作战浑然一体，凌而不乱。

3. 非线式与线式作战相统一

非线式作战一般指"战争在交战地区全面展开，战场无前后方之分"[1]。特点是"战场流动性大，兵力密度小，结构不规则，作战行动十分灵活；交战双方的前后方界限模糊，没有完整、稳定的作战线，很少在某一地区反复争夺；没有严格的前方、纵深、后方之分，前沿的意义下降；战斗将在全纵深同时展开，纵深作战具有决定性作用"[2]。非线式作战是海湾战争之后才被明确提出的，但是个老话题。三国时期魏灭蜀的战争中，魏国大将钟会陈重兵于剑阁与蜀将姜维对峙，魏将邓艾取道阴平，直插蜀军后方，直取成都，就是典型的非线式作战。非线式作战跳跃性的特点使得作战在表面上处于一种无序状态，因此必须透过表面现象深入其本质。线式作战一般指战争在交战地区逐次展开，战场前后方之分明显。在非线式作战尚未成为传统之前，线式作战是常规的作战方式。这两种截然不同的作战方式，同时存在于当前的战争形态下，因此必须处理好二者的关系，使之统一。为达到这一目的，首先要明确两个问题，其一是非线式与线式作战中的"线"指的是什么？其

① 梁彦宁、岳兆丰：《军事课教程》，西安：陕西科学技术出版社，2003，第 145 页。
② 顾伟：《军事科技与新军事变革》，上海：复旦大学出版社，2004，第 236 页。

二是非线式与线式作战中除了字面意义上的"线"之外，还有没有一个共同的"线"？我们先来解决第一个问题，这个"线"首先意味着作战的线性变化轨迹，即连续性中包括作战层次、作战方向、军队进展线路等。线式在这些方面就是连续变化；非线式在这些方面就是不连续变化，是跃迁的。然后我们来解决第二个问题，无论是非线式还是线式作战，无论其打击是同时的还是次序的，都存在一个重要性和作战逻辑的先后问题。重要性和作战逻辑的先后排列，就构成了一定的作战顺序，因此，非线式作战和线式作战有一条共同的"线"，就是作战顺序。两种作战必须是有序的，管理得好，线式作战将是机动灵活、难以捉摸的，非线式作战将是井井有条的；管理得不好，再规则的线式作战也将是杂乱无章的，再强悍的非线式作战也将陷入各自为战。因此，要实现断而有序，必须实现非线式作战与线式作战的统一。

4. 善于创造激变

激变就是急剧的变化，往往与事物一贯的表现不一致，似乎与前期与后期过程不成一体，表现为明显的断续性，因而产生不同一般的影响。作战中的激变同样具有非凡的影响，能够使局势发生较大的改变，如果利用得当不但不会成为不可预知的猛兽，还会成为深刻改变战局的诱因，成为作战行动序列中最契合的一个段落。尤其是在处于劣势的情况下，激变往往能够成为出奇制胜的起点，是扭转战局效率最高的机会。韩信就以背水列阵，成就了背水一战的经典变局。当然，在占有优势的情况下，激变可以提高作战效益，使复杂的问题简单化，使简单的问题更加简单。然而，战场上自然出现的激变少之又少，其为我所用的可能性又值得质疑。因此，要得到于己有利的激变，还要靠自己的创造。创造激变，行动要突然。以迅雷不及掩耳之势，于平地见波澜，突然出现在作战双方的视野中，令敌方毫无准备，难以有效地应对。创造激变，要反其道而行之。非常之志，要有非常之谋。在非常规的时间、非常规的地点，以非常规的方式，果断采取行动，即在不利于进攻的时间突然发动攻势，在不可能出现的地点突然出现并实施打击，以敌方思维领域之外的手段实施攻击。激变可使敌方陷入困惑，使战局陡然进入难以预知的境地，甚至是混乱的境地。而主动施变者却能够提前准备，从容应对，抓住时机，合理导向，使局势向着有利于己、不利于敌的方向发展。激变是为了创造机会，引导战局向着有利于我、不利于敌的方向发展。所以激变之后的作战，还是要遵从既定的作战主题，要逐渐回归到既定的作战方针上。

连则成体是作战阶段性与连续性的统一，重点在于解决作战阶段性的问题，避免因阶段性而淹没了作战连续性的本质。并且通过对不同作战阶段的有机结合，加强作战的连续性，保证作战效果的积累和作战目的的统一。断而有序是作战断续性和有序性的统一，重点在于处理断续性作战行为对作战有序性造成的冲击，避免因表面的突然性、凌乱性而使作战失去条理和秩序。并且发挥断续性作战行为的突然性，形成出人意料的效果，最终回归并服务于作战秩序。

第六节 因于目标、施于奇正

目标引导管理过程展开，一切管理活动以目标为指南，目标是作战管理中相对稳定的要素。而实现同一目标，可以有很多种方式，有很多个中间路径可以选择。作战管理就是要选择一个最佳的路径，实现目标。因此，一个相对稳定的目标，给作战管理过程提供了变化的空间，作战管理因此可以发展出无限的变化。

一 基本含义

现代管理学认为："目标一般是指人们从事某项活动所要达到的预期结果。组织目标是指作为一个由人群组成的团体，其组织活动所要达到的预期结果。组织既定目标的实现是通过一系列资源配置活动的衔接逐步实现，这种衔接可以是不同活动的先后顺序式进行，也可以是不同活动并行直至最终协调成功。因此，组织既定目标是层层纵向分解或按照不同领域横向分解，这些分解后的小目标既是组织既定目标的规定，又是管理活动或工作欲达成的具体目标。"[①] 无论是战争还是战役、战斗，都有目标，否则将是盲目和无益的。"作战目标，即作战要实现的企图，或者说作战期望达到的结果。

---

① 黄国庆：《管理学教程》，上海：立信会计出版社，2004，第57页。

作战目标是决策者首先要解决的问题，因为它决定着兵力的使用、战法的运用等其他各个方面的内容。作战目标不确定，兵力的使用、战法的运用就无法确定。作战目标是个具有层次结构的体系，包括总目标与分目标、当前目标与尔后目标等。"① 战场形势瞬息万变，既定的计划、组织、指挥等活动要根据战场形势的变化而变化，变化的依据就是作战目标，即围绕作战目标实施作战管理。这恰好符合现代管理学目标管理理论。"目标管理就是指围绕确定目标和实现目标开展一系列管理活动。它既是一种管理制度，也是一种管理思想。"② 认为用目标可以指引行动，目标方向的优劣与管理的效能成正比；将责任和权力交给个体，围绕目标可以实现自我管理；还可以实现对成本的超前控制，重视工作成果而不是工作形式。作战管理因于目标，就是围绕作战目标，实施目标管理。

有了目标作为行动的指南，那么作战管理的过程就变得自由、灵活，只要能够达到作战目标，可以采取最大限度的多样化手段，实现无穷的变化，即古人所讲的"奇正"。"'正'指一般与正常，'奇'指特殊与变化"③，运用奇正原则，利用奇正的相互关系和变化，克敌制胜，是古今作战的真谛。孙子说："凡战者，以正合，以奇胜。故善出奇者，无穷如天地、不竭如江海。"④ 管理学一直在有意识或者无意识地应用奇正理念。战略管理理论就认为在遵循一般性经营途径的同时，采取独特的变化，是打破行业壁垒的要点。20 世纪 60 年代丰田公司在美国摩托车市场基本稳定的情况下，果断采取反常的小型摩托战略，一举抢占了大约50%的市场份额。当代作战管理的影响因素多了，大的方面包括作战人员、武器装备、财物、信息、时间、空间、精神、性质等；所能够引起的变化更加丰富了，要在纷繁复杂的因素中找到那些在某时某地具有关键作用的因素，运用奇正变化的原理，创造出层出不穷的作战方法，使敌人无法琢磨，从而获得优势。第二次世界大战期间盟军的诺曼底登陆行动，就是运用袭扰、电子欺骗、间谍欺骗等丰富的手

① 杨金华、黄彬：《作战指挥概论》，北京：国防大学出版社，1995，第75页。
② 李祝文、韩云永、郭伦：《目标管理理论与实践》，北京：解放军出版社，1986，第12页。
③ （战国）孙膑：《孙膑兵法》，北京：燕山出版社，1995，第122页。
④ （春秋）孙武：《孙子兵法·势篇》，北京：燕山出版社，1995，第55页。

段，使加莱方向的进攻在"无—有—无"之间变化，使诺曼底方向的进攻在"无—有"之间成行，最终骗过了德军，取得成功。奇正拥有广泛的内涵，包括广泛的事物和无穷的变化，所以要深入领会奇正变化的精髓，不为奇正表面所固有的含义禁锢，因时因地，灵活运用。岳飞说：阵而后战，兵法之常，运用之妙，存乎一心。就是说已有的阵法固然很多，也有诸多变化，但还是用兵的常法；用兵打仗的精妙之处，在于不拘常法，灵活运用。从这一点来说，作战管理的原则，只是一个引领，期望从事作战的人能够吸取有用的成分，衍生出新的、合乎时代的方法。因此，作战管理围绕目标，运用奇正变化理论实施管理，既符合作战的多变性，也是管理追求目标、效益的客观要求。

二 因于目标

作战管理因于目标，就是在作战中展开各项管理活动，要以目标为引领。如何因于目标，要重点把握以下几个方面。

1. 应用系统原则制定作战目标

与作战的所有内容一样，作战目标不是孤立存在的，而是内外关联、彼此交错、井然有序的整体。所以制定作战目标，要应用系统原则。要把握整分合原则，在作战总体目标之下设定分目标，再将分目标按照作战的最终目的，合成有机整体；要把握相关性原则，即注意总体目标之内，各分目标之间的关系、分目标与总体目标的关系、总体目标与战争环境的关系；要把握有序性原则，使各阶段、各层次、各部分目标按照时间、重要性、行为规律梳理成复合的目标序列。战争目标是作战总的目标，无论处于哪一作战层次，都要首先根据战争要求、具体作战任务、具体作战环境，按照整分合的原则将总体目标分解为不同层次、不同部分的分目标。而分目标要保持与总体目标的一致性，形成前后衔接、上下贯通的目标网络。这样，就以战争目标为牵引，建立起来了一个作战目标体系，包括作战目标的空间体系和时间体系两个方面。作战目标的空间体系在内容上是一组目标要素构成的整体，包括目标项目、目标方针、目标权重等具体内容，并反映出某一作战部门的任务和目标的关系，起着指导作战全局工作的作用。在组织上，按作战管理层次将作战目标分解为高、中、低不同层次目标，从而使目标从上到下层层具体，层层落实，形成从上至下层层保证的整体。在时间上，按长、中、短期作战目标建立起来的时序网络，使作战目标按时序构成一个相互衔接的整体，反应作战目标随时间变化的规律和要求。此外，由于作战行为的不确定性，因此作战目标应该以定性为主，预设作战的基本预期效果；作战目标的制定，要以作战实际为基础，过高则危害己方生存，过低则浪费资源和机会，造成战略性失误。由于作战手段与打击目标的多元化，作战目标也应该多元化，以不忽视在任何方面取得决定性胜利的可能。

2. 通过目标的执行来实施各项作战活动

"目标的执行，就是为实现目标而付诸具体工作。制定目标纲要，编制目标实施计划，有组织地调动各层次的积极因素，把人力、物力、财力合理地组织起来，发挥组织、部门和个人的作用，把工作目标转化为实际行动的过程。"[①] 以目标为指引，作战行动就有了方向，纷繁复杂的作战行动就在目标网络体系中找到了属于自己的位置。既定作战目标的实现是通过一系列资源配置活动的衔接逐步实现的，这种衔接可以按不同作战活动的先后顺序进行，也可以将不同活动并行协调进行。由于将目标化整为零更容易实现总体作战目标，因此，可以将作战目标按层次纵向分解或按照不同领域横向分解，分解后的小目标既是管理活动的规定，又是作战管理要达成的具体目标。作战总体目标强调的是作战整体结果，作战管理目标强调的是某项管理活动要达成的预期结果。作战管理目标包含在作战总体目标之中，为总体目标的实现服务。作战管理目标不仅关注某项作战活动的结果，同时关注作战的措施。因此，在作战中，作战目标分解之后，要明确每个作战单位、作战层次以至每个指战员的责任和权力，建立起纵横交错的矩阵式作战的目标责权体系。这样一来，就构成了目标指引作战的基础。在此基础上，要重视作战想要取得的成果，而不为形式所羁绊，在一定的软硬条件限制之内，一切有利于作战目标实现的形式都是可用的。要从最简单并且己方准备充分的目标入手，以求成功打开突破口。在作战条件允许的情况下，要使作战单位、

---

① 中华征信所：《目标管理》，太原：山西经济出版社，1995，第 101 页。

个人尽量明晰地了解作战目标。因为作战活动中的信息大多以命令的形式传递，而单纯的命令传递无法完成作战管理，因为它忽视了作战人员的主观能动性和灵活性，尤其在命令传达不顺畅时，问题就更大。而在明确目标的情况下，作战单位的行动朝着目标前进，一般就不会有错。

3. 在目标坚守与调整之间寻求平衡

目标既定，就不能轻易改变，以保持目标体系和作战体系的稳定性。然而实践是检验真理的唯一标准，当发现作战的分目标无益于实现作战总体目标，甚至作战总体目标无益于实现作战目的或者战争目的时，就必须要调整作战目标了。这其中包含大量的控制与评估过程，具体工作一般包括比较、纠正、评估、调整等。比较与纠正是控制职能的主要环节，控制活动对计划的和实际的行动进行对比评价，以便在必要时采取纠正行动。亨利·法约尔在《工业管理和一般管理》中指出："在一个企业，控制就是核实所发生的每一事件是否符合所规定的计划、所发布的指示以及所确定的原则。其目的就是要指出计划实施过程中的缺点和错误，以便加以纠正和防止重犯。控制在每件事、每个人、每个行动上都起作用。"[1] 理想和现实之间永远存在差距，尤其是作战这一具有强烈对抗性的活动，作战进程取决于对抗双方矛盾斗争的结果，因此，要实时进行作战的控制。通过对作战计划执行的情况进行考察，及时发现作战现实与目标之间的偏差，找出原因，采取措施纠正偏差，以保证目标实现。实现既定目标的作战活动基本完成之时，就要进行目标成果评估。即在作战目标基本实现的情况下，评判已有作战活动对实现作战目的，乃至战争目的的意义。如果评估发现作战目标实现的意义不大，甚至偏离作战目的，就要调整作战目标，制定新的作战目标。控制活动是为了既定目标的实现，是为了坚守目标；目标成果评估是评判作战效能，以便吸取教训，在新的作战阶段实现改进，是为了决定是否进行目标调整。实际上，控制、评估和调整的工作存在于整个作战过程，几乎同时存在，在控制过程尚未完成时，评估发现需要调整作战目标，就需要当机立断，马上调整；而评估、调整之后，需要新的控制活动，即目标坚守。作战目标为实现

---

① 〔法〕亨利·法约尔：《工业管理和一般管理》，中国社会科学出版社，1982，第119页。

作战的最终目的而存在，有益于作战目的的目标就要坚守，发现无益于作战目的实现，就要调整，关键是要把握好坚守与调整的时机与尺度，在作战目标坚守与调整之间找到平衡。

4. 使目标与人有机结合

作战目标终究要靠人来实现，因此不能忽视人的主观能动性与创造性。动机心理学认为：目标"指有机体所想达到的最终结果。由于目标能满足个体的需要，因而具有动机的性质，它能推动个体为实现目标而行动。一般认为具体的、近期的目标对个体有更大的激励作用，个体比较容易看到自己的进步情况。有人认为目标大致与诱因（incentive）同义。诱因指激起动机和行为的客观刺激物或情境"①。因此，作战目标在瞄准作战目的的同时，要尽量与人的因素结合，以便发挥人的主观能动性和创造性。利用人们渴望得到满足的心理，去激发和控制人的行为，以完成作战任务，实现作战目标。此过程不是单纯通过外界的刺激来促进人的主动，而是通过外界的刺激，使人的内在动机发生强化作用，从而增强人的行为的内在驱动力。作战是人类社会最为残酷的对抗活动，死亡与伤痛充斥其中，如果没有发自内心的战斗渴望，要完成作战任务、实现作战目标，困难重重。为此，要在作战目标管理中，以人的行为规律为指导，使作战目标贴近人的主观渴求与欲望，产生最大限度的自发的动机以投入战斗。要使目标能够最大限度地满足指战员各层次的物理和心理需求，实现指战员的人生价值，满足其使命感、荣誉感，甚至是复仇心理。具体作战实践中，要让作战人员加入某一目标，使目标最大限度地个人化，与目标尽量自然地捆绑在一起，以实现作战中的自我管理；要关注指战员的期望，将其与整体作战目标融为一体，增强战斗动力；要将合适的责任与权力赋予合适的作战人员，增强其责任感，满足其价值实现心理，激发他们的创造欲望。

三 施于奇正

孙子说："战势不过奇正，奇正之变，不可胜穷也。"② 中国古代兵家把

① 车文博：《当代西方心理学新词典》，长春：吉林人民出版社，2001，第234页。
② （春秋）孙武：《孙子兵法·势篇》，北京：燕山出版社，1995，第55页。

千变万化的作战方法高度概括为"奇、正"两个基本类型，指通过灵活的奇正变换，就能够衍生出各种各样高明的战法来。作战目标的合理制定与管理，为作战管理树立了中心，围绕中心，把握要点，以奇正理论为指导，作战管理就可以生出无穷的变化。

1. 奇正相依，作战管理要奇正兼顾，准备变化

奇正互为前提，二者是相对而言的。一方面，一般不能脱离特殊而存在，共性存在于个性之中，没有特殊，一般与否就无从谈起。作战的一般原则来源于无数个性化的作战实践。所以，没有奇也就没有正。另一方面，特殊必然与一般相联结，个性总是体现着共性，并为共性所制约，没有一般，特殊也就是一般的了。因此，没有正也就无所谓奇。作战中，要奇正兼顾。要兼顾主力与非主力的部署，主力是从事作战的主要力量。一般来说，大部分的作战任务都由主力承担，大部分作战效果也是由主力取得的。在主力的对照下，非主力一般承担较少的、次要的作战任务，所取得的效果也较小。但是只有主力打不出漂亮仗，没有非主力的配合，主力的作战行动将非常吃力，难以产生变化；没有主力的支撑，非主力将成为敌方打击的重点，同时承担着力所不及的任务，无论其怎样采取措施求变，也难以改变艰苦的现实，结果势必是灾难性的。要兼顾主要方向与次要方向，主要作战方向是双方关注的焦点，次要方向是补充。主要方向部署不利，次要方向就失去意义；次要方向应付了事，就难以有效牵制敌方，从而增大主要方向的压力。主次相顾，才能充分发挥各自的职能，产生有效的变化。要兼顾常规手段与特殊手段，常规手段是特殊手段的屏障，有助于特殊手段隐蔽、突然地发挥；特殊手段是常规手段的点睛之笔，能够拓展常规手段的使用空间。常规手段与特殊手段并用，使敌方无法预料己方常变之用，达到出其不意的效果。要兼顾常规战法与特别战法，常规战法一般是作战采取的主要方法，特别战法隐藏其后，才能收到奇效；特别战法超乎常理，甚至逆向而行，在打乱常规的同时，成为常规战法的强力辅助，甚至发挥决定性的作用。二者结合，变幻莫测。因此，奇正并存，就具备了变化的前提，作战管理才能变化无穷。

2. 奇正生变，作战管理要开阔思路，创造变化

历史上很多解释认为，正是常态，而奇是变化，用兵打仗寻求变化、出奇制胜靠的是"奇"的变化。然而，由于奇正是相互依存的，不能独立存在，作战中寻求变化、出奇制胜就要靠奇正的配合才能实现，并不是仅仅强调奇就可以的。"奇正"中的"奇"不是"出奇制胜"中的"奇"，"奇正"相结合才能产生"出奇制胜"的"奇"。奇正变化中一味追求所谓的"奇"，就好比一个拳击手一直使用假动作，永远没有真实的进攻，不会对敌方起到任何作用；而敌方则可以泰然处之、洞察形势。在战争史的长河中，奇正的含义已经被广泛地拓展了，常变、主次、正侧、先后、进退、动静、虚实等，都是对奇正的描述。正确运用奇正的配合，才能实现变化、出奇制胜。例如变换虚实是运用奇正经常采取的措施，通常要隐真示假，但是一味地隐真示假，己方的作战布局就成了白纸一张，一目了然了；因此隐真示假的同时还要经常以实为实、以虚为虚，使敌方不知何时何处为实、何时何处为虚。而且，有了实际的打击力量，虚假的才有威慑力和吸引力；有了虚假的干扰，实际的力量才能够出其不意地实施打击。至于作战中的决定性胜利取决于奇，还是取决于正，没有固定的模式。奇正配合，当机会出现时，以最合适的力量和方式实施打击，才是取胜的关键，选奇选正，都是合理的。正因如此，奇正相结合，才能够变化无穷、"不竭如江海"。正如李靖所说："善用兵者，无不正，无不奇，使敌莫测。故正亦胜，奇亦胜。"① 就是说善于用兵的人，无处不用正兵，无处不用奇兵，奇正无处不在，又无处可寻，使敌人无法判断。所以，用正兵、奇兵都能胜利，胜利最终靠的是奇正配合实现的。作战管理要应用奇正生变思想，将广泛的作战事物置于视野下，通过管理的职能，通过人员的控制、资源的配置、战场的布设，追求作战的无穷变化、出奇制胜。

3. 奇正相生，作战管理要奇正循环，无限变化

事物不是一成不变的，作战中的事物变化最为激烈、频繁。在瞬息万变的战场上，奇正不断互相转化，正可变为奇，奇也可变为正。孙子说："奇正相生，如环之无端，孰能穷之哉！"② 意思是说奇正可以互相转化，就像

① 撰人不详：《唐太宗李卫公问对》，北京：中华书局，1991，第6页。

② （春秋）孙武：《孙子兵法·势篇》，北京：燕山出版社，1995，第55页。

沿着圆环旋转那样，无头无尾，不可穷尽。因此，要认识到奇正能够相互转化的规律，在作战中根据战场形势实施无穷的变化。正如《唐太宗李卫公问对》中所言："以奇为正者，敌意其奇，则以奇击之。使敌势常应，我势常实。"① 即把奇变为正兵使用，敌人还以为是奇兵，我却以正兵攻击它，把正兵变为奇兵使用，敌人还以为是正兵，我却以奇兵袭击它。这样用兵，就能使敌人经常处于虚弱不利的态势，而己方经常处于强大而有利的态势。如唐太宗李世民同李靖谈到霍邑擒宋老生之役，两军相交，唐军由于抵御不住宋老生军的猛攻，侧翼稍退，宋军乘机攻其退处，而太宗率兵横击成功，即为奇正相变之例。按当时战场形势，唐军正面担任抵御的是所谓的"正"，侧翼机动接应的是所谓的"奇"，当宋军攻"奇"处，则侧翼自然担任了正面抵御的"正"的任务，而原来的"正"，则一变而为"奇兵"避实击虚，截断宋军后路，将其聚歼。1776 年北美独立战争的战场上，华盛顿的主力部队举步维艰、连战连败；而他派去北部边界实施配合的阿诺德的部队却取得了连续的胜利，在危急关头为独立战争注入了强心剂，保持了大陆军的活跃存在，北部边界战场成为战争的主要战场；其后北部边界战局陷入僵持，华盛顿的中北部战场重新吸引了英军主力，成为主要战场。在这一过程中，奇正转换，顺势而为。孙子说："战势不过奇正，奇正之变，不可胜穷也。"② 是讲作战的态势自古以来不超过奇正两种方法，但是奇正二法的变化是不能穷尽的。运用奇正之所以变化多端，是因为作战中大量的奇正事物相配合产生变化；变化之所以不能穷尽，是因为奇正相生，不断从一个层次的奇正上升为另一个层次的奇正，从一个方面的奇正跃迁到另一个方面的奇正。作战管理一定要通过机动灵活的协调控制、组织指挥，使奇正相生，实现变化无穷、出奇制胜的效果。

4. 奇正一体，作战管理要奇正相糅，变中求变

何氏说："兵体万变，纷纷混沌，无不是正，无不是奇。……我之正，使敌视之为奇；我之奇，使敌视之为正。正亦奇，奇亦为正。"③ 何氏认为，

---

① 撰人不详：《唐太宗李卫公问对》，北京：中华书局，1991，第 5 页。
② （春秋）孙武：《孙子兵法·势篇》，北京：燕山出版社，1995，第 55 页。
③ 《十一家注孙子》，上海古籍出版社，1978，第 100 页。

万物均等，作战中无所谓正，也无所谓奇，客观的战场上没有奇正之分，奇正之分只是存在于人的意识中，道出了奇正的最高境界。这与战略管理理论所认为的"没有一个因素比另一个因素更重要"的观点是一致的。这种观点认为，作战系统中的任何事物都具有相当的价值，作战所采取的任何措施都是必要的、必不可少的。所谓的次要的方面就其目的来说，必不可少；就其效果来说，无可替代，因此与所谓的主要方面在胜利的天平上同样重要。所谓的主要方面虽然任务较重，但是必须接受所谓的次要方面的配合，视次要方面的效果而采取相应的行动，对次要方面存在依赖，因此在作战过程中，任何一方面都不可偏废。对于战法的常规与特殊的看法，也与此类似，当人们认识到某一战法的特殊性时，它已经成为常规的了；当人们忽略了常规战法的个性时，它就成为特殊的了，能够发挥出其不意的作用。现实的作战中，注重各方面配合而成功的战例不胜枚举，而不重视所谓次要方面导致失败的也不乏其例。第二次世界大战中法军注重马其诺防线的重要性，而忽视了阿登地区，因此被德军奇袭，遭到亡国的耻辱。有些战争中，甚至分不清主要与次要、一般与特殊。如伊拉克战争中，就无法比较信息战与火力战孰重孰轻；在美军看来是常规的作战方式，在伊军看来却是特殊的。当然，这并不是说作战中主次不分，作战仍有其主要与次要之分，仍有其一般与特殊之别，只是应该动态地、灵活地看待。当代作战具有空前的系统性，每一因素、每一方面都在作战系统中有其地位和作用，因此在作战中，不要根据表面形式和内容就将作战事物简单地分成奇正，应该将奇正糅合成一体，才能实现无限的奇正相生，产生无穷的变化。

目标是作战活动所要达到的企图，在纷繁复杂的作战行动中，引领一切作战行动的实施，为作战提供方向与动力；有了目标的牵引，作战管理中就可以施以无限的奇正变化，而且万变不离其宗。作战管理在目标的相对有限性和作战方式的无限性之间，坚定而有弹性地进行。

第七节　内外一体、软硬并重

中国传统文化有很多关于内外和软硬的阐述，认为任何事物都存在内外和软硬等方面，任何活动，只有注重内外和软硬的结合，才能收到良好的效果。同样，作战活动及有关的诸事物，都可以区分为内外和软硬等方面；实现良好的作战管理，同样要内外、软硬相结合。

一 基本含义

简言之，内外就是内部和外部，事物都有内在和外在两方面内容，内在的事物相对隐蔽，外在的事物相对显露；内在的事物相对深层，外在的事物相对表层；内在的事物控制起来相对曲折，外在的事物控制起来相对直接；内在事物的变化是改变现实的根本原因，外在事物的变化是改变现实的途径。对作战而言，其活动所涉及的对象同样存在内外之分，如主观与客观、规律与方法、政治经济文化本源与军事表现、国家综合实力与军队实力、军事制度与军事形态、民意与军心、战争潜力与过程、作战机制与效能、作战目的与手段、作战本身与环境、战场前方与后方、作战保障与打击行动、武器技术与功能、作战心理与物理、团队精神与工作状态、内部和谐与同仇敌忾等。作战管理要兼顾这些内外事物，认识到力量源于内，作用显于外；用作用的效果引导力量的源泉；内力驱动，外力伸张，用外力的实践审视并完善内力的机理；用作战的本质事物改变作战的表面态势，用表面态势的改变引起内部的本质性改变；做到内与外的紧密结合，实现内外一体。内外一体，是协调作战本质要素与外在表象要素的要求，可以使内外统一，发力流畅；是调动内外部作战资源的要求，可以充分利用所有有利于实现作战目的的作战要素，服务于作战行动；是实现作战使敌方从肉体到精神全面屈服的要求，可以使敌方彻底放弃斗争的可能与必要，获得完全的胜利。因此，作战管理要使内外一体。

作战的内外是作战内容划分的两个基本方面，其中包含大量精神和物质、有形与无形等层面的事物，如军人的精神与肉体、军队的士气与规模、作战的信息与火力等软硬事物。为了实现对这些软硬事物的征服，就需要在手段上软硬兼施，既要通过软打击，即使用软的手段打击敌方"软"的目标，并且瘫痪其"硬"的系统；又要用硬摧毁，即使用硬的手段，摧毁其"硬"的目标和剥夺其"软"的机能。作战的软打击"是指来自无形战场的较量，主要包括电磁领域、计算机网络和心理威慑方面的斗争"①。一般情况下，作战事物软的存在形式是无形无象的、隐蔽的，但其影响是公开的、不容忽视的，不借助软的手段，很难感受到那些软的作战事物的存在及影响状态。并且随着文化和信息因素影响力的提升，软打击同样可以实现对硬目标的打击，其对作战的制约程度和影响也越来越大，因此软打击在作战中的地位作用日益突出。相对于软打击，硬摧毁就是实体摧毁，是使用兵力、火力对敌方军民设施、作战人员、武器系统造成物理性的不可逆转的永久性杀伤破坏，是在有形的战场上进行的激烈斗争。战场上，软打击与硬摧毁组合运用，历来是作战的普遍法则。孙子说："是故百战百胜，非善之善也；不战而屈人之兵，善之善者也。"② 两千多年来，这句经典论述一直是军事家们孜孜以求的用兵境界。软打击与硬摧毁的有效组合既可以成为强者宰割弱者的利器，也可以成为弱者对抗强者的手段。因此，作战管理要软硬并重。

二 内外一体

中国的理学强调"知行的统一，内外的结合"。作战管理内外一体，就是要认识作战的内在事物与外在事物的有机联系，使外在的符合内在的本质规律，使内在的深层动力流畅地作用于外在表现；同时使外在的变化，有利于内在的要求。由于关于作战内外的很多方面在其他内容中已经讨论或者将要讨论，这里我们将浓缩其中几个主要方面，进行讨论。

1. 战争的政治经济文化本源与作战的暴力表现相统一

政治、经济利益之争和文化冲突是战争的起源和发展动因，战争总是在两个以上的政治集团之间发生的，同时围绕着土地的争夺、重要资源的占有、贸易权利的争取、宗教的矛盾、文化主体地位的争取等；战争的结局也通常以这些方面的重新分配而告终。既然战争是政治斗争的流血形式，战争必须符合政治的整体利益，服从和服务于一定的政治需求。反过来，在战端既开的情况下，政治对战争也必然存在根本性的影响。如政治在战争发展的

---

① 崔国平、郭瑞芳：《21世纪战争透析》，石家庄：河北科学技术出版社，2003，第194页。
② （春秋）孙武：《孙子兵法·谋攻篇》，北京：燕山出版社，1995，第35页。

背后起着控制其中止与继续、发展方向的作用；国家的政治制度是否有利于战争的胜利；战争本身就包含着政治谈判、军人政治素质和瓦解敌军的政治攻势等众多的政治内容。要使作战朝着有利于己方的方向发展，就要根据政治对战争的根本影响，正确地理顺和引导这些影响，使之符合作战的需求，配合作战行动的实施。同时注意作战行动不能造成己方政治上的被动，并因而造成作战的阻力。战争的最终目的是获取一定的经济利益，同时作战又必须以一定的经济实力做基础。作战管理中，要结合经济规律和作战规律，创造条件发挥国家的经济实力，深层次地支持作战；要注意经济对作战的支撑能力，超出经济能力而进行无限制的作战只能导致经济枯竭、战争失败；要尽量小地损害经济的根本基础、妨碍经济的持续发展，因此就要在作战中找到作战与经济的最佳结合点，作战的规模、范围、程度，作战的手段、方式必须以经济为主要参考，既符合经济利益，又有利于经济对作战的支持，实现二者的统一。战争有其文化本源，文化的冲突是促使战争爆发的一个方面，不同文化主体对战争的理解和所持的态度不同，要认识到这个本源是否有利于作战，考虑如何依靠这个本源支持作战。因此作战中要善于引导民族思维、结合民族理想、考虑民族性格，使作战的力量发自最深层的民族文化，让民族文化驱动参战人员战斗的渴望，使作战与民族文化自然地结合在一起，成为作战精神与行动的磐石。政治、经济、文化是作战的原动力，作战管理要善于引导、激发和利用这个原动力，作用于作战的各个层面和环节，作用于作战的末梢。

2. 战争潜力与战斗力相统一

政治、经济和文化是组成国家综合实力的主要方面，综合实力又直接生成国家的战争潜力。战争潜力是"国家或政治集团进行战争可能动员和开发的潜在力量。包括人力、物力、财力和精神力量等。是战争力量的组成部分，对战争具有全过程和决定性的影响"[1]。古今中外的军事家无不重视战争潜力与战斗力的关系。如中国春秋时期的孙武论述了粮食、财货、费用以

---

[1] 武桂馥主编《中国军事百科全书·军事战略学科分册》，北京：中国大百科全书出版社，2007，第 161 页。

及民心士气对战争胜败的重要影响，一些政治家、军事家提出"聚财制器，战则无敌"和"军无委积则亡"等思想，并得到贯彻，收到了良好的作战效果。战争潜力是军队作战的内力，军队战斗力是外力，没有内力，外力就会成为无源之水，尽管有可能表现为一时的强大，终究经不起时间的考验；而作为内力没有通过外力释放出来，就不会对现实产生应有的影响。也就是说，有了战争潜力，才有军队的战斗力存在；有了战斗力的释放，战争潜力才能作用于作战，才有意义。因此，作战管理必须通过一定的方式来影响战争潜力，以适时将其转化为战斗力。首先，作战中要不断地进行战争动员以激活战争潜力，使军队战斗力得到源源不断的补充。作战是一个连续的过程，其中包含大量人员的伤亡、物资的消耗、设施的破坏、精神的消长等，使军队战斗力不断遭到削弱。为了进行接下来的作战，就需要通过战争动员调动新的人员、物资，修缮设施，鼓舞民众斗志，以此来补充战斗力。其次，要根据战斗力的现状，控制动员的范围、节奏和进程，以免造成战争潜力的浪费或不继。战斗力在一个相对稳定的范围内波动，其大小以当时的作战形式和作战需求为依据，过大则浪费作战资源，过小则不足以完成任务。因此战争动员的范围要适当，要合理控制战争动员的范围、节奏和进程，在空间和时间上与军队战斗力和谐进展，内力与外力一起流畅发挥。再次，在战争准备不充分的情况下，要善于运用作战时间和空间要素，给战争潜力以释放的机会。作战的紧迫性，难免造成战争潜力转化为战斗力不及时的情况，因此要通过时间的持久和空间的周旋来创造机会，使战争潜力在此过程中得以逐步释放，如人员的征召、物资的筹集、设施的转化、军队的成熟、民众的觉醒等。中国的抗日战争和美国的独立战争均在这方面取得了成功。

3. 作战心理与战场行动相统一

管理学的人际关系学说认为："工人都是'社会人'，是复杂的社会系统的成员，不是经济人。他们有必须加以满足的物质方面的要求，但更重要的，是他们有社会方面和心理方面的要求。"[①] 应该尊重人的精神因素来实

---

① 徐向艺：《管辖治理：管理学的历史、现状与未来》，济南：山东大学出版社，2003，第28页。

施管理。心理也一直是古今军事家格外关注的作战要素。《孙膑兵法》中也说："合军聚众，务在激气。"① 其中的"气"就属作战心理。毛泽东同志在《关于西北战场的情况与经验》一文中说："我军战斗意志极其坚强，士气极其高涨"，因此克服了各种困难，大量歼灭了敌人，使我军转入了反攻。这就是凭借高昂的士气，以劣势装备战胜优势装备之敌。作战士气与作战动机是作战心理的两个最重要的方面，作战的心理因素作用巨大，是战争能量的组成部分，因此必须使作战心理与战场行动相统一。作战心理不仅仅指军队的心理，还包括民众的心理。因此首先要在坚定军队作战心理的同时，使军心与民心保持一致，做到军民一心、同仇敌忾，获得人民对作战的支持。其次要善于用心理驱动身体，用精神助推行动。积极的作战心理能够使己方从全体到个人、从将领到士兵，从心底爆发出战斗热情，使战争能量从内心深处奔涌而出，以最猛烈的形态获得最大限度的释放。保证由战争资源所形成的胜利可能，转化为胜利的现实。再次要使作战行动符合军心民意、激发积极的作战心理，以合适的战场行动赢得民众的支持。军人以服从命令为天职，但军人也有自主的意识，尤其是这种意识上升为军人集体意识之后，就产生集体对于某一作战行动的统一看法，并导致行动上的积极与否；民意是军心的土壤，民意对作战的看法与作用也大体与此相同。因此，作战行动要考虑军心民意，使之最大限度地符合军心民意，以获得主动和积极的支持。最后要在不同的时机巧妙调节心理，适应相应的作战行动。人们对不同作战行动的认识是不同的，作战管理就要根据作战行动的个性，有针对性地调节作战心理，使之符合作战的需求。比如在总体防御态势下的进攻行动，就需要通过调节作战心理，以进行思维转换，达到人人乐战的效果。统一作战心理与战场行动是一项复杂微妙的管理活动，作战管理一定要认识心理与行动的内在统一性，通过努力达到二者现实的统一。

4. 保障与武力杀伤相统一

武力杀伤是作战的主要方式之一，在战场上表现为铁血碰撞、人员的伤亡。其背后是保障的支持，没有良好的保障，就不存在有效的武力杀伤；可

① （战国）孙膑：《孙膑兵法》，北京：燕山出版社，1995，第57页。

以说，保障是武力杀伤的内在基础，武力杀伤是保障的外在表现。作战管理要通过有力的保障，使其蕴含的能量流畅地作用于武力杀伤。同时通过对武力杀伤的控制与调节，最大限度地发挥保障提供的能量；同时保持保障与武力杀伤之间的紧密联系，不能因武力杀伤的过度发挥而导致二者联系的中断，造成作战的被动。首先，保障要满足武力杀伤的需要。武力杀伤以物资为基础，作战所涉及的武器装备、器材设施、作战物资、生活用品等，都是形成武力杀伤的内在基础。一切保障都要以满足武力杀伤为目的和标准，离开了这个目的和标准，保障就失去了意义，武力杀伤也失去了内力。其次，保障要力求精确，不会成为作战的累赘。物资等保障并非越多越好，而是要尽量做到恰到好处。因为过多的物资堆积在战场上，不仅会阻碍作战行动的顺利进行，成为累赘，还会因管理不善而造成资敌。有些军事强国已经在寻求伴随保障以达到及时准确的效果，虽然不存在绝对的精确保障，但至少可以努力追求接近这个目标，尽量不造成浪费与作战的累赘。再次，作战过程中，要用技术保障并且促进武器装备的提升和再生。做到技术伴随，发挥武器装备的效能的同时，根据作战环境及需求，利用技术优势开发武器装备新的作战功能；持续进行战场技术培训，使作战人员熟悉武器装备的技术内涵，充分发挥武器装备效能；发挥技术优势，进行战场抢修。最后，武力杀伤要根据保障情况量力而行，外在的武力杀伤不仅不能超越内在保障的限度，还要留有弹性空间，以保证不会出现意外作战间歇，或者后劲不足的现象。

三　软硬并重

作战在总体上内外一体，为作战能量的释放创造了充分的条件；在具体的作战方式上，就要求软硬并重，即软打击与硬摧毁相结合。

1. 明确当代战争中主要的软硬打击方式

由于作战的软硬打击方式是相对而言的，它们之间彼此交错，相互包容，没有十分明确的界限。所以，不妨将软硬打击的概念有所拓展，并以两两相对的方式对当代战争中主要的软硬打击方式进行表述。首先指政治战、经济战、文化战与武力战。人类社会的事物本来没有明确的界限，与作战直接相关的领域就包括政治、经济、文化等领域，所谓直接相关就是对作战直接产生影响。战争围绕政治展开，同时战争中也不可避免地围绕作战展开政治斗争，如围绕作战采取的战时政策调整、国际盟友的争取、外交孤立、外交欺诈等。经济领域在战争中的基础性和目的性意义，使得经济成为战争工具不可避免。历次战争中的经济封锁、制造金融混乱和经济崩溃等方法，无疑是作战的另一种方式。广义的文化包含的内容包括宗教、哲学、社会制度、传播媒体、法律、科学技术等很多方面，历次战争中，以宗教的名义、以文明推进的名义进行的舆论战、法律战等都极其活跃，这些方面一直伴随着作战成为有力的战争方式。与以实际摧毁为主要特征的武力战相比，战争中以政治、经济、文化为手段的斗争自然是软打击，武力战自然是硬打击。其次指心理战与物理战。心理战是指："通过宣传和其他活动从精神上瓦解敌方国民及其军队的一种手段。"[1] 战争中通过心理影响进行作战是无形战场上的较量，存在形式是无形无象的、隐蔽的，因此是一种典型的软打击方式。相对于心理战，战争中以物质的消耗、破坏与摧毁为标志的物理战就是硬打击。再次指信息战与火力战。信息战是指："为夺取制信息权而进行的作战，是剥夺、利用、破坏或摧毁敌方信息、信息系统和信息作战能力，同时保护和充分利用己方信息、信息系统和信息作战能力而采取的各种行动。"[2] 火力战是指："以各种火力打击兵器对敌实施火力突击，并直接达成战斗、战役乃至战略目的的作战形式。"[3] 火力战直接摧毁物质性目标，而信息战的主要作战对象——信息是无形的。因此相对而言，信息战是软打击，火力战是硬打击。最后指技术瘫痪与实体摧毁。技术瘫痪是指以技术——这种人类认知领域的工具为手段，对敌方军事目标实施技术性破坏，损坏其功能，使该目标无法正常工作的打击方式。实体摧毁则是对敌方目标的实际形体实施摧毁，剥夺其功能的打击方式。显然，相对而言，技术瘫痪是软打击，实体摧毁是硬打击。以上是几种主要的分类方式，软打击与硬打击是一个相对的概念，很多以软打击为目的的进攻，包括硬打击；很多软打

---

① 孙家荣：《高技术战争心理战概论》，北京：国防大学出版社，2003，第 2 页。
② 吕登明：《信息化战争与信息化军队》，北京：解放军出版社，2004，第 215 页。
③ 张志伟：《现代火力战》，长沙：国防科技大学出版社，2000，第 2 页。

击方式可以实现硬伤害效果；甚至很多方式本身就兼具两种特点。因此，实现作战目标是关键，软硬打击方式的划分只是为了方便表达而采取的形式。

2. 以硬打击为主，以软打击为辅

在当前战争形态和技术条件下，作战仍是以硬打击为主。战争实践证明，无论以什么目的、因为什么原因而爆发的战争，均需要以硬打击为主要作战方式，实现作战的主要功能。无论是最近的伊拉克战争，还是 20 世纪80 年代的英阿马岛战争；无论是较大的海湾战争，还是较小的格林纳达战争；要达到战争目的，实现作战功能，都是以硬打击为主，软打击作为辅助方式。因此，就要注意作战软硬方式的选择与安排。首先要以软打击为先导，硬打击尾随其后。从战争的历史上看，战争一般是以软打击开始的。如先以极具侵略性的外交手段孤立敌方、拉拢盟友，以经济打击削弱敌战争潜力，以宣传攻势瓦解敌方士气、鼓舞己方士气，以电子进攻破坏敌信息系统等，然后果断迅速地使用军队实施进攻、推进，伊拉克战争中美军的做法就是如此。从作战的规律上看，这种做法有其合理性。软打击具有隐蔽性，不露声色地为硬打击创造有利条件，然后以硬打击实施最后决定性的进攻。其次在作战中，要以硬打击为中心，软打击围绕硬打击展开。虽然在某些时刻，软打击可以独立地执行较为主要的作战任务，但是没有硬打击作为后盾，软打击的作战效果很快会流失。在伊拉克战争中，假设没有紧随其后的空袭与地面进攻，遭美军破坏的伊拉克信息系统会很快恢复，并有所升级。甚至如果没有硬打击的存在，软打击不会发生应有的作用。假设没有美军对伊军残酷的火力杀伤，收到美军宣传单的伊军就不会设想到将会遭到何种损失，因而不会俯首就缚。再次要依靠硬打击成就战场大势，然后以软的方式成就理想的作战结局。战争尾声之际，战争总体趋势通常已经通过硬打击方式确定下来，这样确定的形势很难改变，双方通常倾向于接受将成的事实。对于优势一方来说，以软的方式结束战争，不但可以减少损失；更重要的，还可以使残酷的军事斗争回归到文明的轨道上来，为将来和平时代的交往形成良好的开端。对于弱势一方来说，斗争已经无益，还不如接受现实。而尽量减小损失、保住更多国家利益，则是其重点考虑的问题。使用软的方式进行战争的最后阶段，无疑是困境中可以采用的最佳办法。当前的人类社会现实还不足以使战争形态以非暴力的方式为主来解决国家间的暴力冲突，硬打击仍然是当前作战环境下起决定性作用的打击方式，软打击仍处于辅助地位。

3. 以硬打击促进软打击的实现

既然硬打击是软打击的后盾，除了任其发挥对软打击的支持作用外，自然还要有意识地以硬打击来促进软打击的实现。由于战争所固有的政治性，所以要在硬打击的支持下，合理使用政治手段。战争中打打停停，都蕴含着以硬促软思想。如为适时终止战争而需要谈判时，要实施短促犀利的打击以赢得砝码；为造成敌方国内压力和纷争时，要在局部以大规模的杀伤形成震撼性的效果；为加强国际盟友的支持时，要以个别突出的胜利给国际社会以信心；为实施反间计而除去敌方优秀将领时，要在该将领的攻防方向上实施重点迟滞或袭击。凡此种种，都是以硬打击促进政治性软打击手段的使用。由于战争的经济性，打击或消耗敌方经济资源是以硬打击促进经济性软打击的常用方式。如为切断敌方补给线而扰乱其后勤，要实施劫掠活动；为摧毁敌方经济基础而剥夺其持续战争能力，要对重点经济目标实施重点打击；为拖垮敌方经济基础而实现战局逆转，就要实施持续不间断的、非决战性的战术行动；为阻遏相关国家与敌方贸易而削弱其经济，要以常规或非常规战争手段进行模糊性（不明显针对相关贸易国，但足以对其构成安全威胁）打击等。由于战争的文化性，必然使硬打击行动成为作用于文化的有力手段。如为增加参战国而增强己方实力时，要对异己文化国家实施打击以增强战争的文化对立色彩、拉入相同文化国家成为盟友，就像阿拉伯国家在对西方战争时经常袭击以色列以拉入其他阿拉伯国家参战；为保卫民族文化重点标志性事物而激励战斗热情时，要不惜一切代价围绕该目标血战到底；为威胁敌方重点文化目标而达到不战而屈人之兵时，要给该目标以压力等。由于战争中强烈的心理因素，使得以硬打击行为影响心理成为必然。如为迅速摧毁敌方斗志，要实施持续猛烈的打击；要鼓舞己方斗志、拖垮敌方耐心时，要实施坚韧的防御；为争取民心和国际社会同情时，要把握作战的尺度，保证各种规模作战的正义性等。由于武器装备技术等软件对硬件的依附性，使得通过对武器装备部分实体硬摧毁来实现软杀伤成为常见的手段。如在争夺信息制高点时，以动能、化学能或定向能武器摧毁敌方天基探测、侦察与传输卫星；在争夺陆海空的信息主导权时，使用各种武器打击信息赖以存在、流动和处理的平台，即用高技术兵器摧毁预警机、用反辐射武器或其他火力打击武器摧毁雷达等电磁设备、使用火力打击摧毁敌方网络中心等。硬打击以其强硬的毁灭力，能够以较为绝对的方式，促进软打击的实现。

4. 将软硬打击有机地结成一体

软硬一体，是作战方式的固有属性，软硬打击本身就是一体的。任何硬打击都离不开政治、经济、文化、心理、技术等软打击的影响，也不可避免地作用于这些软打击方式上；任何软打击必然以硬打击方式为基础才能发挥作用，也必然反作用于硬打击。因此要认识到作战的软硬一体，才能自由运用软硬打击方式。软硬打击方式在作战中的作用以及它们之间的交互作用，是提高作战效益的重要基础之一，软硬结合是提高作战效益的有效途径，二者不可偏废，否则作战效益就大大下降，甚至不能完成作战使命。软硬打击之间的相互交错，使得不重视任何一个方面，都会给作战带来难以弥补的后果。历史上有很多正反两方面事例，在亚历山大远征中，亚历山大与大流士的高加米拉战役中，大流士认为以数倍于敌的兵力，作战胜利只在挥手之间，却忽视了马其顿军队远离故土、只有力战才能生还的潜意识和追求荣誉的心理，因而导致溃败。伊拉克战争中美军在实施火力打击之前和同时，一直在实施积极的电子战和信息战，因而火力打击效率大增；有效的心理战使得伊拉克很多成建制部队集体投降。软硬打击在作战中同时存在，但由于作战是一个有计划、有组织的过程，所以软硬打击在作战过程中还是有一定的次序，要按照战场的需求，前后安排，错落有致。软硬打击能力是可以相互转化的，前面已经探讨过。尤其是大型持久战争的胜负通常取决于战争潜力，需要转软为硬。国家的经济实力、政治执行力、军事技术、民族斗争精神，都是软的作战潜力，会随着战争需要转化为硬的战斗力，逐渐释放；如同第二次世界大战中美日间的战争，战争潜力终使美国获胜。国家的军事实力、武器装备储备、军队作战技能都是硬的作战潜力，会在战争前期释放，并引导软打击潜力的释放；如同伊拉克战争中，根据硬性打击需要，美军研制、发射和利用卫星。软硬结合，是赢得各种规模作战的基本要求。

内外一体是配置资源、准备能量的有效方法；软硬并重是使用资源、释放能量的有效途径。内在资源提供丰富的软打击条件，也是硬打击的后盾；外在资源提供硬打击所需的物质，也为软打击所利用。而软打击主要针对内在资源，附带针对外在资源；硬打击则对内外资源并重。内外一体为软硬打击提供条件，软硬打击发掘内外资源，使之更好地成为一体。

第八节　制度为体、艺术为魂

没有规矩，不成方圆。制度是人类活动的规矩。相对而言，艺术是对人类社会活动境界的升华，难以表述、难以琢磨，却又客观地存在于实践中，是人类社会活动追求的完美境界。如果可以沿用"藩篱"一词的初始的中性含义的话，制度社会的人类活动，由初级境界到高级境界的发展，在某种意义上，可称之为一个"建立藩篱、遵循藩篱、超越藩篱"的过程。作战中，制度是活动的框架，艺术超越这个框架，但不否定这个框架。作战管理，应以制度为体，发挥创造性，以艺术为魂。

一　基本含义

制度是"要求大家共同遵守的办事规程或行动准则"①。管理学行政组织理论创始人马克斯·韦伯认为：合理和法定的权力是行政组织的基础，因为这种权力能保证管理的连续性和合理性，能按照才干选拔人才，并按照法定程序来行使权力。现代管理学也提出了管理的法律方法，认为"法律方法，是指运用法律这种由国家制定或认可并由国家强制力保证实施的行为规范以及相应的社会规范来进行管理的方法"②。中国古代就有依靠制度进行管理的思想，战国时期韩非子说："明其法禁，必其赏罚"③，也就是现在所说的有法可依、有法必依、违法必究。作战管理同样需要制度的保障与规

① 中国社会科学院语言研究所词典编辑室编《现代汉语词典》，北京：商务印书馆，1979，第1478页。
② 周鸿：《管理学：原理与方法》，北京：机械工业出版社，2007，第102页。
③ （战国）韩非：《韩非子·五蠹》，上海：上海古籍出版社，1989，第154页。

范，作战的制度是军事制度的组成部分，包含在军事制度之中。军事制度是"国家或政治集团在一定历史条件下，为满足建设和运用军事力量需要，所确立的调整军事领域各种社会关系和相应军事活动的规范体系"①。那么作战管理制度的作用就是为满足作战的需要，调整各种关系和军事活动。有关作战的制度主要是军事制度中与作战直接相关的制度，主要包含在以下三个方面的军事制度之中：一是宪法、基本法律、法律、法规、规章，如国防领导体制中的战时体制、《作战条令》等；二是国际条约，如《禁止化学武器公约》《战争法》等；三是制度性军事原则、政党规范、政策文件，如1947年毛泽东提出的"十大军事原则"。作战制度在作战中发挥军事关系的确定和调控功能、作战行动的规范与调控功能，作用于作战活动。明确什么是必须做的、什么是可以做的、什么是不能做的，以此来促进作战目的实现，提高作战效益，减小负面影响。作战管理就是要以这些有关作战的制度，来指导和规范作战行动。

《现代汉语词典》将艺术定义为"富有创造性的方式、方法"②。管理艺术是管理的高级认识与应用方式，很多管理学家都非常重视管理艺术。达韦尼说：管理与其说是一门科学，不如说是一门技术。管理艺术是"管理者在管理实践中的创造性管理活动"③。既然是创造性的活动，就要发挥自身的主观能动性，遵循管理科学原理，有效地将主观与客观统一起来，从而使管理活动由必然王国走向自由王国。作战历来被认为是一门精妙的艺术，拿破仑说："战争首先是朴素的艺术，一种完全靠执行的艺术。"④ 若米尼就把自己的著作命名为《战争艺术》。历代军事天才，无不是作战管理的艺术大师。岳飞作战不拘固法、善于创造，常常以少胜多；第二次世界大战时期德国的隆美尔元帅通过精妙的作战艺术运用博得了"沙漠之狐"的美誉；毛泽东通过"十六字诀"的艺术概括，实现了对运动战的完美诠释。对作

① 沈雪哉：《军制学》，北京：军事科学出版社，2000，第3页。
② 中国社会科学院语言研究所词典编辑室编《现代汉语词典》，北京：商务印书馆，1979，第1358页。
③ 王忠远、种杰、胡耀明：《军队管理艺术论》，北京：国防大学出版社，2004，第20页。
④ 〔法〕福熙：《作战原则》，北京：军事科学出版社，1991，第10页。

战——这一极富艺术色彩的事物的管理自然要发挥主观能动性，将其升华为作战管理的艺术，实现管理者自由度的最大解放。作战的对抗性、诡诈性使作战管理的过程存在极大的不确定性，在某一具体作战对象上，没有既定的成法可言，必须在既定的环境与框架内，发挥主观的能动性，以适应并利用这种不确定性。而作战管理艺术则使作战理论、管理理论与作战实践紧密地结合，实现作战管理主客观的统一、原则性与灵活性的统一。通过作战管理艺术的思考与实践，使作战管理不断突破局限，焕发青春与活力。因此，艺术是作战管理的魂，是作战行动得以无限变化的无形力量，作战管理就是要以艺术为魂，实现无限的变化与创新，实现作战行动的最大自由。

二　制度为体

人类的任何活动都有一定的规则，作战也不例外。《尉缭子兵法》中就有"凡兵，制必先定。制先定，则士不乱；……则万人齐刃，天下莫能当其战矣"[①] 的表述。遵守它，作战活动就会统一、稳定、流畅，在作战中得到多一些的动力、少一些的阻力。当代作战制度的概念和作用都有所拓展，有规定作战行为方式的条令条例，规范本国作战人员行为的宪法、军事法、法律、法规、规章、制度性原则、规范和文件等；有限制武力使用的国际法、战争法、国际军事公约、条约等；遵守它，同样会达到得道多助、失道寡助的效果。可见作战制度是作战行为的规则，是作战管理的依据，作战管理要以制度为体。

1. 发挥制度对作战的指导功能

围绕作战的一切事物，最终只有一个目标，就是胜利。制度作为作战中最重要的内容之一，其最突出的意义在于对作战的指导作用，以规则作为一种相对强制性的指导，保证在一定的历史和自然环境下，在一定的限度内为作战行动提供一个最接近实际的共用性指导。作为作战制度，在《纪效新书》中，戚继光对战斗行动有很多指导性描述，如"长兵短用说""射法篇""出征启程在途行营篇"等。在土地革命时期，作为制度性原则，毛泽

---

① （战国）尉缭子：《尉缭子兵法·制谈第三》，台北：联亚出版社，1981，第 13 页。

东提出的"十六字诀",是对当时条件下作战的指导性制度。美军《作战纲要》对作战的范围、原则、作战计划的实施等都做了详细的指导性说明。对于指导性作战制度,在作战管理中,要注意把握如下几点。一是要认识到制度的指导性和哪些是指导性制度。制度均具有指导性,要明确那些对作战行动的指导性含义,而不应被制度的规范性、强制性和约束性所遮蔽。制度中还有专门指导作战的内容,那些关于在何种情况下,选择何种作战行动的内容;那些关于在何种情况下,可以选择统一领导和分散领导的内容等,都是指导性制度。二是要结合作战实际,灵活运用。现实永远是作战的首要依据,要明确当前的作战实际适于运用哪些指导性制度,作战实际对于制度假设的情况有多大距离,以便确定具体的作战行动。三是要适时超越制度。诚如法学界的一句经典:法律一经制定,就已经落后于现实了。作战制度也是同理,只能无限地接近实际,而不能完全符合实际。作战管理要在适当的时刻依据制度规定的框架,并突破之,超越那些既定的事物,以实现最佳的作战行动,同时促进制度的新生。

2. 发挥制度对作战的保障功能

作战不是谋杀,是在相关作战制度的规定下,行使参战人员进行作战的权利。因此,一旦进入战场,参战人员就拥有了相关作战制度赋予的权利,这使得爱国者有所依据。作战管理要明确制度赋予指战员的权利,保证参战人员以作战的方式行使爱国的权利。这样,站在制度的角度考虑,参战首先就成了在战场上公民的合法行为,并将个人权利和民族、国家利益融为一体,这样的作战将代表自己、民族和国家。因此,这一授权行为使人体会到国家、民族的尊重和个人的满足,可以增强参战人员的荣誉感和使命感,激发战斗热情,按照这一思路,有助于作战心理的管理。这与马斯洛管理学需求层次理论所主张的"尊重需要"和"自我实现需要"理论不谋而合。与权利相对应的就是义务,制度在授予权力的同时也赋予义务。组织行为学认为组织的成员必须为组织负责。国家是一个拥有共同价值观、文化和利益的群体,国家之内的人就有义务维护和发展这个共同的价值观、文化和利益,根据需要从事战争,就是首要的义务。为国家、民族利益而战是每个公民的光荣义务,更是战场上公民的首要义务,是其必须全力履行的义务。站在义务的角度考虑，作战对参战人员来说就不仅仅是履行权利的问题了，还是必须履行的义务。作战管理要依据相关作战制度，提醒自己和督促别人履行义务、必须作为。按照宪法和军事法律等所做的规定，相应于权利和义务，战场纪律条令等相关作战制度中还设置了专门的关于积极作为、消极作为和不作为的有关规定。赏罚分明，是古今中外作战管理的铁律。《尉缭子兵法》中说："民非乐死而恶生也，明号令，法制审，故能使之前。明赏于前，决罚于后，是以发能中利，动则有功。"① 作战中积极的作为，会得到相应的奖励，以倡导类似做法；消极作为和不作为，会得到相应的惩罚，以告诫和防止类似行为发生。作战管理要明确地执行奖惩制度，以保证作战任务的坚决执行。

3. 发挥制度对作战的规范功能

古代作战经常用旗幡来表达意图、下达指令，每一旗幡状态都表达一定的含义，是一种规范了的作战语言，看到某一旗幡状态，就要执行该状态所规范的行动。也就是说，作战自古就有规范。"规范是约定俗成或明文规定的标准。"② 以作战条令为代表，作战制度规定了作战的统一标准，是共同认可和理解的，是经过技术与实践检验的，历史证明是行之有效的，作战行动要以此为行动的标准，统一动作、统一规程，实现人员与战斗力同时流动。规范性作战制度还为极具不确定性的作战活动提供了相对固定的参照，是战场上从事不同任务的各作战单位之间的共同依据，尤其是在完全失去联系的情况下，为各方提供了一个默认的约定。按此约定，作战管理就有章可循。如可以用共同的标准来判断友军的行动正常与否，以此来辅助决定是依赖友军的配合行动，还是采取救援友军的行动。此外，作战行动的时间局限性要求作战指令及时传达并迅速执行，作战的规范性制度使得作战中不同的作战部门按照制度的规定，不必详细说明就可以按照标准果断执行。规范性作战制度既包含战术标准，也包含技术标准；既包含定性标准，也包含定量标准。前者如有些国家《作战纲要》中规定在何种情况下要采取何种措施

---

① （战国）尉缭子：《尉缭子兵法·制谈第三》，台北：联亚出版社，1981，第17页。
② 中国社会科学院语言研究所词典编辑室编《现代汉语词典》，北京：商务印书馆，1979，第409页。

和在何种作战中要保证何种通信联络状态；有些国家《作战纲要》中规定何种状态要实施何种行动和人员损失到达何种比例可以放弃战斗。作战管理要充分认识并发挥作战制度的规范性，使作战在统一的标准参照下，有效进行。

4. 遵守制度对作战的约束功能

作战不是屠杀，由于人类文明要求和战场教训，相关作战制度对作战行动做出了很多限制性规定，有限制作战范围的，也有限制作战手段的。1949年的《日内瓦公约》就对伤者与病者、医疗队和医疗所、其他非作战人员、救济团体财产等进行明令保护。1997年的《渥太华禁雷公约》就明确限制了地雷在战争中的使用。这些限制性规定大多是基于人类共同的期望而制定的，对作战具有约束功能，作战要尽可能不触犯这些制度，否则会导致诸多不利的后果。战争的最终目的是取得国家（或集团）利益，一切作战行动要以此为标准，方能有利于国家（或集团）利益的实现。作战会带来很多负面影响，这些广泛的影响马上会作用于战争和作战，使作战因此而陷入被动，大到国际社会的干预、敌方盟友的参战，小到作战行动和作战手段的选择。首先，战争中的杀伤不是无限制的，战争是矛盾激化后不得已而为之的暴力解决方式，要控制杀伤的范围和数量。尤其是当代社会，信息与媒体高度发达，战争的惨状会较大限度地被公之于世，引起广泛的反响。杀伤无度无助于作战目的的实现，也无助于国家（或集团）利益的实现。所以，要控制附带的作战损伤，减小对民用设施的破坏和对平民的杀伤，避免对丧失战斗力的敌方军队赶尽杀绝。美国独立战争中英军就遭受过类似的惨痛教训。由于民兵和游击队的袭扰，南方战场上的康华利将军认为，只有扩大打击范围，才能有效威慑北美"臣民"的反抗。因而对"有反抗倾向的"北美移民实施了屠杀，摧毁了移民们苦心建立起来的家园。此举非但没有吓倒移民，反而使更多的民众参加了大陆军和民兵，反抗热情更加高涨，南方战事因而在以游击战为主的情况下，以约克敦战役中英军的投降结束。其次，作战手段也不是追求"无所不用其极"，"无所不用其极"同样无助于作战目的的实现和国家（或集团）利益的实现。反人道的手段只能使战局陷入复杂，坚定敌方作战意志，使己方陷入被动，遭到反人性的指责。恐怖袭击和核武器、生化武器等大规模杀伤性武器的使用，除了附带损伤之外，还会造成受害者长期的身心伤痛，使用者很容易成为历史的罪人。第一次世界大战中德军率先使用毒气，不但伤到了敌人，还伤到了自己；而且引起了连锁反应，造成了循环报复。作战管理要考虑人类共同的脆弱性，尊重人类共同的权益，遵守相关作战制度对作战行动的约束性规定，尽可能接受约束。以实现在作战中，得道多助，避免失道寡助；在战后涉及战略利益重整与分配时，不致被动。

三　艺术为魂

相关作战制度是作战活动的框架，实现真正的作战胜利，还要取决于这个框架中人的意志的创造与发挥；而要获得完美的胜利、实现最大的效益，就要以艺术为灵魂，实施艺术的作战管理。作战的现实是一张白纸，作战管理就是游走于上的艺术。作战管理要将包括自身在内的所有作战内容融为一体，按照自然的节拍，在作战的舞台上自由地舞动。

需要说明的是，无论是艺术、作战的艺术，还是作战管理的艺术，都是某一领域内最高层次、最难把握的东西；尤其不存在明确的原则和具体的方法，因为如果是明确和具体的，就不是艺术；所以只能对其中较为宏观的方面谈一些认识。又由于与作战管理相关的艺术问题极具复杂性，包含的事物很多，这里无法全面地描述，只能提供其中的一些观点。现仅就什么是作战管理的艺术、与其相关的几个方面、艺术地运用作战管理以及作战管理艺术的事例进行描述。

1. 关于作战管理中的艺术

艺术是作战和管理领域被提及最多的词语之一，但在作战管理领域里，艺术到底是指什么，没有统一的认识。因为艺术从来不是固定的，真正的艺术无法表达，只能体会和评价。关于作战管理艺术，有很多方面的含义和特征，下面就此作一些讨论。

作战管理中，艺术真实地存在，艺术是作战管理的灵魂，是作战管理中的关键精神因素，它无形无态，无法明确其定义，但却是作战管理成功，甚或完美的关键。在战争史中，有很多经典的艺术之作，但我们所追求的，绝不是这些已经看到的艺术，因为艺术不可复制，每次作战中都有各不相同的艺术，要求不同的艺术运用。也就是说，在未知结果的作战管理过程中，艺术的有无尚未可知，只有在经过扎实的作战管理工作而产生一定阶段或程度的成果之后，艺术与否才是可知的。那么，艺术绝不是作战管理过程中可以直接运用或者强求的东西，而是看管理工作实施之后的作战状态。

艺术是一种境界，它不是现成的工具放在那里，实施作战管理的时候可以即取即用，而是指作战管理工作中所达到的一种境界。也就是说，艺术不是可以随便追求得到的东西，只能在实践与思考中不断地提升水平，自然到达的一种高超境界。达到艺术境界的途径很多，即所谓的"殊途同归"。对作战管理的各个方面努力实践与认真体会，都有可能达到艺术境界。反过来说，艺术境界要通过很多途径才能达到。

艺术是一种自由，一方面在思维的空间中摆脱束缚、获得解放，以无穷的思路运用无穷的智慧，实现对作战管理现实问题的全面思考和重点突破；另一方面以思维为引导，在作战现实的空间中冲破阻力和羁绊，摆脱限制与被动，获得行动的自由，进而赢得作战行为的主动。作战管理中，哪一方更接近这个自由，哪一方就更占据主动。

艺术是对现实的升华，在作战管理中，是将所知晓和接触的一切作战事物升华为一种运用的哲学。即将自己所处的一段历史时期内、领域内的作战和管理要素，经过总结、体会、实践与思考，形成了一套符合实际的、完整的个人认识。这个认识是对具体事物的高度抽象，具有普遍的指导意义。在这个认识的指导下，形成了应对当前一切作战情况的方法理论，并运用该理论深入实践，指导实践，形成既具实效，又不失精彩的作战场景。

由于艺术是对现实的升华，所以面对同一现实，优秀管理者难免有相似的认识，即出现"英雄所见略同"的情况。这说明现实是艺术的土壤，艺术不能脱离现实而存在。相同的作战现实、相同的作战态势，产生相似的看法。这说明艺术是基于现实的真理，是对作战现实的升华，而不是脱离现实的主观臆造。由于艺术基于个人的认识，所以具有鲜明的个性，尤其在指导作战管理的实践上，显示出精彩纷呈的方式和方法。因此它是不可复制、难以模仿的，属于个人的核心能力。当然，可以通过作战管理的职能运用，扩展为作战集体的核心能力。

作战管理的一切资源和对象，既是有利的工具，也是自由的羁绊。要达到作战管理的艺术境界，就要解决好管理工具与羁绊的关系。大凡卓越的作战领率者，总是能够将所有的作战资源与对象融为一体，甚至将敌我资源融为一体，来决定作战管理方式。融为一体是实现完全占有资源，然后站在更高的层次全面统筹作战资源，真正转化为自己管理资源，实现摆脱束缚，进而在管理中自由驾驭资源。作战管理的艺术境界不是专门强求艺术而达到的，而是通过扎实的调查研究、思考实践自然达到的，因此是一个自然的过程。笼统地说，就是认识自然→服从自然→反观自然→自然跃迁→回归自然的过程。

2. 艺术的作战管理

既然艺术是难以名状的，那么我们所能表述的就不是管理的艺术，而是艺术的管理。在作战管理中，如何以"艺术为魂"？所能做到的，只能是追求艺术的运用，即明确艺术的难以模仿性，因而不去强求艺术，而是追求一种实用而灵活的方式。追求艺术的作战管理，还有一个原因，就是作战管理不仅仅是统帅的职责，而且是所有层次参战人员的共同职责；而由于艺术境界难以达到，更不能期望参与作战管理的人都达到一定的艺术境界；但是又不能因此而放弃艺术——这一管理中最具灵性、最活跃的因子，因此就要重视每个参战人员的艺术天赋，依据作战的现实，灵活地运用作战管理的各项职能，实现艺术的作战管理。因此应该首先倡导的是艺术的管理，而不是管理的艺术。对于艺术的管理所存在的空间，有以下几点思考。

一是自然和自由。既然艺术不是强求的，那么追求艺术的管理，首先要顺其自然。就是遵循作战的固有属性、按照其固有规律，实施管理，而不是忽视作战的固有属性，而试图改变其固有规律。属性与规律是作战内在的东西，不可改变与创造，只能以之为依据而对现实施以动作。自由顺其自然，才能有机会发现作战中有利于己、不利于敌的那些方面，并加以利用，以期能够改造现实。越是尊重自然，就越有机会认识自然、利用自然，也就越能够改造自然——也就是获得作战管理的更大的自由。由此可知，越是顺其自然，就越能获得行动自由，自然与自由在这里是统一的。也可以用另一种说法，即"依据现实、驾驭现实"，达到主观与客观的统一。一旦达到某一水平的自由，也就达到了某一水平的艺术管理。从这个意义上说，作战管理与音乐、舞蹈等各类艺术具有同一个特点，即认识自然的事物，掌握事物的自然，实现自我行为的自由。

二是平常与非常。平常是事物的常见状态，非常是事物的特殊状态，艺术的作战管理在某种意义上，就存在于平常与非常的交互中。作战管理中，平常与非常有很多含义。平常是作战的必然，是作战的总体发展趋势；而在认识必然的情况下，发挥偶然性因素，使偶然性情况在作战中出现，以此来加强必然，或者使作战走向另一种必然。平常是指作战管理的"依常道行事"，非常是指"反其道而行之"；作战管理在总体上依常道行事，在某些恰当的关头，反其道而行之，会收到事半功倍的效果，甚至令人叹为观止。"不变"在作战管理中是指遵循一般的原则、流程与方法，实施常规的管理；"变"是指在关键时刻，灵活地运用和改变这些原则、流程与方法，实施完全不同、变化莫测的管理。朴实是作战管理中必须具备的基本素质，只有实实在在地履行作战管理的各项职能，才能稳步推进作战的进行；华丽是作战管理精彩的表现，是通过朴实的运用作战管理的资源与手段等实现的。艺术的作战管理往往体现在必然与偶然、道与反其道、不变与变、朴实与华丽之间。

三是主动与被动。毛泽东指出："一切战争的敌我双方，都力争在战场、战地、战区以至整个战争中的主动权，这种主动权即是军队的自由权。军队失掉了主动权，被逼处于被动地位，这个军队就不自由，就有被消灭或被打败的危险。"① 可见，作战在某种意义上，是力争主动、力避被动的斗争，艺术的作战管理也就发生在主动与被动之间。谁的实力越强，谁的活动自由度就越大，谁就越拥有作战的主动权；而实力弱的一方不可能听之任之，俯首就范，必然想尽办法扭转被动局面实现主动。事实上，主动与被动是相互包含的，强者不会都强，弱者不会全弱，总体上主动的一方肯定在某些方面是被动的，总体上被动的一方肯定在某些方面占有主动。这就为主动

———————————

① 《毛泽东选集》第二卷，北京：人民出版社，1991，第410页。

与被动的转化奠定了基础，在一定的差距内，只要主观指导正确，就可以化被动为主动。所谓的主观指导，其高超之处就在于艺术地以主观认识客观、改造客观。其中包括战略战术的制定与运用，如楚汉争霸时，刘邦的大范围机动与袭扰相配合的战术；还包括积极发挥己方的主动权、最大化地扩大己方主动权，如毛泽东的"你打你的、我打我的"作战指导方针。

艺术的作战管理，还涉及很多方面，需要作战管理者广泛深入地发掘与创造。虽然我们追求的是艺术的作战管理，但是历史上毕竟有人展现了作战管理的艺术，而且当今和未来的管理者中，必然会有人能够获得管理的艺术。因此，有必要重视历史上那些作战管理艺术的经典，如对作战"运用之妙，存乎一心"的岳飞，对作战力量"朴实地运用"的拿破仑，面对现实、避攻取守的袁崇焕，"你打你的，我打我的"的毛泽东等，这里不能一一列举，只能提醒作战管理者能够以那些经典的作战管理艺术为鉴，探索艺术的作战管理。

艺术不是万能的，但艺术是作战管理中关键的灵魂因素，是作战管理得以无限变化和发展的精神动力，是作战之所以精彩纷呈的根本原因。精神的力量是巨大的，背水一战的作战精神管理可以置之死地而后生，优待敌方若干个俘虏可以瓦解敌方一个师。艺术本身不会生成效益，但是有"点石成金"的作用，水木土石经其点化，能够发挥奇效。艺术将作战管理的一切资源、对象，甚至作战管理的其他原则，融合在一起，形成一个手段或途径，产生一个结果。艺术不仅美妙，其对于作战管理现实的作用也是实实在在的，决定着改变还是屈服、伤亡的多少、胜利还是失败。关于作战管理以"艺术为魂"，目前所能形成文字的，大致仅有这么多，还需要一个群体的努力加以丰富，但是有一点是确定的，即作战管理必须以"艺术为魂"。

需要说明几点。作战是一个极端复杂的事物，包含之广，变化之多，没有人可以完全把握。福煕说："……确实存在着军事原则。只要研究名将们的伟大业绩，便能发现它们。"[①] 可见，实践才是真理的源泉，作战管理的原则要从实践中提炼。一是除了几次较小规模的演习之外，本人从未参加过

—————————————

① 〔法〕福煕：《作战原则》，北京：军事科学出版社，1991，第9页。

任何战争，因而对于作战没有实际的体会，对于所提出的作战原则，没有真正切身的实战来源，更没有验证；二是对浩如烟海的作战理论，本人没有系统而全面的掌握，甚至了解，因而所提出的作战原则只是基于有限的理论基础；三是作战管理虽然是一个在历史上长期存在的事物，却是一个在不长的历史时期刚被明确提出的概念，因而存在很多争议，更不存在既定的、系统的理论基础，因此带有一定的探索性；四是由于个体之间的心性、经历不同，看事物的角度和理解事物的方式也有差异，而差异性正是事物前进的内在动力，所以需要群体的智慧加以完善。基于以上四点，本书所提出的作战管理的原则只是一己之见，未免有失零散与不全面，因此还需要更多的人投入更多的时间，加以不断修正与完善。同时，作战管理最终还要落实到每个人的思想和行动上，所以希望本书能够抛砖引玉，引起其他作战管理者的思考，形成更为适用的思想方法。

第五章　作战管理的制度体系

体系是"若干有关事物或意识互相联系而构成的整体"①。将原本彼此孤立的要素，根据各自的特点，按照一定的规则，建立联系，有机地结合，就形成了功能耦合、目标一致的体系。作战管理的制度体系，是为了实现管理效益的最大化，而将作战中有关的各制度要素有机结合起来，形成可以整体运转、发挥系统效能的有机整体。作战管理的体制、机制和法制是保证作战管理的资源能够有效发挥作用，能够协调有序的活动，是作战管理制度体系的核心部分。

第一节　作战管理的体制

一般认为，体制是"机构设置、领导隶属关系和管理权限划分等方面的体系和制度的总称"②。社会学认为，体制是社会有机体三大子系统——

---

① 熊武一、周家法等：《军事大辞海·上》，北京：长城出版社，2000，第1572页。
② 熊武一、周家法等：《军事大辞海·上》，北京：长城出版社，2000，第1572页。

生产力、生产关系、上层建筑——之间的结合部、衔接点，是三者之间借以相互联系、交互作用的桥梁或纽带。体质的优劣和是否完善，关系到社会有机体的各个方面、各个组成部分的协调和发展。

一　作战管理体制的含义

管理过程学派的创始人亨利·法约尔总结出管理的 14 条原则，其中有 7 条与体制有关，分别是劳动分工、权力和责任、纪律、统一指挥、统一领导、等级制度、秩序。并且认为：上述 14 条原则总体来看，"都围绕一个中心，即社会组织或社会机构的设计和运行问题，因而这些原则也可以说是社会组织的运行原则。只有把这些原则联系起来，全面地贯彻下去，才能保证社会组织合理地建立和顺利地运行"①。军事领域认为："军事管理体制是军事领域内实施管理的组织系统的设置、职能划分和相互关系的制度，是领导武装力量建设和作战的宏观性组织构架，其合理与否，对于提高军事管理水平和效益，具有举足轻重的地位和作用。"② 作为军事管理的重要组成部分，依据军事管理的规定和作战管理的特点，作战管理的体制可以定义为：作战管理活动的系统设置、职权划分和相互关系的制度。也就是说，作战管理的体制首先规定的是管理系统的设置，其中主要是管理机构的设置；其次是职能和权限划分；再次是相互关系，指系统内部各组织、机构和单位之间，以及各成分、分支、层次之间的相互关系，既包括隶属关系，也包括协作关系等。

作战管理体制与传统意义上的作战指挥体制，由于作战管理与传统的作战指挥之间的交叉与模糊，因而两个体制在构成上，基本上是相同的；在功能上，也有较大部分的重叠。作战指挥体制基本分为集中型和联合型，随着战争形态的变化和作战样式的发展，联合型是基本的发展趋势，作战管理体制也必然是趋向联合型的。联合型是与集中型相对的，集中型是指从国家最高军事当局和国防部，到各军种、战区、军区，再到作战部队的上下贯通的

①　孙永正：《管理学》（第二版），北京，清华大学出版社，2007，第 33 页。
②　刘继贤：《军事管理学》，北京，军事科学出版社，2009，第 110 页。

作战管理机构，各军种、战区、军区和部队拥有作战管理权，作战管理权主要按照军队平时体制赋予。联合型是指在国家最高军事当局和国防部的领导下，根据作战需要，建立联合作战管理机构（如美军的参谋长联席会议），主要成员是各军种所派的代表；其下级机构是直接负责具体作战任务的联合作战管理机构，机构一直延伸至基层作战部队、分队。联合型具有按需设立的优点，比较灵活；但同时具备集中型的诸多特点，如联合作战管理机构之下的设置，与集中型大体相同，主要依据部队、分队的平时体制设置。

现代组织理论的创立者马克斯·韦伯提出了管理行政理论，认为：为了实现高效的管理，必须建立一个由规章制度将各正式的职能连接成的不间断的组织，实现劳动分工，明确规定每个岗位的权力和责任，并且使之制度化，组织中遵从等级制的原则。这些观点为管理的体制奠定了最初的基础。对作战管理而言，体制是作战管理得以进行的硬件基础。首先是作战管理活动的载体，主要体现在两个方面：一是为作战管理活动提供了依托，体制具体规定了各级管理机构的成分和层次，及各系统的任务区分、相互关系，使各种作战力量及其他资源结合成具有特定功能的作战实体；二是体制为作战管理职能的实现提供了保障，体制为各职能部门提供了沟通的渠道和规则，决策、计划等各项管理职能，必须依靠体制这个载体，才能顺利进行。其次，体制保证作战管理活动正常进行。高效的作战管理体系不仅需要结构合理、关系顺畅的组织保证，还需要赋予各层次和类别的单位和部门明确的权利和职责，才能进而充分发挥其相应的作用。体制除了规定管理机构和管理者相应的职权外，还规定了其行为规范，即"必须做、可以做和禁止做"的内容。再次，体制是优化作战管理整体功能的基本条件。结构决定功能，采用不同排列组合方式而构成的体制的结构，所形成的功能是不同的。因为结构是把单个要素联成整体的桥梁，使各要素能形成完整的系统，将各要素的属性和功能转化为系统整体的属性和功能。良好的结构可以实现整体功能大于部分功能之和，作为一个有机体的结构，各要素之间不是简单的叠加，而是通过适当的组合生出新的功能。结构是事物从量变到质变的特殊形式，良好的组合方式和范围，可以实现这个转变。因此，进行有效的作战管理，就必须构建完善的作战管理体制。

二 建立作战管理体制的原则

社会学认为，判断一个体制好坏和是否完善有两条重要标准，一是看它是否符合社会整体运动规律；二是看它是否符合生产力自身矛盾运动规律。好的体制要能够使生产力、生产关系和上层建筑之间产生良性的交互作用，使社会机体各方面都获得协调而又迅速的发展。管理学的社会系统学派创始人切斯特·巴纳德认为：社会的各级组织（包括军事的、宗教的、学术的、企业的等多种类型组织），都是一个协作的系统，都包含三个要素，即信息交流、作贡献的意愿和共同的目的。这些要素是组织成立的充分必要条件，并在所有的这类组织中都存在着。作为一种人类社会管理活动，作战管理同样要遵循相近的规律，同时符合自身的特点。作战管理体制的确立，受作战思想、军事战略、军队规模与结构、武器装备、传统体制以及相关技术水平等多种因素制约，但最直接的制约因素是作战的要求。信息时代的作战全维联合，需要对分布式力量进行高度集中、统一的管理。在全维信息系统和分布式管理系统的保障下，实现统一指挥、集中控制、分散实施，是当代作战对管理的基本要求，体现在管理体制上，主要表现为如下原则。

1. 集中与分散相结合

集中是统一的保证，为此，作战管理体制应能够将诸军（兵）种管理机构联合，运用系统思想，通过各种技术支持，建立起统一的作战信息系统，将各级各类作战机构和各种作战平台有机连接起来，实现各种作战部门、单位、单元之间互联互通，确保管理的集中统一。作战的统一管理，是指根据战略意图，建立权威的、统一的管理机构，对参与作战的各军（兵）种的作战力量实施统一的组织，形成作战合力，发挥综合效能，是实现体系功能的根本保证。诸军（兵）种作战力量一旦纳入作战管理体系，就必须服从作战管理机构的安排，按照统一的意图行动，以实现系统整合与力量集成。作战管理机构运用被纳入的各种作战力量，对上直接向统帅部负责，对下则统一筹划和组织各军（兵）种部队的作战行动。作战的分散管理，是统一管理的实现途径，也是发挥基层作战力量主动性与创造性所必需的。作战中，由于各军（兵）种部队的相对独立性、空间分布的广阔性，以及战场态势的多变性，必须在统一的作战指导下分散实施行动。各级作战力量根据作战总意图和计划，按各自的职能和权限来组织实施作战行动。作战管理体制必须保证分散的力量在统一控制下活动，以保证对各军（兵）种部队作战行动的统一掌控。

2. 结构设计追求扁平

当代作战行动具有的隐蔽性和突然性，要求作战管理系统必须具有快速反应，同时实现高效运行和强力的指挥、控制和协调，对作战行动实施稳定不间断的管理。中间环节过多，会降低管理效能甚至贻误战机，导致作战陷入劣势。因此，要在高度集中统一的基础上，尽可能地减少作战管理的层次，保证作战行动灵敏、高效。扁平的作战管理体制是提高管理效能的必需，以便减少管理层次、实现大跨度管理。同时，管理体系中许多机构或单位是实现总体目标的功能单元，各功能单元要求较多的横向联系，扁平网状的结构特征正好满足了这一要求。分布式管理系统，为网络化的管理手段提供了可能，使管理机构设置实现扁平优化具备了物质基础。先进的信息技术手段使各级管理机构的信息处理和利用能力大大提高，使信息的多维网状流动成为可能。因此，追求扁平化的作战管理体制是确保作战管理高效的关键。通过扁平化的体系结构，各级管理者能够在纵横交错、交互作用的矩阵式体系中互通信息，实现对战场情况和作战任务的共同了解，实现同步决策、实时联动的信息流程，从而减少管理环节，缩短信息传输的路径和时间，同时增大了跨度，增加不同类别作战单位之间的横向联系，提高管理系统的效率。扁平化的管理体制还能综合不同职能部门，从而使得有关部门能够及时掌握和传送相应的信息，使各级各类管理机构的横向联系紧密，有效提高作战管理的时效。

3. 职权分明

明确职责分工是任何管理体系正常高效工作的必备条件，也是分散实施作战管理的具体体现，是贯彻统一作战意图的需要。信息化条件下的作战，参战军（兵）种多、武器装备复杂、功能任务各异、控制协调难度大。整个作战管理体制的设置，应以任务分工和区域划分为基础，以使各作战指挥单位关系顺畅，避免重叠、混乱与内耗，有效地协调各种作战力量、统一地实施作战行动。在作战管理体制上，实行行政管理与作战管理相分离、军事职能与社会职能相分离，是当代作战管理的必然趋势。如美军在国防部领导下，其各军种主管军种建设，而参谋长联席会议主管作战行动。在信息化条件下的作战中，作战力量的多元化、管理活动的信息化、作战空间的全维化，使作战呈现出既高度综合又高度专业的状态，从而对管理体系整体素质和能力提出了更高的要求。只有职能清楚、层次分明的体制，才能形成整体合力，才能实现行动的高效。因而，应按照结构合理、系统整合、层次适当、职权分明、关系顺畅的要求，确定机构设置和职能划分。从而在体制上确保作战信息流有序流动，最大限度地发挥整体效能。

4. 形成稳定可靠的互联关系

作战管理机构为实现其职能需要构成稳定和完整的多层次、多系统的结构，这是保障作战管理体系产生高效、稳定效能在结构上的保证。为此，在体制设置上应该是空间多维分布、信息网络化互联互通，甚至实现互操作，从而保证作战信息流的顺畅，保证管理在宏观上的高度集中统一。同时，由于当代作战的非线式特点，管理体制在追求精干高效的同时，提高机动性和生存能力，也是必须考虑的问题。为此，一是借助预警飞机等空中力量使管理机构"空中化"；二是借助坚固的地下工事使作战管理机构"地下化"；三是借助信息网络，将分布于各空间的管理机构联为一体，实现多维网络结构。建立作战管理机构的互联关系，不仅是统一集中和扁平高效的需要，也是从体制上增强其抗毁性、保证管理持续性的要求。

三 作战管理体制的内容

构建作战管理体制，既要遵循一般体制的要求，又要针对作战活动的突出特点；既要借鉴外军经验，又要结合我军特色；既要顺应时代潮流，又要立足我国国情和军情。因此，要在明确作战管理体制的各要素及其内涵的基础上，研究适合我军的作战管理体制。

1. 机构设置

根据层次、类别等因素，作战管理机构可以有多种分类方式。按层次，可以分为战略管理机构、战役管理机构和战术管理机构；按组成成分，可以分为联合管理机构、合成军队管理机构；按军种性质，可以分为陆、海、空及第二炮兵管理机构；按活动方式，可以分为固定管理机构和移动管理机构等。作战管理机构的基本分类方法应该是按任务和作用划分，按任务，可分为基本管理机构、预备管理机构、前方管理机构、后方管理机构等。虽然战争形态的发展，使作战前后方的界限模糊，但以我军的发展水平看，前后方管理机构的划分还是有必要的。按作用，可以分为作战指挥控制部门、作战计算部门、作战情报部门、作战通信部门、信息作战部门、作战保障部门等。管理机构的种类虽然多，但是最终建立的是一个综合性的管理机构，包含以上各种类的特点和功能。

2. 职能部门

作战管理机构必须具备管理的各项职能，所以在管理机构中，包含职能部门，这些职能部门不是独立于机构存在的，而是融合在机构之中。通常包括四个部门：一是决策和计划部门，是作战领率部门，由作战领率者（通常所讲的指挥员）、领率机构人员、情报人员组成，负责在作战中决策、制订和发布作战计划；二是组织和领导部门，负责作战的具体实施，包括作战资源的配置、作战行动的部署、兵力的投入、火力的使用、作战通信、作战保障和对各种情况的处置；三是控制与协调部门，这个部门在变化频繁、节奏快的信息化条件下的作战中，具有突出重要的作用，负责作战过程的控制和各部门、各单位的协调，保证作战行动顺利、协调；四是教育和激励部门，主要负责思想政治工作，这是我军的光荣传统，在心理战地位突出的今天，其作用更加明显。这四类职能部门并不是彼此割裂的，而是融合交叉，并且彼此协调互补。

3. 权力和关系

权力与关系通常是交织在一起的，权力运用不同，各部门之间的关系也就不同。一般来说，作战管理体系中有四种主要权利，涵盖四种主要关系。一是战略管理权，由最高军事统帅、最高作战领率机关、战区司令部和联合作战司令部行使，拥有完成作战任务所需要的一切权力，最高军事统帅和最高作战领率机关领导战区司令部和联合作战司令部的工作，同时他们与下属单位之间是领导和被领导的关系。二是战术管理权，由战区司令部和联合司令部或者以下任何一级作战机构行使，是一种临时性权力，主要用于短期或临时作战行为，但是无权改变部队的组织结构、指导行政和后勤支援，彼此之间仍然是按照等级的领导和被领导的关系。三是横向协调权，由战区司令部和联合司令部以下任何一级作战机构行使，主要实施级别相同或相近而类别不同的机构或单位之间的关系。四是作战支援权，是明确支援和受援关系的一种权力，通常由上一级机构为其下属单位明确关系，一旦支援关系明确，受援单位就有权支配支援行动。

目前世界上较为普遍的作战体制有两种模式，即集中型和联合型；有三种类型，即只在总部一级建立常设机构，只在战区一级建立常设机构，建立多层常设机构。构建我军的作战管理体制，应借鉴外军经验，同时要兼顾我军传统、实力和特点，具有我军特色。

第二节　作战管理的机制

机制"原指机器的构造和动作原理。生物学和医学论述机能时借用此语，用以表示活动方式或发生过程，还含有原理的涵义"①。简言之，机制就是某种活动方式、发生过程和原理。管理是组织系统的运动过程，而过程是状态的变化和运行的轨迹，管理的质量，取决于过程进行得流畅与否，取决于管理过程中的运动方式和原理是否合理。

一　作战管理机制的含义

军事管理学认为："军事管理机制是军事管理系统的内部结构及其管理功能的形成过程和作用原理。"② 这就是说，军事管理机制存在于军事管理系统内部，是一种过程和原理，当然这个过程和原理是为了实现管理目标。由此可得，作战管理的机制是基于实现作战管理目标的需求，针对管理活动的过程，依据一定的原理，而在管理系统内部形成的相对稳定的活动方式和

---

① 中国百科大词典编委会：《中国百科大辞典》，北京：华夏出版社，1990，第961页。
② 刘继贤：《军事管理学》，北京，军事科学出版社，2009，第129页。

程序。这个定义表明，管理系统运动的目的是追求一定的目标，而机制为规范运动而存在，针对的是管理活动的过程，目的是实现目标；机制必须依据一定的原理，就像自行车的运动原理，人力作用于踏板→踏板带动轮盘→轮盘带动链条→链条带动齿轮→齿轮带动车轮，自行车由此就运动起来。作战管理机制能够促使作战管理系统各部门有序地整体联动，形成良好的作战过程；作战管理机制是一种活动方式和规则，这一规则不是临时的或者随机的，而是蕴含着一定的程序，而且相对稳定。

任何组织的管理系统运作，都必须以机制为基础。离开了机制的作用，就不可能有科学的管理方式，管理活动和过程就不可能合理而有序地进行，也就不可能达到管理的目的；相反，还会在组织中造成混乱，对整个系统产生破坏作用。因此，任何一个组织的管理系统，都要靠机制有效运作。系统以机制为基础运行，在机制的引导下发挥系统的作用，才有活力。作战管理机制与作战管理体制、作战管理法制共同构成一个完整的军事管理制度体系，在这个体系中，机制的地位非常重要，发挥着枢纽的作用。机制使由体制确定下来的机构、职权和相互关系有序地运作起来，由静态转为动态，发挥体制应有的作用。合理的作战管理机制是作战管理系统保持生机和活力的前提，可以避免管理中的随意性和无序性，使管理过程更加流畅。

二 构建作战管理机制的原则

构建作战管理机制要根据其根本属性和本质作用，除了遵循其固有的系统性和平衡性原则之外，还应遵循如下原则。

1. 自适应原则

作战管理机制是按照一定原理，使作战管理系统自动发生并导致一定的结果，是渗透于作战的每一环节中的一种自动调节与应变机能。机制完善的基本标志在于自动性和自发性，使作战管理系统实现自我约束，进行自我调节和改造，达到自行运转。作战管理机制最明显的作用在于它的随机适应能力，即当作战的环境条件和作战管理系统的某些环节发生变化时，它可以使管理系统得到自动调节，适应变化了的情况。从这个意义上讲，建立作战管理机制，必须确保其自适应能力，确保作战管理系统一个生命体的自主运动，有效地激发系统活力。

2. 客观性原则

作战管理机制是客观存在的，因此，要反映作战管理系统本质的内在机能，及系统各组成部分之间相互作用的动态关系。机制制约并决定着作战管理系统功能的发挥，没有合理的机制，就不能充分地发挥系统的功能，甚至不存在系统的功能。

3. 具体性和抽象性相结合原则

作战管理机制是以制度为载体形式存在的，但又不能简单地等同于某一方面作战管理制度的汇总，机制是那些形成体系并能有效动作的制度。因此，它有两层含义：一是作战管理机制是具体的，这是指机制本身作为一种制度，制度是机制的基石，只有形成相对稳定、完整的制度，并成为一种体系，才有形成机制的前提条件；二是作战管理机制是抽象的，这是指机制作为系统的运作原理，使系统运作产生效果，而其本身在系统运作中是看不到的、无形的，它是制度的有效运作。机制的具体性和抽象性使其相对稳定，它是作战管理系统的一种内在动力和运行秩序。建立作战管理机制，既要兼顾其具体性，又要兼顾其抽象性。

4. 可操作性原则

作战管理体制的存在，使各个作战部门走上了相应的角色，使各种作战资源找到了各自的位置。但是，实现作战管理目标，还需要一个具有可操作性、实践性的制度作为保障，作战管理机制就是实现这一作用的保障。机制直接为作战管理实践服务，它不仅用原理揭示作战管理的特点、规律，还以其相对稳定的方式和程序详细规划好实施管理的程序步骤、方法手段、具体措施等，使管理者明确如何在管理过程中行使各项职能，付诸作战实践。作战管理机制，必须具有切实的可操作性。

三　作战管理机制的内容

军事管理学将军事管理的机制分为运行机制、动力机制和约束机制，这是对军事管理领域机制的普遍划分，同样适用于作战管理。作战管理机制的内容是对作战管理方式和程序的具体规定，根据作战管理机制在作战管理活动中的作用，也分为运行机制、动力机制和约束机制。

1. 运行机制

运行机制是规定作战管理具体运行的方式和程序，是作战管理机制的主体部分，决定着作战管理运行的质量。运行机制主要强调作战管理各要素的基本职能、运行程序、工作方式，保证管理流程的顺利进行。主要包括决策机制、计划机制、实施机制和评估机制。

一是决策机制。作战管理的决策机制是指为实现正确的作战决策，而形成的参与决策的部门和人员之间的各种决策工作关系，以及由此形成的决策方式和过程。作战管理决策的主要任务就是分析环境、做出判断、合理定位和确定目标。这四个步骤是一脉贯通的，分析作战环境是基础；做出判断就是明确形势的好坏；合理定位就是确定自身能力在这样的环境中具有怎样的竞争力，确定目标就是基于以上的结果，为作战设定一个可行的目标。决策机制必须以这四个步骤为依据，建立纵向的决策过程。同时，还要据此确定参与决策各部门之间的关系和决策工作方式。信息化条件下，作战进程大都较短，制定决策和调整决策的时间不多，更需要决策的合理性和稳定性。因此，合理的决策机制是提高作战管理效能、获得作战效益的先决条件。

二是计划机制。决策既定，下一步工作就是计划，也就是根据决策的内容，对作战活动做出具体的安排，是对决策的具体化。如何在战争迷雾中制订可行的计划，是作战管理的一个难题。良好的计划机制，为计划工作提供了机制保障，规定了相对稳定的计划工作方式和程序。围绕计划制订的各项工作有哪些部门、哪些人负责，如何制订计划，以及制订计划的基本过程都在机制中做出了规定。因而可以有效避免计划的随意性，使计划的质量在一个彼此协作、环环相扣的工作回路中循环上升，使之更加贴近客观现实。根据信息化条件下战争形态的要求，要加强机制的设计，使之既能优化计划，又能根据环境的变化，优化机制自身。

三是实施机制。对作战行动而言，决策和计划仍然是意识性的东西，产生实际的作战效果，取决于对决策和计划实施的质量。因此，实施机制是使决策和计划变为现实的内动力，是将作战的意愿与构想转化为战果的桥梁。实施机制要规定各种作战力量的运用方式、担负的任务、投入的顺序和达到的标准，规定作战资源的配置种类、配置标准和方式以及资源的流动方向和路径。并且提供在行动遇阻的情况下，具体实施的单位或部门如何自我调节，采取备选措施。如作战力量行动受挫时，如何根据机制的要义，迅速自我调整，采取措施走出困境，并以另一种方式和途径向着目标前进；作战资源投入过程出现障碍时，如何选择第二路径继续投入，保证战斗力的连续释放。

四是评估机制。良好的评估机制，是取得作战全过程优势的关键，是作战管理机制中必不可少的内容。评估是作战管理周期的最后环节，是循环管理过程的枢纽，起到承上启下的作用，有利于连续作战取得作战优势，有利于获得和扩展作战利益，有利于提高后续作战中的作战管理水平。评估机制要明确在不同的作战状态下的评估主体的选择、评估标准的制定、评估方法的优化组合，以及评估结果的利用方式。评估机制使作战评估纳入作战管理的全过程，克服了以往战事结束管理就结束的弊端，或者凭经验与直观感受对作战进行评价的不足。

2. 动力机制

作战管理的动力机制是推动作战管理活动进行、管理水平提高的源泉，其质量直接决定作战管理系统的活力和系统诸要素能力的释放，间接提高管理质量。作战管理机制主要包括目标机制和激励机制。

一是目标机制。目标是一个组织之所以调动力量、投入资源，以整体的状态实现系统效能的根本动因。因此，目标的作用是巨大的，合理地利用目标，围绕目标建立一种动力机制，对于管理活动，具有根本性意义。作战管理中，形成以目标为牵引的机制，对于作战力量的发挥和作战资源的有效利用，具有重要意义。作战管理的目标机制是规定各作战部门或单位如何以目标为牵引，实现作战能量的同向流动的方式与程序。作战管理的目标机制中包括作战力量与资源使用的根本方式，即有利于目标的实现；作战力量和资源的流向，即指向目标；作战部门或单位的自适应方式，使之能够根据变化的条件，自我调节，而不偏离目标，尤其是在信息流不畅的情况下，如何基于目标决定行动。

二是激励机制。管理者包括管理机构和管理人，因此，人是管理活动的主体。另外，人还是某些情况下管理的客体。人的积极性的发挥，决定管理的效益。作战是人类社会最为激烈、最具危险性的活动，如何使人在作战中克服畏惧心理和惰性，提高作战的主动性和积极性，增强作战的意愿，是作战管理必须解决的问题。因此，作战管理必须建立激励机制。作战管理的激励机制是指如何提高作战主动性和积极性的方式。既包括物质激励方式，也包括精神激励方式；既要讲究作战集体的价值激励方式，也要讲究作战中个人自我价值实现的激励方式。良好的激励机制，不仅有利于提高作战集体和个人的作战主动性和积极性，还有利于作战管理方法和手段的创新，并反过来促进包括体制和机制在内的作战管理制度体系的创新。

3. 约束机制

要使作战顺利地进行，不但要明确主体和部分客体应该做什么、怎样做，激励他们积极主动地去做，还要让他们明确必须做什么、必须做到什么程度和不能做什么。要在作战过程中，通过管理的手段，有条不紊地做到这一点，就需要相应的机制来进行约束。因此，作战管理还需要约束机制，主要包括监督机制和问责机制。

一是监督机制。一般来说，监督机制"是指对权力的拥有和运用进行约束的规则设计，是确保权力正确使用的关键"①。作战管理的监督机制具有同样的性质，是对作战管理权力的约束方式和程序，用来确保权力的正确使用，防止权力的运用超出授权的范围和初衷，保证权力发挥应有的有效管理作战的作用。鉴于监督行为的有效性依赖于公正的意识和行为，自定章程、自我执行、自我监督很难取得应有的成效，因此，监督机制以体制设计的监督机构为基础，出于监督本质的需要，监督机构必须具有独立性。因而监督机制在作战管理机制中有一条独立的、明显的路径，即达到有效监督所必需的工作方式和程序。这一方式和程序不允许其他机制以及体制的因素影响，以确保权力使用规范，体现在作战行动上，就是确保行动在一定的框架内充分地进行，保质保量，而不能超出这个框架。

二是问责机制。有权力就有责任，有对权力的监督，就有对权力运用失

---

① 刘继贤：《军事管理学》，北京：军事科学出版社，2009，第 142 页。

当的责任追究。相对于监督机制，问责机制更侧重对责任的监视和追究。所谓监视，是指在该负责任的结果未出现之前，就使权力拥有者不忘责任；所谓追究，就是对既成事实的责任追究。因此，问责机制强调的是权力与责任、利益与义务之间的平衡。它不仅专注于产生结果之后，同时专注于管理进行过程中。由于在作战中，相对于不同的管理客体或作用对象，上到军事统帅和最高机构，下至控制武器的士兵，每个机构、每个人都是相对的权力和责任者。因此，问责机制必须深入作战管理系统的每个角落、每个末梢。任何作战管理活动，都存在权力和责任问题，因而问责机制要明确每个活动中问责的主体、对象、事由、程序和对后果的追踪，确保作战管理系统的整体良性运行。

作战管理机制，是作战管理体制、作战力量以及其他作战资源由静态到动态的桥梁，是释放作战能量、产生作战效果的内在驱动力。社会上的企业管理、外军的作战管理和我军在作战方面传统的机制，是构建当前我军作战管理机制可资借鉴的资源。应该利用这个资源，结合我军当前的作战水平和作战需求，建立适合我军完成使命的作战管理机制。

第三节　作战管理的法制

科学管理创始人弗里德里克·温斯洛·泰勒认为：管理不是要找到超人，最好的管理是一门科学，它以明确规定的法则、条例和原理为基础。按照科学管理的要求，管理人员的第一项责任是通过记录和统计，加以归纳和分析，形成规则、法则，再将这些规则和法则运用于日常管理之中，从而实现操作的科学化和高效化。可见，法制是实现管理科学高效的必要条件之一。作战管理追求作战效益和战略发展，同样需要科学化和高效化，同样需要法制。

一　作战管理法制的含义

马克思主义认为，法制是"统治阶级按照自己的意志，通过国家政权建立起来，并由国家强制实施的法律制度，以及由此建立起来的社会秩序。

法制一般包含两层含义：一是指国家要有比较完备的法律和制度；二是指这种法律和制度能够得到严格遵守和执行。具体内容包括：立法（制定法律）、执法（执行法律）、守法（遵守法律）"①。这一表述解释的是法制的广义含义，狭义的含义仅指第一层含义。作战管理的法制是为优化作战管理活动而建立的，由作战管理机构强制实施的法律制度，以及由此建立起来的作战秩序。根据法制的一般含义和作战行动的特殊性，作战管理的法制包含如下四层含义。

1. 一个体系

狭义的作战管理法制指的是作战管理的法规体系，是广义作战管理法制的先决条件，是一个由各种关于作战的法规构成的静态体系，主要包含在基本军事法律、军事法规和军事规章中，还包括在作战中根据作战情况变化的需要，由联合作战司令部或战区级作战管理机构所制定的、规范作战行为的临时性法规和规章中。当然，这些临时性法规和规章以不违背军事法律规范体系为准则。作战法律规范中规定了作战管理法制调整的关系中所包含的要素，即主体、内容和对象，其主体是依法行使作战管理权力和承担作战管理责任的机构或个人。在作战管理中，依法行使作战管理权力的机构或个人是作战管理的主体，承担作战管理责任的机构或个人是作战管理的对象。作战管理法律关系的内容是作战管理职权、义务和权利所指向的具体作战事物和活动。至于通过对这一静态体系的实施，以及达到的状态和培养而成的意识，都是广义的作战管理法制所包含的内容。

2. 一种实践

法规体系的意义在于指导和规范实践，因此作战管理法制的广义意义在于其实践过程，以及这一实践建立起来的法制状态和法制精神，首先讨论实践本身。本着作战效益和战略发展，作战管理必须科学化和高效化，作战管理的法制应以作战管理实践活动的现实需求为动力，建立起关于作战的法律规范体系，使之更好地服务于作战管理并不断地完善它。作战管

---

① 卢之超：《马克思主义大辞典》，北京：中国和平出版社，1993，第154页。

理法规体系的直接意义体现在作战管理实践中，该体系确立之后，必须在指导、规范、协调和激励作战管理活动等方面发挥应有的作用，即马克思主义法理学认为的"法律和制度能够得到严格遵守和执行"，真正做到"有法可依、有法必依、执法必严和违法必究"。作战管理法制是动态的，会在与作战管理实践活动相互作用的过程中不断得到发展和完善。这不仅表现在一个历史阶段，对多场战争实践中法制的总结而带来的发展；还表现在每一次战争中，因为任何事物的发展在实践中最显著，作战管理法制在战争实践中会得到不断完善。从以上的意义讲，作战管理的法制就是一个建立、完善作战管理法规体系，运用该体系和不断提高作战管理法制水平的实践活动。

3. 一种状态

法制对实践的意义，最终体现在一种现实的"法制化"状态。也就是说，法规体系是基础，对其实践是中间过程，最终结果是要实现一种良好的法制化状态。因此，作战管理法制的含义还包括：通过作战管理法规体系的有效运行而形成的作战管理状态，表现为作战管理的秩序性以及进而取得的作战效益和战略发展。秩序性是作战管理法制状态的第一层含义，是指通过法规的实践，规范作战管理中机构和人员的行为，使其符合法规所赋予的权利和义务，符合法规的要求和限制，使作战行动有章可循、井井有条，战争机器在秩序的轨道上运行。取得作战效益和战略发展是作战管理法制状态的第二层含义，是指作战中一切工作都为作战效益和战略发展服务，法制实践的最终目的是为获得作战效益和战略发展创造有利条件，当作战效益和战略发展需要调整，甚至改变法制的内容和实践标准时，就应该义无反顾地调整和改变，必须遵循"非利不动"的思想。从这一意义上讲，作战管理法制的第一种状态是作战管理的一个中间状态。

4. 一种精神

作战管理法制，以法规体系为基础，以实践为手段，以实现一种状态为目的。在这个全过程中，实质上是一种基于法制的精神在起作用。一切行为源于精神，较高的精神境界可以使行为自然流畅，在作战管理法制中，可以称这种精神为作战管理的法制精神。一般意义的法制精神崇尚法制权威的至高无上，倡导公平、正义、民主、自由，而作战管理中的法制精神则以法制的权威性为主。任何时候法规体系所规定的内容，必须为意识所接受，成为精神的东西。使得以法制贯穿于作战管理，成为源于精神的、本能的行为。在成熟度不高的时候，法律精神是一个强制性的东西，要求管理者和被管理者必须时刻不忘法治精神，在作战管理实践中遵循之。法制精神一旦建立，行为的法制化就自然而然，法制实践的阻力也就减小，法制行为也就变得顺畅和有效；法制的状态也因而能够比较稳定地向前发展。因此，法制精神的成熟，就是作战管理法制的成熟；法制精神的建立，是作战管理法制的最高境界。从这个意义上讲，作战管理的法制，实质上是一种精神——作战管理的法律精神。

简言之，作战管理法制是一个有机系统。法规体系明确了系统中的主体、内容和对象，为实践创造了条件；法制实践使法规体系的功能体现在作战管理过程中，实现了由静到动的转换；法制状态最终体现了作战管理法制的根本意义，又根据状态的质量，评价法规体系和法制实践，促进作战管理法制整体上的提高。这个系统的运动形成了一个循环往复的过程，作用于作战管理活动，促进提高作战效益和加强战略发展。

二　作战管理法制的实践

按照军事管理法制实践的内涵，作战管理法制的实践是指作战管理法规体系的制定、实施、监督和宣传教育等环节，以及各个环节按照法定的原则和程序有效运行的过程。这一过程也是在作战管理中，通过作战法规体系的运行来调整作战管理关系，指导和规范作战管理活动，形成良好作战管理状态的过程。

1. 作战管理法制的制定

法制的制定，也称为立法。作战管理法制的制定，就是拥有作战立法权的相应机构依据其立法权限和法定的程序，创制、修改或废止作战管理法规制度的活动。作战管理法制制定的权限和程序，以军事立法规定的权限和程序为准，《中华人民共和国立法法》和《军事法规军事规章条例》确立了我国军事立法体制和程序。

作战管理立法体制应包括立法主体的立法权限和法规的效力层级两个方面的内容。"从军事管理法制的立法主体的立法权限来看，全国人民代表大会是宪法、国防法及其他部门基本法律的立法主体，全国人民代表大会常务委员会是军事法律及其他部门法律的立法主体，中央军委各总部、各军兵种、军区和国务院各部委是军事规章的立法主体。"① 作战管理法制的立法权限划分与之相同。在战时的一些紧急状态下，联合作战司令部应该有权制定本作战任务之内的作战规章。从军事管理法规的效力层级来看，由高到低依次为宪法、基本法律、军事法规、军事规章；在军事规章的效力层级由高到低为总部规章、军兵种和战区规章。作战管理法制的效力层级与之相同。在立法程序上，一部分作战管理法规包含在国防管理法规中，其程序同国防管理立法程序，即提出议案、审议草案、通过法律和公布法律四个环节；一部分作战管理法规包含在军队管理法规中，其程序同军队管理立法程序，即计划、起草、审查、决定与发布、备案、修改与废止六个环节。

2. 作战管理法制的实施

作战管理法制的实施，是指作战管理法规体系在作战管理活动中的具体贯彻、运用和实现，主要包括执行、遵守和适用等三种具体形式。

作战管理法制的执行是指作战管理主体依据其法定的职权和程序执行作战管理法规的活动。从法律关系的主体角度来看，既包括权利主体，也包括义务主体。因此，作战管理法制的执行，既针对职权，也针对义务。可看做是作战管理主体依法履行其职权，要求、督促作战管理对象依法履行作战义务，并根据作战管理对象履行作战义务状况采取相应奖惩措施的活动。据此，作战管理主体依法履行管理职权的手段包括命令、检查和处理三种方式。

作战管理法制的遵守，是指作战管理法律关系主体自觉依法办事、严格守法的活动。由于法律是权力与责任、权利与义务的有机统一体，因此作战管理法制的遵守包括两个方面。一方面，作战管理对象应当依法履行

---

① 刘继贤：《军事管理学》，北京：军事科学出版社，2009，第153页。

其作战义务，同时也依法享有相应的权利，如参与作战的权利；不仅自身依法享有权利，而且其他管理者也要依法尊重其享有权利。因此，不仅要求作战管理对象遵守作战管理法制，而且也要求作战管理主体遵守作战管理法制。另一方面，法律赋予作战管理主体职权的同时，也赋予了其责任。要求其管理目标必须与立法精神一致，行使的职权不能超过法定范围，运用的管理方法和手段不致侵害管理对象或与作战无关的人员和组织的权利。

作战管理法制的适用是指与作战管理有关的军事司法主体，依据其法定职权和程序，运用作战管理法制，处理作战中发生的案件的专门活动。作战管理中，如果对作战管理法制的执行和遵守都是适当的和合法的，就形成了作战管理法规精神期待的有序性状态，也就不涉及法制的适用。而如果是相反的情况，如作战管理主体失职、渎职或滥用职权，作战管理对象履行义务不当，就会出现与作战管理法规精神期待的有序性状态相反的无序性状态，也就必须发挥法律的强制功能，通过法律保障和救济机制的有效运行，来努力恢复作战管理的秩序。军事司法体系在作战管理法制适用方面的职责，主要是对作战中的军人违反职责罪的处理。

3. 作战管理法制的监督

作战管理法制的监督，是指依法享有监督权力的主体对作战管理法规的制定和实施情况所进行的各种监察、督促、约束和纠错活动。目的在于防止和纠正偏差，确保作战管理对象的利益不受侵害，不影响作战的进行。根据监督主体的不同，可分为法律监督和群众监督。法律监督是特定机关（包括权力机关、行政机关和司法机关）依法进行的、直接产生法律效力的监督，是对作战管理立法、执法和司法等权力行使的最有力监督。群众监督是作战管理对象中的人或机构，以及接触作战管理活动的人或组织，依法进行的、不直接产生法律效力的监督。主要是依法行使批评、建议权，依法通过检举、控告和申述等方式而进行的监督。群众监督虽然不直接产生法律效力，但是行使主体数量多、分布广泛、监督覆盖面广，是对法律监督的有力补充。

4. 作战管理法制的宣传教育

作战管理法制的宣传教育，是指通过对作战管理法规知识的传授和普及，提高作战管理法律关系主体法律素质的实践活动。法制的运行效果与法规知识的储备、法制精神的境界和依法管理能力的素质密切相关。因此，作战管理法制的宣传教育对营造作战管理法制的运行环境和法制目标的实现，具有重要意义，是作战管理法制实践的重要环节。首先是储备相关法规知识，这是提高法律素质的前提，主要是通过传授、学习和对法制实践中典型案例的借鉴；其次是要把接受的法律知识内化为主体自身的法律修养，上升为一种法制精神，在整个作战管理环境中建立一种法制氛围；再次是提高法律主体的法制能力，即提高依法办事能力、发现法律问题能力、表达法律事件能力和处理法律问题的能力。宣传教育是作战管理法制实践的基础性环节，必须建立和完善科学有效的制度，包括学习制度、检查制度和考核制度等。

三 作战管理法制的原则

对作战管理法制实践，必须本着其含义，遵循一定的原则。根据作战活动的本质目的和突出特点，以及我军宗旨和历史传统，本着法制的精神，作战管理法制主要依据以下四个原则。

1. 理情原则

法以理为基础，以情为归宿，因此作战管理法制，既要讲求"理"，也要讲求"情"。"理"是马克思主义理论和党的指导理论，是作战管理最本源的东西。首先，法制是有阶级性的，我军的作战管理法制，必定为保护国家、人民的根本利益服务；其次，法制的产生及运行，有其自身的理论基础，如法理学，该理论基础包括法制的本质属性，作战管理法制不能因为表面内容或形式，而背离其自身的本质属性。作战管理法制以理为本，就是在法制实践中，将马克思主义理论和党的指导理论作为我军作战管理的科学指导，始终把听党指挥、服务人民放在首位；深刻领会法制本身的理论源泉，及其所倡导的精神，符合法制的宗旨。"情"是作战管理中的情感因素，是作战管理法制最终的落脚点。人民军队之所以投入作战，是为了国家、民族的安康，是基于对祖国、人民的深厚感情。因此，作战管理法制实践中，不能只强调法的强制力，而忽视"情"的因素。作战管理法制讲求"情"，就是在讲求法制的同时，时刻不忘对人民的深厚感情，本着对人民负责的态度开展各项工作。历史证明，只有怀着对人民的深厚感情，才能激发作战团队的潜能，并且获得广泛的支持，把仗打好，获得作战的胜利。理和情是作战管理法制的总体背景，作战管理法制讲求理和情，并不违背法制的基本精神，而能够体现法制最本源的基础和要求。

2. 法治原则

依法治军，历来为兵家带兵和打仗所重视，也是我军的优良传统。1997年，"依法治军"被写入《中华人民共和国国防法》，为我军的各项军事工作确立了法治的基本方针，也为我军作战管理植入了法治要素。作战管理的法治原则，是指在作战管理法制所规范和调整的作战管理活动中，必须牢固树立法治理念，严格遵循依法办事的行为模式。作战管理的法治原则，就是在实践中引入法律机制，实现管理活动的规范化、正规化。作战管理法制关系主体只有牢固树立法治观念，才能保证法规制度设计的科学性和合理性，实现作战管理法制不随人事变动而变迁，不随个人看法和注意力的改变而改变，从而增强人们对法律的信仰，使作战管理主体和客体具有"普遍地服从"的自觉意识。同时，法治原则还代表了"依法办事"的行为模式，只有严格遵循这一模式，才能使作战管理主体和客体在作战管理过程中，同时作为法律主体严格行使法规制度规定的职权，或严格履行法规制度规定的义务。进而改变在管理活动中漠视或蔑视法治的意识，避免有法不依的不良现象发生。

3. 公正原则

公平正义的原则，是为法律所崇尚的重要原则。在作战管理中，公正原则的含义比较复杂。因为作为一种激烈的对抗活动，作战中没有平常意义上的公正。如敌对双方主要以胜败论，很难实现公平；执行作战任务的危险性不同，付出的代价不同，很难实现公正等。因此作战管理法治的公正原则要放在两个范围内讲。一是在交战双方所共处的矛盾系统之中，公正原则，主要以实现己方作战目标为依据，如作战目标是为了维护自身利益，就是公正的。二是在己方作战系统内，主要指代价与回报、责任与制裁等方面实现公正。作战管理法制公正原则的内容，主要有两个方面。一是实体公正，要求作战管理法制的实体内容必须公正地确认和分配利益；二是程序公正，是指作战管理法制的程序必须能够公正地保障和实现法律主体的利益。严格遵循作战管理法制公正的原则，对激励作战管理法制主体自觉依法履行职责义务、提高管理效益，具有重要、积极的意义。

4. 效益原则

效益是作战管理的核心，作战管理法制，必须讲求效益原则，主要包括效益目标、效益标准和效益实现模式三个方面。作战管理法制的效益目标，是指通过作战管理活动的依法进行，实现作战效益的最大化。通俗地讲，就是通过作战管理活动依法进行，获得行动的顺畅和利益获取的理由，避免不依法带来的混乱和法制被动等不利影响，为了实现作战效益最大化奠定基础。作战管理法制的效益目标，是指对作战管理效果和利益予以评价的制度化依据。宏观上，这一标准是法制对管理活动在作战效益取得上的衡量尺度；微观上，这一标准是指在法规和规章层次上确立的具体的、可操作的评价标准，即作战管理活动符合法制程度的标准。作战管理法制的效益实现模式，是指通过作战管理法制而建立起来的有利于维护和实现作战效益的作战管理体制和机制。作战管理体制和机制必须以法律的形式确定，其效力才更强。

5. 从严原则

从严治军是古今中外军事领域的共识，在作战中更加被看重和强调。作战管理法制的从严原则，是指作战管理内在规律在法制过程中的客观反映，是相对于平时军事管理法制而言的，更为严格的实施要求。一是指作战管理法制规范在内容上更为严格。首先是在履行义务上要求更高。因为作战活动关系重大，小到人员的伤亡、物资的消耗，大到国家、民族的命运。作战机构和人员必须严格履行义务，高质量地完成使命，才能实现负责任的作战管理活动。其次是对违反作战管理义务行为的制裁比一般军事违法行为更加严厉。因为违法行为带来的后果相当严重，危害广泛而深远，是个人和机构难以弥补的，因此要严厉制裁，才能有效避免严重事故的发生。二是指在作战管理法制实施上要求更为严格，主要是在实践中必须以严格落实法规内容为目标，以合法的程序、合法的方式和手段进行。作战是人类社会最为激烈、残酷的对抗活动，作战管理必须从严，必须借助法制的强制力从严管理。

当然，作战以效益和战略发展为最终目的，一切活动以此为准则。作战管理的法制，也要本着该准则，才能不违背作战的宗旨，不违背国家、民族的利益，不辱使命。

第六章 作战管理的内容

作战管理的内容，指的是对作战过程中管理主体直接面对的对象进行的管理工作。作战管理的内容是一个系统整体，各方面内容之间没有明显界限。对某一方面的管理，势必要通过或者影响其他方面的管理。例如作战力量的管理必然涉及对作战力量行动的管理、作战力量对时间的把握等，作战行动的管理也必然涉及对作战力量的调度部署、对战场的布置规划、对信息的传输处理等，凡此种种。但是，为了叙述的方便，也为了突出某些方面的重要性，本书还是要把作战管理的内容分解为作战力量管理、作战行动管理、战场管理、作战时间管理、作战信息管理五个大的方面。

第一节 作战力量管理

作战力量是作战能量的载体，作战能量的大小取决于作战力量的素质，必须通过作战力量管理来保证并提高作战力量的素质。"作战力量是作战活动的主体，包括参战的人员、装备及其他作战物资等。对作战力量的管理，目的在于巩固和提高部队战斗力，确保参战部队能量的充分施展，各种装备和物资完善可靠，参战人员与装备实现最佳组成，确保作战力量发挥最大的作战效能。"①

一　作战力量的特点

研究作战力量管理，首先要了解作战力量的特点，以保证管理工作的针对性。着眼于作战力量的功能，作战力量主要有以下特点。

1. 分布的广泛性

战争的触角触及人类社会的各个领域，深入各个空间，因此作战力量也广泛分布于各个领域和空间。首先是分布在从军队到地方的各个领域。作战力量除了军队所属的战斗、保障等部队外，还包括地方的物资保障力量、技术保障力量、政治活动力量和文化传播力量等。如伊拉克战争中，美国的地方技术力量就被动员至一线战场。其次是分布在从国内到国际的各个领域。除了本国拥有和投入的作战力量外，还包括国际上的政治支持力量、经济与技术支援力量、文化影响力量和盟国的军事力量等。如英阿马岛战争中，英国战前的外交欺骗活动。再次是分布在人类所及的各个空间。作战力量已经突破了传统的陆、海、空三维空间，军事信息、机动和投射等技术使作战力量深入到从外层空间到空中、从陆地到水面和水下、从电磁到网络的广泛空间。如外层空间的军事卫星系统、空中的军用飞行器、地面的部队和战车、水面和水下的舰艇。

2. 构成的复杂性

首先是作战力量的多样性。多样性是事物复杂性的基础，作战力量的多样性为其构成的复杂性提供了先决条件。当前，作战力量不仅由陆海空军和战略导弹部队构成，每一军种还包括更加细致的兵种、作战单位和单元。火力战、信息战、网络战、电子战、心理战等作战力量无不丰富多样。多样性为作战力量的组合提供了多种选择。其次是各种力量的交叉性。无论是军

---

① 刘继贤：《军事管理学》，北京：军事科学出版社，2009，第288页。

种、兵种，还是单位、单元，彼此之间界限模糊、相互渗透、相互支持，表现出强烈的交叉性。这种交叉性为作战力量的构建提供了多种形式。如战略导弹力量的构成中就包括电子侦察与对抗力量，同时还需要空中与空间的信息支援力量。作战力量的多样性与交叉性，共同促成了作战力量构成的复杂性。

3. 结合的系统性

由于各种作战力量之间的内在联系，作战力量总体上必然表现出一定的系统性；同时为了发挥各作战力量的整体效能，作战力量的结合必须具有系统性。首先，作战力量的各个门类必须以一定的方式建立密切的联系，以保证每一门类的能力为其他各门类共享。如空中突击力量可以借助前期的信息对抗效果，又为信息对抗力量的使用提供安全保障，同时为地面突击力量的使用创造了先决条件。其次是作战力量的各个层次之间关系要顺畅，并且尽量减少层次的数量，使作战力量的组织领导活动简洁流畅。扁平的作战体系已经成为各国作战力量组织结构的共同目标，作战中为了组织领导活动的迅捷，甚至可以在必要的时候越级管理。再次应该将作战力量的门类与层次融合，形成扁平网络化的作战力量矩阵，使每一种作战力量都是体系中有机的组成部分。

4. 状态的流动性

首先，作战力量只有运动起来，才能产生效果，作战的各项目标都是通过作战力量的流动来实现的，流动性是作战力量的必然属性。作战展现出的军团、部队、分队的推进、退却、穿插、迂回、机动、突击、渗透等，都是作战流动性的体现。其次，当代作战技术的发展，使得作战力量具有空前的机动性。强大的机动能力使作战力量可以大跨度地穿越空间，到达应该出现的位置。如战略和战术投送能力已经成为军事强国军事能力的必备能力。再次，现代作战节奏流程加快，情况瞬息万变，任务转变频繁，要求作战力量不断地变换空间位置。而且作战的不同样式、不同阶段、不同行动、不同环节、不同时节，要求不同的作战力量组合，作战力量必须服从任务要求，不断地变换在战场上和作战体系中的位置。作战力量因而表现出显著的流动性。

二　作战力量管理的特点

作战力量的诸多特点，使作战力量的管理必然呈现出诸多相应的特点。

1. 跨度大

由于作战力量分布广的特点，管理活动必须在广阔的领域和空间内进行，作战力量管理因而显现出跨度大的特点。首先，作战力量管理横跨外层空间、空中、陆地、海洋、电磁和网络空间。从 100 千米以上的外太空到数百米深的海底，从有形的陆海空天到无形的电磁和网络空间，只要有作战力量存在，管理就必须到达。其次，作战力量管理横跨军队与地方、国际与国内的各个领域。参战的军队力量，如部队、武器装备、作战物资等固然需要管理，参与战争的地方力量，如地方技术保障人员、地方征集的物资设备也需要合理的组织、领导、控制、协调等，才能发挥潜力，支援作战。再次，作战力量管理兼顾战略与战术层次。作战力量管理不仅仅限于战略层次，由于当代战争局部作战地位的提升，战术层次力量的管理同样不容忽视。

2. 角度多

由于作战力量的复杂性，作战力量管理需要从多个角度进行。首先，根据力量构成的多样性，进行多角度管理。对以硬打击为主的力量，要从硬打击的特点出发；对以软打击为主的力量，要从软打击的特点出发。对以心理攻防为主的力量，要注意从人文角度出发；对以物力攻防为主的力量，要从物质能量角度出发。对高技术作战力量，要重视从技术角度出发；对传统作战力量，要注意从常规的角度出发。对战略打击力量，要从战略高度审视之；对战术打击力量，要站在微观角度审视之。对能力超出需求的作战力量，要从需求的角度出发；对能力不及需求的作战力量，要从能力角度出发。其次，由于作战力量构成的交叉性，对任何作战力量的管理，都不能简单地从单一的角度出发，要认识交叉性所带来的复杂性，从综合的角度出发进行管理。

3. 整体性

为了适应作战力量的系统性，作战力量管理必然具有很强的整体性，单独强调任何一个方面，或者忽视任何一个方面都无法实现对作战力量体系的很好管理。对作战力量的管理，首先要兼顾门类的完整性，使所拥有的作战力量都能够保持良好的状态，而不至于成为系统能力的短板。其次要贯穿力量的所有层次，重视不同层次的不同宏观程度，还要使各层次之间的关系紧密顺畅。再次要具有密集的管理链路，这些管理链路应该纵横交错，在不同的门类和层次之间建立有机的联系，不至于因为任何一个链路的障碍而影响管理工作的落实；链路中的节点应该明暗适度，对己方应该明确哪些是重要的节点，以保证作战力量管理清晰有效，对敌方要隐藏那些重要的节点，以保证作战力量体系的安全性。

4. 全程伴随

作战力量流动性大，对其管理必然要适应这种流动性来进行伴随管理。首先应该伴随作战力量的空间变化进行管理。作战力量从一个地域机动到另一地域、从一个位置机动到另一位置，管理也要随之进行空间的移动。如部队从作战地域移至休整地域，作战管理也要进行空间移动，并根据其空间变化而引起的特点变化进行变化。再如战略导弹在发射之后，其空间位置不断变换，为了应对敌方的拦截行动，必须对飞行中的导弹进行变轨、特征隐藏等管理活动，以保证打击能力的到达。其次应该伴随流动的节奏，实施管理。作战力量流动节奏变化，管理活动的节奏也要相应地调节。如快速机动过程中，应采取迅速的时效性管理；在较缓和的流动中，采取时效性管理的同时，还应该抓住机会进行深层管理。总之，伴随管理不但要伴随作战力量的流动性，还要伴随其流动性所引申出来的新特点。

三　作战力量管理的内容

总体而言，作战力量的各个方面，都是作战力量体系的有机组成部分，在做好各方面作战力量管理的同时，要运用系统的观点，认识到作战力量的整体性和某一力量的关键性，进行系统管理。作战力量又是不断变化发展的，要适应这一特点，动态地进行作战力量管理。具体而言，既然作战力量是能量的载体，那么就应该包括承载作战能量的人和物，主要有参战人员、武器装备、军事设施、作战物资等。各种作战力量在作战中的作用和特点不同，给管理工作带来了新的要求，需要采取灵活有效的管理方式，实施有针对性的管理。

1. 围绕使命，进行参战人员管理

使命是参战人员一切活动的出发点和归宿。作战中，参战人员大体有三个层次的使命。第一层次是军人使命，是一切军人共有的使命，是军人之所以存在的根本。现阶段，我军军人使命就是"三个提供、一个发挥"，归根结底，就是保家卫国、服务人民。这是参战人员最高的使命，即使是参战的非军人，在作战中也要以军人使命为自己最高的使命。第二层次是战争使命，是一切参战人员要达到的战争目的，所有参战人员的所有行动必须为同一个战争使命服务。总体上，战争的作战团队内部要形成扁平网络结构和纵横交错畅通的矩阵结构。第三层次是战斗任务，是参战人员最具体的使命，参战人员为完成具体战斗任务而行动，间接服务于战争使命，最终实现军人使命。对参战人员，要以使命为中心，展开各项管理活动。首先要依据使命组织作战团队。作战活动都主要由作战团队来完成，作战团队是作战的主体，组织作战团队是作战管理的一项根本性的工作。军人使命要求作战团队要能够保家卫国、服务人民，以此要保证团队的性质，选择团队的成分。特定的战争使命要求团队适应战争特点和目的。威慑、防御、惩罚等性质的战争，要求的团队不同；战争使命要求在山地、平原、海岛、沙漠等不同特点的地域发生战争，要依据战争特点，组织以某一军兵种为主的战争团队。战斗任务要求团队符合坚守、牵制、突袭等任务要求，还要根据任务发生地的特定地理、电磁、民心环境，组织不同类型的战斗团队。其次要依据使命掌握部队动态。使命是作战管理的一根主线，抓住这根主线，就能够从纷繁复杂的作战环境中有所依据地抓住部队的行踪和状态，不至于陷入战争的迷雾之中。而且，依据主线，还可以判断部队的动态是否合理。围绕主线的动态就是合理的，偏离主线的动态就是反常的，对反常现象要马上做出反应，进一步调查，实施针对性行动。再次要依据使命规范参战人员行止。一旦进入作战状态，参战人员的行止就不再是个人的事情，而是作战团队的一部分。任何不受规范的行止都是不符合团队精神、不利于作战的。而这个规范要以使命为依据，本着完成使命的宗旨，来规定人员的前进与后退、存活，甚至牺牲，进而使参战人员的行止最终有利于完成各项使命。最后要依据使命调控参战人员心理。使命教育是心理调控的第一步，保证参战人员明确使命、理解使命、行使使命，还要依据使命调控过激或者低落心理。过激心理虽然富有战斗激情，但是会造成行为失控，导致杀伤范围过大或者冒进等不良后果；低落心理是畏战、厌战情绪的反应，要通过调控使参战人员正确对待战斗损伤、面对恶劣环境。

2. 围绕性能，进行武器装备管理

性能是武器装备发挥作用的根本保证，武器装备管理，武器装备的运输、储存、使用和维修等管理工作要以性能为中心。首先要围绕性能，制订周密的武器装备计划，确定武器装备的种类和数量。当代战争是武器装备的演武场，空前多的武器种类与数量被投入战争。但是在完成相同的作战任务过程中，不同性能的武器装备的作用是有差别的，因此要分析任务，要着眼于性能，选择那些具有适合性能完成任务的武器装备。如完成突击任务，要尽量选择空中武器装备；完成信息对抗任务，要尽量选择电子干扰和网络攻防装备等。还要分析作战环境，结合武器装备的特点，选择那些在该环境更能够充分发挥性能的武器装备。山地、平原、沙漠、水网等作战自然环境，军民混杂的社会环境等，都是选择武器装备的主要依据。参战武器装备的数量也要依据作战任务和作战环境而定，不同的任务，作战规模不同；不同的环境，武器装备展开的空间不同，因此数量要满足需求而不冗余。其次要保证武器装备性能的实现。计划中已经考虑到武器装备性能的实现，但是在作战过程中，武器装备会面临各种情况，而且这些情况不断发生变化。要保证武器装备的安全，无论是单兵武器装备，还是大型武器装备；无论是在运送过程中，还是在到达指定地点后；无论是在隐蔽时，还是在使用时，都要注意防护，保证武器装备本身的安全。武器装备在使用过程中也难免带来本身的损伤，因此要"经济地"使用武器装备，尽量延长其使用时间。在无法避免损坏的情况下，要及时做好武器装备的维修工作。包括基地维修、后送维修、就地维修等，必要时甚至动员生产厂家或者其他地方技术力量前往战场维修，以使武器装备获得新生，继续发挥性能。再次要在作战中开发武器装备的新性能。武器装备的性能不仅限于在研制过程中设计的性能，当某一武器装备生产之后，会自然地拥有一些非计划性能。这些非计划性能有些具有作战意义，因此要善于发现武器装备的新性能。尤其是在特定的作战环境下，有些性能的作用还比较显著。战场上的一些非意料情况，会对武器装备提出新要求，这时就需要利用现有条件，现场改造武器装备，以适应作战需要。不同武器装备的组合，也会产生新性能。因此，作战中要注意协调各种武器装备的使用，并进行有目的的匹配组合，提升性能。武器装备的现场组合和不同战场之间的武器装备调动，将是必要的。

3. 围绕可靠性，进行军事设施管理

"军事设施是一切与军事作战目的有关的物质措施和设备。军事设施对于国防安全具有极其重要的作用，受法律的保护。我国军事设施保护法所称的军事设施，是指国家直接用于军事目的的建筑、场地和设备。"[①] 可靠性是军事设施的关键指标，是指"通过设计赋予装备的一种可靠耐用、无故障的特性"[②]。军事设施必须具有较强的可靠性，可以依赖，才能够在作战中发挥应有的作用。作战中，军事设施是敌方重点打击目标，保持军事设施的可靠性，难度很大。首先，要注意军事设施的检查维护，保证使用时不出问题，不耽误作战行动。对容易经常损害和消耗的部位，要经常更换；对容易暴露不易伪装的部位，要适当加固；对被损坏的部位，要抓紧抢修。其次，要注意军事设施的伪装，即隐蔽自己、欺骗和迷惑敌人。现代战争由于现今侦察手段的广泛运用，使战场透明度大为增加，侦察卫星的分辨能力已经达到分米级，侦察飞机能够按照具体需要精确侦察，其他各种传感器能够以各自的机理探知目标的各项特征。因此伪装显得特别重要，以往简单的视觉伪装已经不能满足要求，要使用现代科技进行光学伪装、电子伪装、雷达特征伪装、热效应伪装、声学伪装等。尽量隐真示假，转移敌方注意力和火力，保证机场、码头、重要桥梁和公路、核设施的使用可靠性。再次，要注意军事设施的观察警戒。观察警戒是及时采取措施、避免遭受打击的重要防护手段。当代技术条件下，警戒的手段很多，如预警卫星、预警飞机、防空雷达和传统的人工警戒等。发现攻击或者攻击预兆，

---

① 熊武一、周家法等：《军事大辞海·上》，北京：长城出版社，2000，第 1235~1236 页。
② 熊武一、周家法等：《军事大辞海·上》，北京：长城出版社，2000，第 644 页。

就要马上采取措施，或者主动出击，或者规避。如对抗空袭而发射防空导弹，或者采取关闭电磁设备、改变频率等。最后，要控制军用设施的使用频率。可靠性是为了保证顺利使用，使用则容易造成设施暴露，但是又不能因此而放弃军事设施的使用。因此要控制军事设施的使用频率，通过统筹规划，尽量做到集中使用。

4. 围绕服务性，进行作战保障物资管理

作战保障物资，是作战人员得以保持较好身心状态、武器装备得以正常运转、战地基本生活秩序得以保持的物质基础。作战保障物资不是专门的作战物资，却为作战服务。没有作战保障物资，参战部队的基本生活和作战基本动作都难以实现。因此，要围绕服务型，做好作战保障物资的管理。首先要周密计划，确保物资充足可用，同时又很少积压和浪费。充足是首要标准，但是充足过头，会造成积压，给部队作战行动带来不便，管理不善还会变质、引发事故，甚至支援敌人。其次要管理好物资的流动。不但要控制物资的输入，保证数量和种类适当；还要控制输出，保证物资保质保量地输送给使用单位。要开辟多个物资流动路径，以免因某一路径阻塞而导致服务不连续。如在按级、按编制保障物资的同时，还要保持越级保障和横向保障、交叉保障的机制，保证物资迅速精确地服务到位。使用顺序也是搞好物资流动的关键，要安排好先到和后到物资的使用顺序，不致因忽略了物资的时间性特点造成浪费或者服务事故。再次，对于作战保障物资，防护仍然是关键的问题。无论是运输、储存，还是使用过程，都必须时刻注意物资的防护，确保物资安全到位，实现服务功能。

第二节　作战行动管理

作战行动是"军队为遂行作战任务而采取的行动"[①]，核心是作战能量的释放。作战行动的管理，要有利于作战能量的释放。使其既要有利于作战胜利，又要有利于战争整体优势的获得，有利于战争目的的实现。作战行动

---

① 熊武一、周家法等：《军事大辞海·上》，北京：长城出版社，2000，第 1579 页。

包含很多种类，按作战类型可分为进攻作战行动管理、防御作战行动管理等；按作战行动的层次可分为战争行动管理、战役行动管理、战斗行动管理；按兵种和专业可分为步兵作战行动管理、装甲兵作战行动管理、航空兵作战行动管理、水面水下舰艇部队作战行动管理等；按军种可分为陆军作战行动管理、海军作战行动管理、空军作战行动管理、战略导弹部队作战行动管理等。当然，任何样式的作战行动，都是作战体系的有机组成部分，管理既要着眼局部，又要统观全局。

一 作战行动的特点

作战行动是作战管理中具有决定性的内容，内涵丰富，特点鲜明。随着信息化条件下技术和装备、诸军兵种在作战中的综合运用，作战行动的特点更趋动态性，但是在不断加入新成分的同时，总体上仍有其一般特点。

1. 多样性

因为战争中不同的战略和战术目的，作战呈现出多种类型。传统上，作战类型从形式上可分为进攻与防御、牵制与阻击、突击与突袭、迂回与穿插等。随着科学技术与社会生活形态的发展，作战类型也有所增加。从手段上可分为软打击、硬摧毁，还可以细化为火力打击、心理战、信息战、电磁对抗、网络战、媒体战等。从表现形式上可以分为线式作战和非线式作战，还可以细化为线式推进、点式作战、跳跃式作战、渗透作战等。从目的上可以分为威慑作战、惩罚作战、控制战、反恐作战等。从军种角度可以分为陆军作战、海军作战、空军作战、战略导弹攻防作战等。从兵种角度可以分为步兵作战、坦克战、空袭作战、空降作战等。随着作战样式和行动的多种类型的发展变化，现代作战行动呈现出多样性的特点。多种作战类型，给作战管理带来多种选择，同时也增加了作战的复杂性，增大了作战管理的难度。

2. 关联性

无论人们是否认识到，作战行动的各个部分本来就是一个整体，某一局部作战必然会影响其他作战行动，也必然受制于其他局部作战。认识到这一点，管理者对作战行动就多一分考虑因素，就较有可能占据主动；反之则被动的可能性就较大。随着高新技术装备和信息技术的发展，作战中火力、机动力和信息能力并用，硬摧毁与软杀伤紧密结合，多种作战手段和方法并用，作战空间内的内容空前增加，空间显得狭小。作战行动的各个部分之间的联系更加紧密，相互之间的影响更加显著，影响效果在短时间内立即体现。作战行动牵一发而动全身，作战行动的体系化、一体化程度提高，各个作战局部之间表现出明显的关联性。

3. 风险性

作战行动是一种明显的暴力活动，常以鲜血、生命为代价，其中更充斥着建筑物的毁坏、社会生活的混乱、文明的摧毁等。作战行动还必然导致国家物资，尤其是战略物资的急剧消耗，如果消耗过度，会带来经济崩溃。作战行动还背负着国家和民族的重托，关系着国家和民族的命运。可见战争的代价是巨大的，如果不能妥善处理，会导致国际地位的下降、社会系统的崩溃和领导集团地位的动摇。作战行动还是不可试验的，既不可能"重来一次"，也不可能对已经发生的损失进行补救。而作战的情形是千变万化、错综复杂的，许多情况难以预料，作战中不断增加的新面孔，更增加了这种难以预料性。因此，无论是代价、影响，还是难以预料的特性，都给作战行动带来了极大的风险。

4. 动态性

由于作战行动是敌我双方的互动活动，其目标因为这种互动而难以轻易实现，活动进程因而不断延伸，作战行动因而不断变化。同时作战环境自身在变化，在作战行动的能动作用下，环境变化更趋复杂，作战行动为了适应变化的环境，因而也需要变化。当前技术条件下的战争，作战武器性能改进速度快、更新频率高，作战能量释放速度快、状态激烈，战场机动速度快、范围大，局部作战和常规武器的战略性提高，都导致了作战行动变化突然、幅度大、频率高的特点，作战行动的动态性空前提高。

二 作战行动管理的特点

作战行动的诸多鲜明特点，对作战行动管理提出了一些普遍的要求。

1. 针对性

不同的作战样式和类型，有不同的特点和要求，需要针对不同的客观实际，采取相应的管理方式。如对空中突击，应注重空天预警、目标侦察、目标指示、空中机动和弹药发射管理；对反恐作战，应该注重高技术装备侦察与特种分队侦察并重、作战目标选取慎重、使用大型武器装备的同时突出单兵作战和常规武器作战的作用。对我军来讲，出于我军发展状态和履行历史使命考虑，在可能的信息化战争中也呈现出一些特殊的作战样式，必须采取与作战样式相吻合的管理模式和方法。如在作战行动管理中注重以有限的信息作战活动支持机械化火力打击；以高技术打击行动引领常规打击行动等。

2. 系统性

关联性使得任何作战行动都具有牵一发而动全身的特点。作战行动管理必须以系统的观点，进行系统管理。同时，当代作战行动中，远距离侦察监视、机动和突击行动，能够从遥远的距离上直接实施作战行动；作战行动更加强调主动进攻和大纵深攻击，一改以往作战行动局限于双方直接接触地域和交战线附近地域的状态，导致作战样式的扩展，前方与后方的界线更加模糊。作战行动管理必须全面、细致，覆盖整个作战行动和多种作战模式。另外，当代作战行动多样，单凭某一种或几种难以实现作战目标，必须多种行动并行，运用诸军兵种从空地海天各个领域对敌实施攻防合一的综合打击。因此，作战行动的管理，要求对所有主动和被动的作战行动实行统一管理，实现作战部署、侦察情报、指挥控制、机动、火力打击、兵力突击等方面的一体化系统管理。

3. 对抗性

必然的对抗性。作战行动风险高、命运攸关，双方无不想占据主动，掌握战场控制权，最大限度地实现"保存自己，消灭敌人"的目的，进而实现战争目的、获得国家利益。同时，作战行动不断发展变化，使得管理工作必须针对其进行变化，导致管理者主动施变或者依环境而变；同时强调敌变我变、变在敌先。作战行动的这种风险性和动态性必然导致作战行动管理的对抗性。一方行动，另一方必然反行动，只有致敌而不被敌所制，才能实现行动目的。对抗的作战行动管理，不仅是双方智慧和性格意志的较量，还是管理技术、管理手段、管理方式、管理理念的较量。作战行动管理的对抗效果，是依靠管理己方行动来间接地驱使敌方行动的，因而其中充满强迫施压、欺骗和诡诈活动。主要表现为强制推进、强力打击、隐真示假、欺骗迷惑、反间诱导等谋略的实施；在行动上表现为管理己方部队，使之实施攻击、袭扰、隐蔽、移动、佯攻、误导等行动，引导敌人按照己方意图行动，进而掌握主动权，实现作战行动管理的效果。

4. 强制性

作战行动极大的风险性和显著的动态性，还导致了作战人员积极与消极等不同的心理状态和行动表现，导致作战情况各不相同，如果没有强制的管理，作战行动将陷入混乱。作战管理的职能都带有强制性特点，必须坚决执行决策和计划、服从组织与指挥、接受控制与协调，尤其是指挥职能，是最具强制性的职能。战争与国家、民族利益息息相关，而参战部队要承受的压力是巨大的，作战管理的强制性更显重要。特别是在以劣对优的情况下，统一组织、统一指挥、统一思想、统一行动，往往是取得良好战果的关键。强制性还在于，通过对己方作战行动的管理，获得主动，强制敌方作战行动，强迫其按照一定的方式、沿着一定的走向，退缩于一定的空间等。强制性在作战行动管理中十分突出。

三　作战行动管理的内容

作战行动管理，要依据作战行动管理的特点，将各种行动、各个环节结成一体，综合实施管理工作。但是为了表述方便，也为了突出一些作战行动的难度和重要性，我们还是将作战行动分成几类，分别讨论。只是在具体实施过程中，要综合运作、系统实施。

1. 侦察预警行动管理

侦察预警为作战管理的决策服务，所收集到的资料为作战决策提供依据。侦察预警的手段很多，通过不同的途径、使用不同的技术获得作战所需资料。首先要通过分布在全维空间的探测器，收集作战资料。运行在外层空间的侦察和预警卫星、战时转为军用的原民用卫星，是侦察预警系统的制高点。能够在最高的视角观察地面上的军事动向、作战场景、作战布局。目前，侦察预警卫星的分辨率越来越高。作战中，不仅要利用作战空域原有的卫星，为了增加观测密度，还要通过变轨、发射新卫星等方法，增强空间侦察预警能力。美军在伊拉克战争中，就通过变轨和临时发射，使90多颗卫星在伊拉克上方空间工作，服务于战争，以助其势。在空中工作的侦察预警飞机，是侦察预警系统的第二高度。虽然没有卫星观测那样宏观，但是在局部战争中已经基本满足其覆盖面。伊拉克战争中，联军共动用了100余架各种有人和无人侦察机和预警机，对伊拉克进行全方位、全时段、大纵深的侦察。而且，由于高度的差异，预警飞机的探测精度要高于卫星，可以弥补卫星观测的不足。陆基和海基雷达等探测系统，能够在另一个角度进行探测，因而，对同一作战区域，能够提供特点不同的资料。各空间探测器的多点、多角度、多手段、多特点的侦察预警，为作战决策提供丰富的资料。其次要将设备搜索与人工搜索结合起来。设备搜索通常具有距离远、面积大、内容多等优势，相比之下，人工搜索就有很多局限。但是，设备搜索也有一些弱点，易受相应技术手段的欺骗与干扰。如科索沃战场上，南联盟利用简单的光学技术，在地面上布置的飞机跑道弹坑图像，就迷惑了美军侦察卫星和飞机；利用加热的坦克模型，就成功欺骗了美军的热探测设备，从而有效躲避了打击。而人工搜索就可以弥补这些弱点，相比于设备，人的切身体会要准确得多。在伊拉克战争中，美军的特种分队就很好地执行了侦察任务。因此，结合设备与人工搜索的优势，互补弱点，可以实现资料的优化。再次侦察预警不能间断。作战行动瞬息万变，任何时候都有可能出现决定性的机会或者变故，因此要不间断地观测作战区域，时刻关注战场情形，尽量做到不放过任何机会，不忽视任何隐患。最后要利用侦察预警造势，实现战术意图。可以通过虚张声势的多点布置传感器，给敌造成将要重点打击某地的错觉，转移其注意力，浪费其资源，以利于我军的主要打击方向。而真正的侦察预警活动应尽量做到隐显适度。各种途径获取的作战资料，要经过综合分析、处理，才能得出结论，明确地支持决策。关于这部分内容将在作战信息管理中讨论，故此处暂略。

2. 目标指示行动管理

根据侦察预警结果做出决策与计划之后，就需要为打击力量指示目标。目标指示工作关键、困难而又危险。没有指示，打击力量将失去方向，而指示的清晰准确性常常要被敌人的欺骗伪装和防卫所干扰，在信息技术不发达时期，通常是侦察分队的人工指示，需要接近目标，甚至抵近目标，才能清楚位置、明确指示。当代科技虽然在一定程度上解决了这些问题，但是仍然不能完全取代传统的方法。首先要设备指示与人工指示相结合。设备指示是利用高技术军事设备自动指印打击力量的形式。如美军"E2"预警机上的作战管理系统，就可以根据侦察探测结果自动处理、决策，下达打击指令，指示打击力量攻击目标。这种指示方式的优点是安全、快捷，但缺点是易遭技术欺骗，浪费作战资源，因而个别时候还需要人工指示。人工指示是侦察人员贴近目标，以人体感觉器官判断目标真伪及重要程度，决定是否打击和打击方式，借助通信手段指示打击力量实施打击。人工指示虽然有一定的危险，但是可以弥补设备指示的不足，提高作战行动效率。其次要远程指示与贴近指示相结合。远程指示是远离打击目标的指示方式，通常比较安全，但是要借助高技术设备，因此通常是设备指示。远程指示多数是战略性打击指示，或者具有战略意义的打击活动指示。贴近指示是近距离指示打击目标的方式，可以使用近程设备，也可以依靠人的感官。贴近指示多数是战术性打击指示，但在特殊条件下也有战略指示，如在复杂山地条件作战行动中，受限于地形和空间，绝大多数指示都为贴近指示。再次要精确指示与概略指示相结合。精确指示是明确打击目标个体的指示方式，作战中绝大多数打击指示均追求精确指示。如远程轰炸机的战略轰炸、巡航导弹突击、特种分队的斩首行动、装甲部队夺取要地等，都需要精确指示。但是由于任务需要或者作战条件限制，有时也需要概略指示。如巷战中就没有明确的目标可以指示，山地搜索作战中也难以确定目标位置，只能概略指示目标的大致位置和特点。

3. 部队机动管理

部队机动是作战行动的重要内容，机动是实现打击的先期步骤。良好的部队机动，会积累较大的优势，创造良好的打击条件。但是部队在机动过程中，打击力和防护力往往比较弱，常常处于比较易受打击的不利地位。因此，要做好部队机动管理。首先要应用多种机动方式。当代科技的发展，提供了多种机动方式，部队可以从陆地、天空、水面，甚至水下实施机动。在不同的作战环境中，面对作战特长不同的敌人，应选取不同的机动方式。如敌人空中打击能力差，则可以选择空中机动；己方拥有制海权，则可以选择海上机动；地面环境适宜隐蔽，则可以选择陆地机动。同时，不同规模的部队机动，也是机动方式选择的参考。如小规模部队机动，可以主要考虑安全问题，而次要考虑成本；大规模部队机动，考虑安全问题的同时，成本也相当重要。其次要技术与战术并重。技术的支持可以使机动速度加快，缩短易受打击的过程，可以在尽量短的时间内，尽量快地完成机动任务。但是敌我双方处于同一技术时代，彼此技术差距不大，而且还包括敌强我弱的情况，所以要辅以战术。中国古代就有"明修栈道，暗度陈仓"的经典机动事例。当代作战，仍然要重视战术的作用。要虚实并用、快慢相间地实施战术性的机动。再次要选择好机动的时机。机动经常发生在打击行动之前或者作战间歇，要尽量选在敌人尚未准备好作战或者无力再战之时；也可以选在出人意料的时机，比如在激烈的作战过程中，在必要的情况下，如果发现适当的方式，就可以果断实施机动。

4. 能量投射行动管理

能量投射是指将炸药、弹丸、电磁能、动能等作战能量载体或者能量发射到指定位置的作战行动。合理的能量投射行动管理，可以取得最佳的打击效果。首先要软硬打击相结合。作战行动中，软打击是比较先进的打击方式，作战影响大，自身损伤和附带损伤小。但是技术要求高，方式也较为复杂，可以适当地使用。随着技术的发展，其主要方式有电磁能攻击、信息能攻击等。如果将影响心理的因素称作意识能量的话，软打击的能量投射方式还包括新闻造势、媒体宣传、政治攻势等。硬打击是常规意义上的打击方式，主要指以投射化学能、核能为主的弹药杀伤，也包括动能杀伤。目前的战争形态下，硬打击仍然是主要打击方式。其次要隐蔽突然、快速连续。作战能量投射直接造成杀伤，是敌我双方都避免遭遇的，都采取一切可能措施避免遭受打击。因此能量投射要隐蔽突然，造成出其不意的效果，使敌人无法充分准备。为了扩大打击效果，不给敌以喘息之机，能量投射要快速连续，将猛烈的作战能量倾泻到敌人身上，实现作战效果的最大化。再次，打击力度和范围要适当。能量投射为一定的作战目标服务，不同的作战目标，投射的数量和种类不同，造成的打击效果不同。因此，打击力度不是越大越好，过于强烈不仅浪费能量，而且容易破坏整体作战意图。打击行动要根据作战目标要求，强弱适度。同样是基于作战目标，打击范围也必须得到控制。释放的能量难以收回，所以要根据作战目标计划好能量的种类、数量，选择好投射方式。避免作战能量失控而造成打击范围过大，造成战略被动，影响战争利益。最后要攻防并重。作战行动中敌我双方是一对矛盾，目的是"保存自己，消灭敌人"。因此，实施打击的同时，也正在遭到打击，能量投射过程中必须注意自身的防护，尽可能地在打击敌人时，保全自己。在技术手段相近的情况下，就要通过管理的职能实现这一要求，谁的管理完善，谁就越容易保存自己、消灭敌人。

各种作战行动无论在横向上，还是在纵向上，都是一个有机的整体。在横向上，一种作战行动与其他作战行动之间必须是紧密联系的；而且，战场上各局部的各种行动彼此交错、同时进行。在纵向上，从侦察预警到实施打击，各个环节衔接紧凑，甚至实现"从传感器到射手"的无缝连接。因此，必须认识其整体性，突破概念上的隔阂，将各种作战行动融为一体，进行系统管理。

第三节 战场管理

战场是作战能量流动的空间，是进行战争的基本条件之一。按作战的空间分，有陆上战场、空中战场、太空战场、海上战场、海底战场、网络战场、电磁战场和心理战场等；按参战的军兵种分，有空军战场、陆军战场、海军战场和战略导弹部队战场等；按所处位置分，有正面战场和敌后战场等。作战行动以战场为依托，必须搞好战场管理，才能有利于维护战场纪律和秩序，增强安全防护的能力，提高部队的作战能力。战场管理包括平时管理和战时管理，由于作战管理发生于战时，因此，作战管理中的战场管理，指战时战场管理。

一 战场的特点

战场本来有其自然属性和社会属性，随着军事科技的发展，战场空间拓展，内容增加，结构变得复杂，在原有基础上，增加了很多人文和技术等属性，呈现出一些新的特点。

1. 战场组成多维，空间广阔，要素繁多

随着军事技术及武器装备的发展，除作战飞机的飞行高度不断提升外，航天兵器的发展与运用，使外层空间成为重要战场之一，大大拓展了现代战场，把战场的立体空间向上拓展到一个新的维度。另外，武器打击能力延伸，如深潜武器和"钻地武器"的发展，又将战场空间向下延伸到一个新的深度。战场形成了外层空间、超高空、高空、中空、低空、超低空、地面、水面、地下、水下、深水等多维层次的立体形态。多维性造成战场空间广阔，上到外层空间，下到海底世界；横向突破了国界、洲界，即使是局部战争，作战能量也可以在洲际流动。战场要素繁多，除了传统的地形、气象等自然要素和阵地、交通、民工、战俘等要素外，还增加了信息、网络、电磁频谱等。

2. 敌对双方共享战场

战场是敌对双方进行对抗活动的共同场所，战场资源是共享的。如在同一战场内，双方拥有共同的地形地貌、气候条件、电磁环境、交通网络等，只是在一定时间内的占有率不同，通过一定方式可以获取。信息化条件下，战场的共享性更趋明显。在技术条件差距不大的情况下，相当一部分战场情况对敌对双方是透明的；对某一方，尤其是技术能力强的一方内部来说，透明度更加明显。通过多种信息资源的融合与分类，将多种途径获取的战场情景实时传递给各个作战单位、单元，使之都能及时准确地获取、传递、交换、利用这些资源，共享一幅实时更新、比较清晰的战场画面。

3. 战场趋于数字化

信息技术的发展深入到作战领域，已经成为现实，正在使战场趋于数字化。主要表现为战场系统集成化，即以信息技术为支撑的一体化平台为基础，对构成战场系统的各个要素，包括陆、海、空等各空间子系统，物理、心理等概念子系统，气象、水文等功能子系统，进行连接，综合运用，形成一体化的战场大系统。战场高度网络化，各要素之间形成纵横交错的联系、影响和响应路径。数字化还使战场兼具线性和非线性特点。原有的线性特点大部分依然存在，如气候变化的连续性、电磁环境强弱的渐变性等。同时非线性跃升至显著位置，不同作战地域之间没有因空间阻隔而无关，反倒因作战能力的提升和作战活动的连续性而彼此连接，表现出空间上断续性与过程上连续性相统一的特点。

4. 自然地理条件仍然是战场特点的重要决定因素之一

一切新旧事物仍然发生在自然空间内，战场因而保持其自然属性。自然电磁环境仍然是人工电磁环境的最大制约，后者必须服从前者。如电磁设备的使用必须服从地理磁场规律；在特殊的自然电磁环境下，人工电磁系统就不能正常工作。山地、沙漠、高寒地区仍然限制着军兵种的投入、武器装备效能的发挥。如阿富汗战争中就有美军山地步兵骑驴作战的情况。水文要素仍然影响着海军及陆战队作战。如陆战队登陆仍然应主要考虑潮汐规律和海岸条件。各种探测和侦察设备仍然受制于天气状况。如云层是卫星观测系统中光学探测器的最大障碍，大气层温度变化是各种热成像设备的天然干扰器。自然地理条件仍然是最显著的战场特点之一。

二 战场管理的特点

1. 管理范围不断拓展

由于战场的不断拓展，战场管理也必然不断拓展，凡是作战能量达到的地方，也都是作战管理要达到的地方；甚至作战能量未达到，而与之有关的地方，作战管理也必须达到。常规武器装备技术条件下，作战通常是由前向后逐次推进的，战场的前后方之分明显。而在当代军事技术条件下，武器装备性能的提升、作战理念的进步、战争形态的改变，使作战空间发生巨大变化，前后方已经模糊，战场从传统意义的前方渗透到了后方，战场管理必须随之延伸至传统意义的后方。随着部队远程打击能力的提高，数百公里、数千公里乃至上万公里之外的地方在瞬间就可能成为战场，管理工作必须在诸多已经发生作战的地区实施管理和在可能发生作战的地区实施预先管理。大型、远程机动能力的提高，使部队和装备物资的移动范围急剧增大，作战能量的载体所到之处，也是作战管理应到之处。

2. 双方极力争取战场有利地位

战场共享，意味着某种程度上的公平，在于以人的主观能动作用的发挥获得优势。敌对双方围绕着战场有利位置或处境，无不采取各种管理措施来争夺之。对战场调查研究越深入，对战场感知就越精确，战场对己方也就越透明，越有利于实施进一步的管理活动。为此，双方对战场的历史意义、历史经历、现实面貌、电磁环境、气候变化、敌我部署、战场设施、战地社会民情等情况，无不采用一切可能手段，进行探究，以期实现先敌了解、多敌了解的目的，实现战场透明度的利己不均衡。在感知战场的基础上，进行制订计划、设立规章、伪装欺骗、部署力量、应急建设、适应民情、管控人员等活动，使其适应战场环境并在一定程度上改变战场环境、利用战场环境。尽最大努力占据战场优势位置和处境，使战场态势有利于己、不利于敌。

3. 适应数字化趋势，管理趋于数字化

数字化武器装备的使用，已经使战场呈现了数字化特点，甚至"数字化战场"的概念已经被有预见性地提出。战场管理因而必须建立数字化观念，采用数字化手段，重视数字化管理。要认识到战场的数字化特征，明确战场透明化、网络化等概念的含义，以透明化、网络化等思路进行管理。要采用数字探测技术、有线和无线网络技术、光电和微波等通信、计算机处理技术以及其他数字技术，建立战场数字系统，发挥数字技术、数字系统的优点，实现战场数字要素功能的最大化。要重视对战场数字要素的管理，明确数字要素的特点和功能，对其进行正确地引导和利用，增强其对战场非数字要素的升华作用、对战场结构的优化作用、对战场功能的提升作用。

4. 遵从战场自然特点

鉴于自然条件仍是战场特点的重要决定因素，战场管理必然遵从战场自然特点。战场管理发生在具有一定特点的自然空间内，人们在短时间内无法大限度地改变地形地貌或者左右气候天气，因此伪装、隐蔽、力量调动和部署、设施建设等都要借助自然条件，并且必须服从自然特点。出色的战场管理能够使人的管理活动与战场自然特点很好地结合，将人的活动融入自然，甚至实现"天人合一"的境界。自然条件对部队行动、战场选择与布置、武器装备性能的发挥等影响很大，对部队生活影响也很大。如阴雨连绵会造成部队卫生条件恶化、参战人员心情沮丧等，而燥热天气则造成参战人员用水需求增加、心情烦躁等。而部队的生活状况直接影响参战人员的身体健康、情绪变化、头脑反应等，进而影响人员的战斗热情、工作状态和工作质量。战场管理必须考虑这一因素，减少不良自然条件对正常生活的影响，合理利用良好自然条件调节生活秩序，使之有利于作战活动。

三　战场管理的内容

战场管理覆盖面广，深入诸多领域，必须抓住战场管理的主要矛盾各重点环节，明晰战场管理的主要内容，实施科学有效的管理。

1. 协调各战场空间

战场之所以被分成陆、海、空、天、电磁、网络等不同的空间，是因为各个空间特点和功能的不同。而在作战中，只有一个空间存在，也就是说，各空间在功能上实则是一个整体。当代科学技术的强大功能，又强化了这种整体性，各空间之间彼此支持、互补、紧密连接与合作。在有形作战空间中，陆地是最早的作战空间，陆地空间作为作战的主战场已经有五千年的历史了。当前，虽然空中、海洋和外层空间武力的运用空前频繁，其地位大大提高，但是终结战争的作战活动，仍然发生在陆地战场。因为陆地是人类生活的基础，政治、经济、军事、文化的主要载体都分布在陆地上。其他作战空间的管理要以陆地为中心，要有利于完成陆地目标的征服或防护。空间侦察与探测卫星、传输与中继卫星、载人航天器、飞行在空间的战略导弹等，空中侦察预警飞机、各种作战飞机等，海上航行的各种舰艇等，其主要工作目标都在陆地上，其工作和生存也要以陆地为基地。海洋占有地球70%的面积，也是作战力量得以纵横的广阔空间，从水面到水下，从海峡到大洋，都是作战能量流转与释放的空间。一百多年前，马汉的"制海权"理论已经宣示了海洋的重要性。在飞机用于战争之前，战争尤其是发生在滨海大陆或者岛屿的战争，制海才能制陆，海战场与陆战场息息相关。空天战场被开辟后，海洋成为空天战场的目标与基础之一，军用舰艇是空天侦察与打击的目标，同时卫星观测需要海洋基站作为支撑点，航空母舰是作战飞机移动的机场。"制海权"理论提出几年后杜黑提出了"制空权"理论，空战场从此走入人类主要的战争视野。陆战场与海战场在空战场的笼罩之下，三个作战空间互为目标、互为基础，更加紧密地联结在一起。空中战场不断扩展，一跃而延伸至外层空间，"高边疆"等提法随之出现，外层空间成为新的战争制高点。在更加宏观的角度上、以更加丰富的方式，将陆、海、空、天各个作战空间结为一体。在无形战场中，以电磁空间、网络空间和认知空间构成的信息空间为主，这三个空间彼此交叉、合作，融为一体，同时共同存在于有形空间之中，并在各有形与无形空间之间建立了内在的联系。这三个空间管理的内容集中在作战信息上，基于作战信息在当代作战的突出重要性，故将作战信息管理放在本章第五节专门论述，在此暂略。总之，各个空间因为同一个目的和彼此间功能的交互和互补，结成一体。战场管理首先要协调各个战场空间。战场管理要认识各作战空间的整体性，以整体性的思维处理各空间之间的关系，通过技术、战术等手段强化各空间彼此之间在手段和形式上的关系。

当代战争战场除了渗透到上述有形空间外，还广泛渗透到电磁空间、网络空间和心理空间。协调各战场空间，还要将有形与无形空间统筹在一起进行协调，才能实现由硬到软、由浅到深、由外到内的战场管理。作战的电磁空间、网络空间和心理空间管理，分布存在于作战力量、作战行动以及其他作战空间中，最后集中于作战信息管理。因此，抓住了信息管理，也就抓住了作战诸多无形空间管理的核心。

2. 阵地秩序管理

阵地管理是对阵地设施和进入阵地的部（分）队的战斗生活进行的管理。主要包括设施管理、内务管理、伙食管理、安全管理和卫生管理。首先要做好阵地设施管理，要经常检查和维护各种作战工事、掩体工事及伪装设施等，防止坍塌、倾倒和暴露；要严加看管和守护，防止破坏；要制定详细的管理规则，尤其是设施布设和交接规则，对于重要设施布设和交接要有详细的时间、数量和位置记录，并严格实行责任制。其次要抓好内务管理。战地内务虽然不是作战时期的主要工作，但是保持正常生活秩序的一个方面，有利于作战活动的进行。各种生活和作战用具、用品要摆放整齐，以便紧急时刻不至于慌乱和遗忘；各种物品和较大型的生活设施要有合适的位置，不至于成为作战行动的障碍；各种生活用品的使用和处理废弃以及各项日常活动要有严格的时间、地点规定，尤其是高级军官和特殊兵种的物品处理一定要严密，不致因管理不善而暴露目标、泄露信息，造成重要作战信息的外流。再次要管理好伙食。作战行动激烈，人员处于高度紧张状态，体力消耗大，容易疲劳，充足的能量和营养是保持官兵体能、保持和增强体质、提高艰苦条件下作战能力的重要条件。要搞好能量供应，注意营养搭配；搞好饮食卫生，检查粮食储备情况，防止因疏忽而造成食物中毒；更要检查饮水和食物原料的安全性，防止敌人投毒等破坏活动；注意战地就餐的时机和地点，避免受到影响和影响作战。再次要注重卫生管理，保证参战人员具有强健的体魄，减少非战斗减员，增加伤员重返战场的机会，抢救伤员生命。战争本来环境恶劣，加之当代战争中武器杀伤力大，核、生、化、亚核武器等反人道武器可能被运用，使参战人员面临多种打击危害，阵地卫生工作空前复杂。因此要尽量搞好环境卫生，清除垃圾、深埋尸体、适时消毒；要做好防暑、防寒、防潮、防毒、防冻等工作，普及常识、配备用具、提供设施和服务；要做好阵地防疫工作，调查疫情、防治疾病、避免传染病流行。最后要做好阵地安全管理。以上各点内容都包含一定的安全管理内容，另外，还要专门抓安全问题。要防止内部人员的暴力事件发生，搞好治安工作；要管理好弹药，防止意外爆炸。更重要的是做好阵地防护工作，要加强攻势构筑，尽量兼顾抗毁，能承受可能武器的打击，攻势设施要配套，达到能打、能防、能机动、能生活；要搞好阵地伪装，做好人员、装备、物资伪装，设置假目标转移敌人注意力；要严密组织战场观察和警戒，组织对敌侦察，防止敌突击、偷袭。

3. 战场交通管理

交通顺畅是各种作战平台和运载工具能够顺利机动、发挥效能的保证，因此做好战场交通管理非常重要，主要包括陆、海、空、天战场的交通管理。首先是陆战场交通管理，主要包括制定陆上交通管理计划和规则，对交通设施如道路、车站、桥梁等进行控制，对交通行为进行组织、指挥和协调，划分机动阶段，安排顺序。要注重战略交通设施的防护，防止打击破坏；普通交通设施也要注意防护，同时保持多种交通途径；要搞好车辆编组，确定机动部署；要全程控制、随时调整。此外，要给予作战机动的优先权，民用交通要做出必要牺牲；要实行战场交通管制，用强制力保证军事交通的质量。其次是海战场交通管理，主要包括制定战时海上航行规则和航行计划，进行海上航道、港湾、基地、锚地、停泊场等方面的管理。当代战争的海战场涉及海上、水下、海底、海空、濒海陆地等，范围广阔，其交通管理具有大纵深、立体化的特点。海战场交通管理的主要任务是：要全面掌握航道内保障设施和保障物的分布情况和港湾停泊能力；拟制周密的海战场交通计划和规则；区分管理海域和管制海域，设立禁区；明确航行识别和报知手段，完善和维护航道设施；组织航行调度和领航。再次是空战场交通管理，主要是制定作战空域交通规则和计划，管理导航设施，进行飞行调配，进行飞行指挥等。空战场交通速度快、距离远、范围大，其管理工作紧迫复杂。要在管理的同时，实施一定范围和程度的管制，设置禁飞区；按照作战和支援任务以及不同军兵种，区分各种飞机的活动空域；加强机场管理，搞好调度；做好机场、洞库的防护工作，保证使用正常。最后是外层空间交通管理，主要是协调各种航天器的轨道。要熟知己方航天器的运行情况和轨道参数，同时调查其他国家航天器的各种情况，避免相互干扰或者遭到敌方废旧航天器的有意撞击；要适当变化己方航天器轨道，使之运行路径有利于特定地区的侦察探测；要视情况发射新的航天器，增强天基实力。

4. 非作战人员管理

主要是指对生活保障人员（主要包括伙食、卫生、文艺、物资供给等方面人员）、临时招募的民工以及战俘的管理。对于生活保障人员与民工的管理，要建立健全管理组织，根据工作需要和人员特点进行编组，使之既能有效工作，又不出现事故或其他妨碍作战的活动；加强教育训练，使之能够积极工作，提高工作质量，防止见利忘义行为，并且加强其战场上的自我防护能力；对每一个人的生命负责，情况严重时要派兵保护，必要时可以配发一定的武器，提高自卫能力。对于战俘的管理，主要包括对其收容、看押、教育和遣送等工作。要认识此项工作在瓦解敌军、赢得舆论支持等方面的重要性。首先是收容工作。对战场上停止抵抗的敌军官兵，判明情况确定其要投降的，对其收容，而不能杀死或伤害，打乱建制后集中看管。其次是押送工作。将战俘集中之后，要尽快将其押往后方收容所或战俘营。途中要加强警戒，严禁战俘相互串联、自我组织，防止途中逃跑、暴动或被敌人劫持，对于不轨行为要严惩不贷。再次是看管工作。对已经到达收容所或者战俘营的战俘，要依据国际法和现有条件，给予一定的生活保障和医疗卫生保障，尊重其人格、民族风俗和宗教信仰，不侵犯其私人财产。整个战俘管理过程中要讲究人道主义，不能杀害、虐待战俘；要对其进行思想改造，使其明辨是非、心向正义；要适当公开战俘管理工作，以有利于瓦解敌人、争取国际支持，避免因战俘管理工作不力而造成政治上的被动。

战场管理还包括对电磁空间和网络空间的管理，由于这两个空间在当代战争中的突出作用，同时由于此两个空间的各种作战活动基本为作战信息服务，且二者的深度融合性，将把电磁空间和网络空间管理的内容放在一起，作为信息管理的内容，在以后的内容中专门讨论。

第四节　作战时间管理

作战时间，是战争、战役、战斗开始到结束全过程及各个作战阶段的时间。是指作战活动的持续性，反映作战活动各阶段或作战阶段各环节存在和变化的先后关系。"时间就是胜利"，这是古往今来军事名家的共识。时间之所以对作战具有极其重要的意义，不仅因为作战必须以时间为其存在的参照之一，而且因为作战主体既可以充分地利用时间因素，又不能对其随心所欲，必须持有主、客观相统一的思想。因此，必须重视作战时间管理。

一　作战时间的特点

作战时间是依附于特定作战实体及其运动状态的属性或存在形式。作战时间的存在只能用具有特定空间形式的作战实体的运动来衡量，因而具有区别于一般时间要素而为作战时间所特有的一些显著特征。

1. 有限性

这有两个方面含义，一方面，作为自然时间的一种存在形式，作战时间的运行轨迹和方向是有限的，只能前进，不能倒退。一切作战活动的存在都要表现为一个先后关系不可逆的持续过程。这一特点，使得作战时间成为作战中必须严肃对待的因素——人们无法事后更换作战活动的先后次序，作战活动不存在"重来一次"的可能。另一方面，作战时间毕竟是时间存在的特殊形式，其显著的有限性来源于作战活动的诸多特点。作战的持续时间是有限的，没有，也不会有人会希望没完没了地作战；作战活动紧张而激烈，每一个时间点、时间段都有其特殊意义，必须在该时间点上或时间段内完成特定的动作或行动；在战争和战役、战斗的发展过程中，都有一些关键点，如事件的"顶点"、战局转折的"拐点"、作战态势发展的"触底点"等，最大的战机与最大的危险都是短暂的，稍纵即逝。

2. 可选择性

这一方面，是说作战活动虽然紧迫，作战时间虽然有限，但还是具有一定的宽度，给作战主体留有选择的余地，可以选择某一时间点或时间段实施某一行动，即决定作战活动何时发生和结束。如战略进攻、战略防御、战略反攻、战略决战等行动在何时开始，在何时结束，是作战主体选择的自由。另一方面，是指作战是一种主观意志的反映，在一定的时间内，作战时间的意义是作战主体主观选择的结果，人的主观能动作用对作战时间的利用是其意义所在，即在作战时间上选择作战行动。某一时间点或时间段内进行何种活动，何种行动在先，何种行动在后，作战要持续多长时间，作战节奏快慢等，都是作战主体在一定时间内的选择。作战时间的可选择性，既为作战领率者提供了展示才华的机会，又为其布设了重重迷雾，时间利用得好，就会主动、有利，反之，就会被动、不利。

3. 绝对性和相对性

作战时间的绝对性，如前所述，是指一种自然的存在。这对作战双方来说都是公平的，作战中，没有哪一方的时间比另一方长，双方的斗争同时开始，同时结束。同时，作为在作战活动中存在的时间，不可避免地带有倾向性，作战时间因此表现出一种明显的相对性。一方面，某一作战行为发生在某一时间内，必然对某一方有利，而对另一方不利。如作战发生在夜里必然利于擅长夜战一方，而不利于另一方；作战发生在敌方重要的宗教节日，必然利于己方，而不利于彼方。另一方面，作战过程中的某一时间点、时间段或者时间的长短，必然对其中一方有利，而对另一方不利。如一方士气正盛而另一方士气尚衰之时，盛者求战而衰者避战；战局转折之时，由劣转优一方要强化拐点，而另一方则极力淡化并急于渡过拐点；较长的作战时间利于希望持久战的一方，而不利于希望速决的一方。

4. 容量大

一方面，作战活动瞬息万变，任何一个时间段，哪怕很短，都蕴含着无穷的变数，甚至会产生决定性的战局变化。另一方面，作战涉及广泛，任何一个时间点上，都同时发生着各类作战活动或者与作战有关的活动；与作战相关的一切事物也在变化，事物的数量和种类也在急剧地增减。当代作战条件下，地球村概念越来越现实化，作战涉及的事物越来越多，横向范围越来越大，同一时间内的作战要素空前膨胀。同时，随着作战节奏加快，意味着单位时间能行进的距离增大，攻防行动增加，这就清楚地表明了在现代战争中单位时间内发生的作战行动繁多而密集。失去哪怕微不足道的极少时间，也可能酿成作战行动的重大失败。由此可见，抓紧时间和充分利用时间，在当代战争中是何等重要。

二 作战时间管理的特点

明确了作战时间的主要特点，就应该找出作战时间管理的主要特点，进行有针对性的管理，作战时间管理主要有如下特点。

1. 依附性

既然作战时间依附于特定的作战实体和作战行动，那么作战时间管理必然会依附于一定的作战实体和作战行动，也就是通过对作战实体的支配和对作战行动的安排来管理作战时间。随这种依附性而来的是受到作战实体和作战行动的限制，并具备二者的特点。强大的作战实体，在作战时间管理中，其可选择性一般较大，反之则较小；作战手段较多的作战实体，其作战时间管理的方式一般也比较灵活，多种方式结合起来的形式也比较多，反之则较少。在节奏较慢的作战行动中，关键的作战时间点分布较为疏散，包含的作战时间段也以较长的为多；在快节奏的作战行动中，关键的作战时间点较为密集，包含的作战时间段较短的为多，尤其是在激烈的作战转折中，对一些关键时间点的把握则十分艰巨。

2. 精确性

精确驾驭时间，实质就是把握战机。《武经总要》中说："见利则疾，未到则止；趋利乘时，间不容息。先之一刻则太过，后之一刻则失时。"[①] 就是说，一旦捕捉到战机就应该立即行动；行动略早一点机会尚未成熟，略迟一点就失掉战机。某一时间是战机，但稍纵即逝；把握住就是战机，把握不住就不是战机。精确地把握战机，是历代兵家的要事。也就是作战实践管理要精确，不能太早，也不能太迟；不能太短，也不能太长；不能太紧凑，也不能太松散。要特别注意作战过程中关键的时间点或时间段。作战就像由很多齿轮相互咬合而成的钟表，在虽然是未知的作战过程里，每一个时间点或时间段都有其最合适的动作。作战时间管理，就是要在合适的时间点或者时间段上，做出合适的行动。

3. 冲突性

所谓冲突性，一般包括两个方面。一方面，是存在于己方内部的时间管理的冲突。通常在一定的时间内，一支作战力量的能力是有限的，管理者的精力也是有限的，而同时存在的作战事务又太多，彼此之间不可避免地会产生冲突。作战管理者只能在同一个时间内，选择那些最为关键，而且力能所及的作战行动，处理那些最为关键的时间点和时间段。另一方面，作战时间对于交战双方是利弊相反的。对于一方有利的时间，对于另一方必然不利。作战的时间管理，要善于抓住对己方有力的时机，避开对敌方有利的时机；强化对己方有利的时间点，充分利用和延长对己方有力的时间段，淡化对敌方有力的时间点，化解或者缩短对敌有利的时间段。

4. 协调性

一方面是在己方内部及与环境条件上的时间协调。由于己方内部作战时间管理的冲突，使得协调内部时间尤其重要。作战时间协调得好，各种作战力量和行动配合得就好，作战力量的能量释放就会较为充分和合理，作战行

---

① 中国兵书集成编委会：《中国兵书集成　第 3 册　武经总要　第 1 册·叙战·上》，北京：解放军出版社，1988，第 113 页。

动的效果就较为明显，综合效能也比较强。同时由于作战中战局预示的行动最佳时间不一定与作战环境允许的最佳作战时间吻合，作战时间管理要在二者之间找到最佳的结合点，以使二者的综合优势最大化，同时不至于贻误战机。另一方面，己方与敌方的作战时间冲突，也要求协调作战时间。即站在敌我综合的宏观角度，观察和利用作战时间，找到某一意图的最佳实施点。通常取在敌人势衰、我军势盛之时。也会考虑一种情况，即敌人要求速决时，我军拖延作战时间；敌人期待持久时，我军则缩短作战时间。

三　作战时间管理的措施

如果以光速来计算时间，由于光是物质的，那么作战时间就是物质的，因此考虑作战时间管理的措施，也应该针对于时间实体。而由于人类尚无法超越光速，所以对作战时间的管理只能通过其所依附的其他作战实体来实现，并且依从于时间对其他作战实体的限制，在这一限制中寻求驾驭其他作战实体的时机；同时，由于流逝的时间无法挽回，所以作战时间管理的措施要具有超前性。

1. 规划作战时间

由于作战时间的不可逆性，发生的作战行动无法取消，产生的作战结果无法挽回，因此，要依据作战发展趋势，合理规划作战时间。规划作战时间，包括预测和预设作战时间，为了叙述的方便，在此将规划作战时间的这两方面分成两点来阐述。

不可改变的作战事实，将要发生在所规划的作战时间内，所以规划作战时间源于对作战时间的预测。不仅要预测各个作战阶段的时间长度，还要预测那些关键的作战时间，尤其是关键的时间点和时间段。准确地预测作战起始点，是作战行动顺利展开的关键。在主动的情况下，作战起始时间一般由己方决定，所以预测起始点相对容易，但是要对敌方可能的突袭有所判断，防止遇袭于不备，则被动的一方相对困难，但是可以有局部或者较小的决定自由。无论是主动还是被动，规划时作战都是尚未发生的事实，都要根据作战环境和发展趋势，预测最有可能爆发作战的时刻。其中又存在诸多战术和艺术的因素，看似最合理的起始点，往往是最不可能的；看似最平淡的时间点，作战往往突然爆发。预测作战起始点，要在诸多因素中寻求多种可能，以便预有准备。转折点是作战过程中的又一关键点，是战局转换的拐点。要根据作战进程和发展趋势，合理预测到己方军势最盛的强点和最衰的弱点，预测到敌方的相应时间点，分析、比较双方军势盛衰的变化曲线，根据彼此的落差，判断战局发生激变的一些可能位置。作战时间的转折点，就存在于这些可能的位置之中，或者在其附近。作战经过开端与发展必然有其结局，预测作战终点，以便适当收缩作战力量、调整作战布局，是在作战结束时刻扩大优势、减小损耗、获得战略优势的关键。作战中的任何事物都有其发生、发展的过程，在诸多的作战事物中，那些占有主要位置的主体事物的近乎相同的发展终点，就是作战的终点。因此，预测作战的终止时间，要以作战中的主要事物为分析对象，从一开始就关注这些事物的发展变化，预测其趋势。还要注意那些有可能从次要地位上升到主要地位的事物，跟踪其发展轨迹，适时地将其纳入主要视野。当大多数主要事物临近共同终点时，作战也就接近终点了。

作战的关键时间点，实际上是那些极其微小的时间段，这些关键的微小时间段，前后联系，就是关键的作战时间段。预测作战时间，要在预测时间点的基础上预测关键的作战时间段。

2. 预设作战时间

所预测的关键作战时间点，是战事可能发生重要变化的时刻，而在作战中还必然要发挥主观能动性，在那些预测到的关键时间点上或其附近，重点采取行动。因此，合理地规划作战时间，要在预测作战时间的基础上预设作战时间。预设时间点与预测时间点最大的不同在于，预测的时间点是战事发生重要变化的时间，而预设时间点是发挥主观能动性，在预测的时间附近采取主动的作战行动，推动战事的改变，以期战事在预测时间点上发生有利于己的变化的时间。就是说，这两个时间点具有不同的意义，对于预测点出现的情况，可以采取行动，也可以观望；而在预设时间点必然要采取行动。因此，预设的时间与预测的时间可以相同，也可以提前或延后，要根据作战的实际情况，有选择地设定。

对应该在预测点采取行动的情况，一般情况下，预设点与预测点重合，是最理想的状态。因为战机稍纵即逝，把握战机越精确，取得的作战效果就越好。然而，预测时间点上是可能发生的行动，预设时间点上是将要发生的行动，都是将来的事情，都具有不确定性。因此，预设时间点与预测时间点完全重合的情况很少，其中有三个主要原因：一是精确预测作战时间点很难，因此预设时间点要有弹性，留有余地；二是作战是敌对双方互动的过程，会有很多意料不到的事情发生，大胜之中经常隐藏大败，因此预设作战时间点要留有余地，以防意外；三是考虑到作战中有乘我胜势、卸敌胜势、阻我颓势的要义，因此，预设点可以选在预测点上或其前后。

以进攻时间点的预设为例。一般情况下，在预测到某一时间点战局的发展可能出现利于己方进攻的情况，则可以预设进攻时间点于预测点前，以推动预测时间点的出现；或者估计到战局的发展可以在预测的时间点顺利地到达预期情况，也可以考虑在预测点之后预设进攻时间点，以借助既定战局趋势，扩大战果、开拓新的局面；当然，在判断相当准确的情况下，预设点与预测点可以重合。同样，防守的情形也大体如此，都要根据实际情况，灵活地预设。

时间点延伸而成时间段，对于阶段性作战时间的预设，也是同样的道理，在规划作战时间时，都是要重点考虑的问题。

3. 控制作战时间

作战时间依附于作战的诸事物，进而依附于作战行动。控制作战时间，就是要将一定的作战行动置于一定的作战时间内，通过时间的把握，来实现作战目的，增强作战效果。

首先是对时间长度的控制。时间就是胜利、就是生命，速战速决，常常是取得良好战果的关键。一般情况下，完成相对独立的任务，要求节约人力物力、节约时间，以为后续作战行动留出更充裕的时间，避免久拖不下、贻误战机，不给敌以反应、组织力量、调整部署的机会，此时需要尽量压缩作战时间。需要压缩作战时间的情况很多，例如突围、围歼、追歼、突击、偷袭、骚扰、撤退、单纯攻坚等。与压缩作战时间相对，延长作战时间，也是作战中经常要面对的问题。着眼于作战全局，需要以局部的作战为全局作战争取时间，例如围城打援、阻击、掩护撤退等情况；作战准备不充分或者在敌强我弱时，需要时间调整部署的情况。着眼于战争整体态势，单纯的军事斗争无法达到政治目的，需要一支活跃的军事力量长期存在，并且赢得国际声援的情况等，都需要延长作战时间。作战有阔大恢宏的一面，也有细致入微的一面，常常要在某一精确的时间点上或者时间段内，采取特定的行动或者完成特定的任务。太早或太迟都无法达到预期的效果，这种情况下，就需要精确地控制时间，即准时。包括准时采取行动，准时完成任务。如不同作战部门彼此相约按时行动、以一部分军力迷惑敌人直至主力采取行动或某一特殊气候现象出现的瞬间等。尤其在当代作战条件下，精确打击武器的大量使用，要求各作战部门、各武器系统之间密切协同，要求精确地掌握作战时间。如对战术、战略导弹的拦截，对同一目标的多向打击等。

其次是调整作战时间。这源于作战时间自身的依附性，作战事物、作战事实出乎意料了，作战时间自然也要相应调整。规划的作战时间，是在假设状态下设定的，往往因为战事进行过程中出现的快慢缓急等变化，而无法完全遵循，甚至发生较大的偏差，因此要根据战事进行的情况，不断调整作战时间，以符合作战的事实。而且，越是要求精确的作战行动，就越要求实时准备调整时间。调整作战时间，主要考虑的几个因素包括国际形势的变化、战争本身态势、作战进程、敌我互动情况等。

4. 利用作战时空互换的特性

时间和空间是作战活动存在的基本形式，共同构成战争的舞台。也就是说，时间和空间在作战中是统一的，二者可以相互转换。因此，管理作战时间，必须利用时空互换的特性。作战的空间就是战场，前面已经讨论过，而利用作战时空互换的特性，就是利用有利的时、空因素转变有限的时、空因素。

首先，利用战场的大小来变换时间的松紧程度。一是以空间换取时间，即在时间相当紧迫、尚不具备实施有效作战行动的情况下，能够考虑到空间对时间的价值，以在空间中的位置变换，来增加可以利用的时间。这一点，在中国抗日战争中已经有鲜明的体现，毛泽东同志的持久战战略就充分利用了中国广阔的幅员，来换取宝贵的作战时间。二是以空间压缩时间，即用缩小敌方作战空间的方式，来减少其有效的活动时间。如果能够将敌人限制在有限的空间内，无法有效地活动，那么敌人的时间就变得毫无意义；至少，可以降低其时间的价值。如在阿富汗战争中，美军成功地将塔利班军队压缩在山区的掩体里，使其活动受限，使其在绝大多数时间碌碌无为；而美军则可以充分行使对作战时间的支配权。

其次，通过对时间的控制，来增大或减小空间的效益。一是将某一军事行动在相对短的时间内完成，以使敌方占有的较大空间变得没有意义。历史上曾经发生过很多类似战例，邓艾出剑阁，韩擒虎奇袭采石等都是这方面典型的例子。要点在于，以迅雷不及掩耳之势，打击敌核心位置，使其拥有的广大空间丧失存在的意义。二是利用拖长或缩短作战时间，使某一空间具有非凡的意义。如拿破仑和汉尼拔都曾为缩短进军时间而选择翻越阿尔卑斯山，而使得原本对敌方有利的天然屏障变得对进攻者意义非凡。再如抗美援朝战场上，志愿军坚守上甘岭高地，阻止了敌军推进，而使上甘岭成了该次战役极有分量的砝码。

应该看到，作战时空转换是有条件的。这是由于时间、空间是客观存在的，而人的主观能动作用的大小是相对于此而言的。在考虑时空互相转换时，一般要考虑作战的规模、政治紧迫程度、战争的政治目的、作战意图、地理条件和参展力量的机动和打击能力等。

5. 在作战时间中寻找战机

作战中时刻存在着或大或小、或多或少的战机，看似平淡无奇的时间段里往往孕育着决定性的机会，因此要善于在作战实践中寻找战机。实际上就是寻找那些关键的时间点和时间段。

首先要有耐心，等待战机。因为我们所面临的战局是客观的，主观能动性只能尊重战局的客观性，在战局发展到一定阶段，适合采取某项行动时才采取；而不应该违背战局内在的发展规律，强求往往是有害的，会造成难以弥补的损失。战国时期，秦国入侵赵国，赵将廉颇面对锐气正盛的强敌，坚守不出，而在营中加紧训练士卒。经过几个月的相持，赵军士卒精力充沛且人人乐战，因而秦军由于久屯兵于坚城之下，锐气已失，警惕性也有所降低。此时廉颇认为战机已至，果断进攻，一举而破秦军。同样是秦赵之间的战争，赵将赵括就没有认清战局的客观事实，不懂得耐心等待战机，急于求战，因而惨败在白起手下，导致 40 万赵军士卒被坑杀。

其次，要善于改变时间表象创造机会，这主要是通过改变作战节奏来实现。要控制敌人，首先要控制好自己。作战行动不能一个节奏进行到底，而应该急缓相间，使敌人难以琢磨。虽然有时候需要连续进攻或者乘胜追击，但不代表整个作战过程就是一个节奏一成不变的。只有利用作战节奏使作战时间表现出时缓时急，才能使敌人的作战行动没有可靠的依据，才能产生于己有利的机会。应该说，作战中大部分机会还是要靠主动地创造，改变时间表象，就是有效的方式之一。如在伊拉克战争中，美军在初期的主要作战行动中，以快为主，节节胜利。但是在末期进攻纳杰夫时，却针对地面进攻和巷战的危险性，放缓脚步，一方面利用新闻宣传等方式造势，扬言即将猛烈进攻，疲惫伊军；一方面积极准备，静候战机。果然在正式进攻时只用了一天的时间就顺利占领了该城。

无论是等待战机还是创造战机，都要考虑客观实际。如政治形势、国家利益、季节天候、双方实力对比等。总之，战机是作战的客观现实发展到一定阶段出现的关键时间点和时间段，把握住了这些时间点和时间段，就把握了战机。

作战时间看似无形，实则是作战中最重要的客观要素。管理好作战时间，就管理好了作战的一条主要脉络，是取得作战效益的关键。

第五节　作战信息管理

信息是"信号和消息的统一体，信息不仅包括信息的载体，即信号，也包括信息的内容，即消息"[1]。有观点认为，信息管理有狭义和广义两个含义，"狭义的信息管理是指对信息或信息资源本身的收集、整理、存储、传播和利用的过程"[2]。对于企业来讲，良好的信息活动是实现效益的关键。

---

[1]　徐根初：《信息化作战理论学习指南》，北京：军事科学出版社，2005，第 4 页。
[2]　党跃武、谭祥金：《信息管理导论》，北京：高等教育出版社，2006，第 231 页。

按《信息管理论》的说法，信息管理（IM）是"按照信息资源的组织结构和工作流程而进行重组优化，超越时间、空间和部门分割的制约，向全社会提供高效优质、范围透明和全方位的管理与服务"①。这一说法充分表明信息管理在企业运作中的重要作用。作战信息是战斗力的"倍增器"，是作战人员、物质、能量转化为战斗力的关键，在一定条件下其本身就是战斗力。徐向前元帅曾说："胜由信息通。"作战信息的有效运作关系作战成败，而作战信息管理能有效配置作战信息资源，使之成为有效作战资源的必备条件，促进作战信息化水平的提高，增强作战能力。作战信息管理无疑是实现作战效益的关键。

一　作战信息的特点

作战信息具有一般信息的特点，诸如扩充性、压缩性、替代性、传递性、扩散性、共享性、时效性等特点。作战信息是特殊的信息，对作战意义重大，因此相对于一般信息，有些特点尤其突出。

1. 多元性

主要包括三个方面，首先是来源多元，凡是对作战产生重要影响的信息，都是作战信息。其来源不仅包括军事载体，还包括民事载体。民事载体中，包含大量对作战有价值的信息，经过分析处理，就可以得出对作战有直接影响的结论。民间的报纸、电视、网络等媒体信息，社会上口口相传的传闻等，历来是军事情报人员分析的主要对象之一。作战信息更主要的来自军事载体，包括侦察预警系统、信息传输系统、军事电脑网络、文件资料、数据库等，这些都是作战信息的重点源头。其次是形式的多元，包括与作战有关的声音、图像、电磁波、数据、文字、信号等，都是作战双方极力要获取的作战信息形式。再次是渠道多元，作战信息可以通过无线电磁、有线电磁、计算机网络、新闻媒体、民间舆论、口头等多种渠道传输、汇集。多元性的作战信息中，没有轻重之分，只有多寡之别，任何一种信息都可能在某一时刻发挥关键作用。

---

① 王宪磊：《信息管理论》，北京：社会科学文献出版社，2004，第3页。

2. 归纳性

即作战信息可以提炼、浓缩、综合处理，进而得出一个或者一组结论。首先，基于服务作战的共同目的，来自不同源头的不同种类的作战信息，具有同一指向，给信息归纳创造了前提。其次，作战信息必须进行归纳，才能发挥较好的作用。初始的信息一般比较粗糙，很多不能为作战提供明确的提示，需要进一步加工；另外，初始信息中还包含大量的虚假信息，对这些信息，必须加以鉴别并剔除之，或者根据虚假信息的特点加以进一步分析，得出敌方某一意图。大量信息涌入信息管理部门后，不能直接给作战提供支持，需要经过分析处理，形成一个或者一组结论，用来验证或者纠正原有的作战判断，形成新的判断。

3. 流动性

信息本来就是传播意图、思想、认识的有效工具，在不同的接收者之间流动，是其发挥本质功能的必然方式。作战信息由于对作战的强烈支持，其流动性更强烈，流动性是作战信息的根本属性之一。由于作战信息非同寻常的意义，使其在各个流动环节之间流动非常迅速而频繁。首先是其传递性，借助很多载体，作战信息在各个作战环节，甚至在敌我之间传递，并在传递间发挥其作用。其次是扩散性，实际上就是信息向诸多方向的传递。作战信息一经显露，就会迅速地扩散。作战中，通常存在有意扩散和无意扩散两种情况，有意扩散的目的在于制造舆论、施加影响、迷惑敌人；无意扩散通常是管理不善造成的，容易失去控制，大多是有害的。随着信息技术的发展，作战信息的扩散速度越来越快，范围也越来越广。

4. 时效性

作战信息主要是依附于作战发挥作用，即使是独立地发挥作用，也是因为作战威胁的存在。因此，作战信息的意义随作战时机的变化而变化。某一作战信息在相应作战时机出现之前有意义，作战时机流逝，相应作战信息的意义也大打折扣，大多只能作为总结经验之用，甚至完全丧失意义。表面看来，在有些情况下，作战信息能够创造作战时机，实则作战时机本来就存在，作战信息只不过促使作战时机被发现而已。因此，作战信息具有强烈的时效性。这种时效性在作战中极为明显，表现为哪一方先获得作战信息，哪一方就获得了相对有利的地位；反之，则较为被动。另外，每个作战信息都有其最有效时间段，这也是为何作战双方都尽力在战前获得尽量多的作战信息。

二 作战信息管理的特点

信息管理一般具有及时性、准确性、适用性和经济性等特点。因为存在于作战活动中，作战信息管理除了具有一般信息管理的特点之外，又表现出独有的特点。

1. 环境复杂

首先是人文环境复杂。最原始的信息管理主要是通过人工实现的，人文环境对作战信息管理有着决定性的影响，信息技术高度发达的今天，人文环境仍然是影响信息管理主要环境因素之一。信息始终是掌握在人手里的，怎样认识和使用信息取决于人的意愿。当代社会意识形态多样，各种思潮错综复杂、彼此交错，同一社会环境中存在多种思维倾向，对同一事物各自心理状态不同，尤其是在战争状态下，在交战双方有意识的作用下，作战的人义环境越发复杂，形成了我中有敌、敌中有我的人文环境。在社会中产生和流入社会的信息必然迅速地变异、扩散，人文环境是信息管理环境的复杂要素之一。其次是电磁环境复杂。一般来说，战场电磁环境由人为电磁辐射、自然电磁辐射和辐射传播因素这三大要素构成。人为电磁辐射又分为有意和无意电磁辐射，自然电磁辐射分为雷电、静电以及其他电磁辐射，辐射传播因素包括电离层、地理环境、气象环境、各种传播媒介以及其他影响传播因素。在诸多辐射源和影响因素作用下，作战信息管理的电磁环境相当复杂，表现为信号密集、样式繁杂、信号间冲突激烈和动态交叠的特点。再次是计算机网络环境复杂。作战信息很多是通过计算机网络传递的，计算机网络是一个包罗万象的作战信息环境。其中有大量作战需要的信息和作战干扰信息，还有大量计算机病毒在网络中流散。此外，计算机网络攻防已经是司空见惯的信息对抗方式。诸多因素，使得作战信息管理的计算机网络环境相当复杂。

2. 工作量大

这首先是作战信息的多元性造成的。作战信息的多元性，使得作战信息的获取、传输等工作相当繁复。就信息获取来讲，主要包括侦察预警等工作。作战信息侦察工作就包括太空侦察、空中侦察和地面（海上）侦察，信息获取工作就是要通过控制广泛分布于陆海空天的侦察监视设备组成的侦察监视系统，来获取作战信息。作战信息获取空间跨度大，信息源多，据有关资料统计，当代战场上，一个集团军级的指挥控制系统仅无线电台就有一万余部，一个摩托化步兵师的电台数量超过 2000 部。随之而来的信息渠道和信息种类同样多如牛毛，使得作战信息管理工作量巨大。其次是作战信息的归纳性造成的。作战信息是海量的，而作战决策只有一个，海量的作战信息必须归纳才有应用的意义。对如此数量巨大的信息进行归纳，而且基于作战信息的精确和时效性的要求，必须在短暂的时间内得出精确的结果，可想而知，大量工作被压缩在某一时间段内，造成的工作量是巨大的。

3. 对抗性强

信息时代，战场上物质和能量能否起作用，能起多大的作用，都依赖于信息，取决于对信息的利用程度。信息管理所存在的空间主要是电磁空间、网络空间和认知空间，在诸空间中，围绕制信息权展开的情报战、电子战、网络战、心理战无处不在。从整个作战信息的流程上看，无论是获取和传输，还是处理和利用，信息战必然渗透到每一个环节。以制信息权为目的，以信息为手段的信息对抗，将贯穿信息管理始终。同战场上其他对抗类似，信息对抗也存在信息进攻、信息防御。敌对双方无不想以己方的信息活动阻止敌方作战信息的获取、传输、处理和应用等活动，或者以信息欺骗活动诱导敌方信息活动走向误区；而便于己方能够获得自由驾驭信息的权利。近几场战争，无论是阿富汗战争还是伊拉克战争，以美军为首的北约军队，每战必先侵入敌方信息系统。电磁辐射干扰、电脑病毒、新闻媒体宣传、特种分队深入敌后等，都是以己方的信息活动来摧毁敌方信息系统，获得己方的信息自由。因此，作战信息管理必可避免地具有强烈的对抗性。

4. 技术性强

信息技术的发展，造就的海量作战信息和快速的信息工作方式，使得通过使用高新技术进行信息活动成为必然。信息的获取、传输、处理和利用工作，绝大部分是借助当代科学技术完成的。单就信息获取来讲，其主要的技术就包括传感器与信息采集技术、自动目标识别技术、雷达组网技术、智能化情报分析技术、信息安全与防护技术等。而其中的传感器与信息采集技术就重点针对声、电、光信号的采集，主要包括自动目标识别技术、多传感器的融合技术、传感器/处理器/通信综合一体技术和智能传感等。而且，各项技术还将不断地发展进步，技术水平越来越高。可以想象，当前，没有技术的支撑，完成某一完整的信息活动过程是不可能的。科学技术使人类进入信息时代，主导信息时代的作战信息活动，必然要深度地应用各种技术。不懂技术就无法管理好信息，作战信息管理必然呈现强烈的技术性特点。

三 作战信息管理的措施

"信息管理是一种使有价值的信息资源通过有效的管理与控制程序而进行的实现某种利益的目标活动。在实际工作中为了有效地利用信息，必须组织诸如信息收集、存贮和传递等程序化工作，以解决信息利用中的各种问题。"① 信息管理的对象是信息的整个运动过程。普通信息管理活动的内容主要有以下几个方面：信息资源开发、调配与组织管理；信息传递与交流；信息的揭示、控制与组织；信息管理研究、咨询与决策；信息技术管理。普通信息管理的方法主要有开采、发掘信息源；通过分类、索引、归纳和综合，为信息管理和使用提供文献信息支持；通过决策支持系统，及其专家系统有效地使用信息；通过信息交互系统进行信息服务；优化信息，为信息再加工提供信息源。作战信息浩繁而关键，在某种程度上，是作战的命脉，必须采取有力措施进行管理，做到种类齐全、数量充足、及时准确、便于使用。普通信息管理一般是围绕信源、信宿、信息处理、信息用户和信息管理者五个方面进行。由于作战信息相应的这几个方面相互交叉、融合，如信宿和信息用户在某些情况下可以是信息源，另一些情况下可以是信息管理者。而信息管理的一般过程为信息的获取、传输、处理、使用，这一过程也是围绕信息源和信息流进行的。因此按照作战信息的特点及其管理的特点，结合

———————

① 王宪磊：《信息管理论》，北京：社会科学文献出版社，2004，第22页。

普通信息管理的一般特点和作战信息管理的特殊性，从作战信息活动过程的几个主要方面，讨论作战信息管理的措施。

1. 管理好信息源

目的在于高效率地获得作战信息。信息源是"信息的来源"①，作战信息的主要来源有五类。第一类是总部信息源。包括总部所属的技术侦察、电子对抗侦察、计算机网络侦察、谍报、特工等力量获取的情报信息。既包含谍报、特工等传统信息源，也包括电子对抗、计算机网络等当代技术手段参与的技术信息源，但都被各国军事力量广泛采用，是最常见的作战信息源。第二类是侦察、预警卫星信息源。利用侦察卫星和预警卫星获取陆、海、空的作战信息，民用卫星在战时也经常转为军用，发挥作战信息源的功能。第三类是侦察、预警机信息源。利用侦察机和预警机获取作战信息，其侦察高度更低，信息更具体，对作战的支持较第二种信息源更直接。以上三类信息源或者传递给总部，处理后再按级或越级分发给相关作战集团、作战部队、主战武器平台；或者直接传递至数据链系统覆盖范围内的入网及数字化单兵。第四类是特种部队、主战武器平台和数字化单兵信息源。主要是在执行作战任务的同时收集信息，具有临时性。这类信息或者按指挥关系纵向逐级上报，或者横向通报到有关作战集团、作战部队，重大信息越级传递至作战集团或总部。

管理好信息源，一是开发信息源。信息源的数量越多，质量越高，就越有效。因此无论在战前，还是战中，都要拥有尽量多的信息源。就是要广泛发掘信息源，善于发现那些已经存在、有良好潜力的信息源，经过加工处理，使之更适合于获得信息。如将侦察、预警卫星变轨到作战地域上空，挖掘计算机网络上的作战信息、策反有亲我倾向的战地人员或组织等。还要广泛设置信息源，历次作战都有其个性，需要为此而有针对性地设置信息源。如临时发射卫星、调用侦察预警机、设置间谍机构等。无论是发掘还是设置，都要注意多种信息源并重，以便从不同位置、角度获得不同种类或性质的作战信息。要将各种信息源置于陆地、海洋、天空、空间、前沿、后方、

---

①　王怀诗：《信息检索与利用教程》，兰州：兰州大学出版社，2007，第31页。

战地、民间等一切可以获得作战信息的地方。二是保护信息源。信息源的安全有效，是作战信息获得的保证，因此要注重保护信息源。一般来讲，情报人员的安全与活动自由、信息技术设备设施的完好、作战人员的生存，是要尽力保证的。总之，要重视防止暴露，暴露后及时补救并补设信息源，对抗破坏等活动要随时抓紧。三是利用信息源，广泛获取信息。要充分发挥信息源的作用，获得尽量多的优质信息。注重发挥各种信息源的优势，既要发挥信息人员的灵活性与创造性和人类独有的分析辨别力；又要充分利用技术性信息源的技术优势，发挥各种传感器的作用，发现那些人类本能之外的信息，成为人员触觉的延伸。既要善于收罗信息，又要善于辨别信息，选择优质信息，防止有害信息流入。目前很多信息获取设备都具有分析识别能力，如侦察卫星可以在一定程度上识别地面目标的性质，防空导弹的探测器具有一定的诱饵识别力，情报人员更可以发挥其综合型的辨别力。一些极具时效性的信息，被随时发出；对一些长效信息，如地理数据、武器性能数据等，要建立数据库，形成新的信息源，以便己方各作战单位共享。

2. 要控制信息流量

管理好信息源，信息获取就有了保障，接下来是对信息流的管理，信息流是"在空间和时间上按照一定程序向同一方向流动的各种信息"[1]。作战信息管理要求信息流量既要数量充足，又要便于使用。信息量小，不足以作为可靠的根据，得出合理的结论，在某些需要以信息量进行攻击的情况下也不能实现攻击意图；而信息量大不仅会造成传输障碍、不便使用，而且会造成壅塞、泄露等更加严重的后果。当代作战信息获取量大，作战人员面对庞杂的信息可能不知所措，容易造成信息疲惫。同时，敌对双方均重视欺骗对手，形成"战争迷雾"。因此要合理控制信息流量。

通过各种渠道获取的有关军事的原始信息数量相当大，一般都是分散杂乱并含有许多干扰信息的，还有一些是密文信息和毫无意义的噪音信息，无法直接利用，也不可能原封不动地传递给使用者。因此，需要对所获取的信息进行处理，去伪存真，去粗取精，由此及彼，由表及里地分析和综合，将

---

[1] 北京市科学技术委员会编《可持续发展词语释义》，北京：学苑出版社，1997，第267页。

海量信息转化成能反映作战本质的精确全面的信息，减小信息流量，便于传输和使用。去伪存真就是对浩如烟海的信息进行识别，从中分辨出真实有用的信息，而不能不辨真伪，搞信息堆砌；去粗取精就是对未加工或者简单加工的信息进行分析提炼，得出简洁准确的结论；由此及彼是要求运用事物普遍联系的观点，根据作战信息的归纳性特点，导出符合作战实际的信息；由表及里是要求较高的信息处理方法，通过信息处理人员和设备，运用多种技术和方法，处理现有信息，对信息进行再创造，得出反映作战本质及其变化的深层信息。作战信息处理要遵循客观真实、实时快捷、直观简洁、多维全面的原则，才能实现既能精简作战信息的流量，又能保证作战信息的质量，便于传输和利用。

针对精简信息量，从对原始信息筛选过滤、编辑整理、分析计算，到处理综合，当代作战信息处理任务主要是信息综合处理。作战信息是决策的依据，信息处理部门接收和处理的信息种类繁多，如部队侦察情报、技术侦察情报、网上侦察信息、卫星侦察信息、空中预警信息、雷达信息、电子对抗信息、气象信息等。这些信息真伪并存，必须实时进行识别、筛选、分类、比较、综合，确定其可靠程度及重要性，生成总体态势图及结论，才能保证此后作战信息的顺利传输和利用。信息综合处理涉及大量技术，主要包括数据计算技术、数据压缩技术、图像处理技术、语音处理技术、模拟仿真技术、神经网络技术、信息融合技术等。

并不是所有的信息流都要求精简，有些时候也要刻意地使之庞大。因为"信息疲惫"和"战争迷雾"在带给己方诸多不利的同时，同样会给敌方信息工作带来极大的麻烦。控制信息流量，还应该重视在信息攻击活动中加大信息流量，利用庞大的信息流造成信息链拥堵，效率降低，甚至瘫痪，以有效地攻击敌方信息系统。

3. 要提高信息流速

作战信息在整个作战体系能流动并有效发挥其作用的关键一点还在于提高信息流速。因为作战信息具有时效性的特点，所以作战信息一定要在其有效期内传输到合理的位置，发挥其时效。还因为安全性的要求，作战信息必须缩短传输时间，减少暴露于敌的可能性。

信息流动即信息的传输，涉及多种技术，主要包括调制技术、差错控制技术、扩展频谱技术、同步技术、多路信息传输技术等，每一技术又包涵很多内容，如多路信息传输技术频分、时分和码分技术。传输技术是信息流的基本保障，提高作战信息流速要重视技术的开发与应用。在技术条件既定的情况下，应考虑信息传输的组织方法。既要注重技术，又要注重战术；既要注重现代方法，又不能忽视传统方法；既要考虑信息的整体传输速度，又要考虑关键信息的优先传输，总之要多种方法并用。

提高信息流速的基本思路是以信息的互联、互通、互操作为标准，以联合、精干为原则，建立结构合理、功能齐全、关系顺畅的作战管理机构。以此为基础，考虑在优化信息活动的组织方式上下功夫。一是要最大限度地实现作战信息共享，即最大限度地把作战中各级管理机构、主战武器平台纳入战场态势信息共享体系，利于各层级、部门实时或近实时地共享战场态势。要打通各层级、各部门之间的信息流通壁垒，建立战场信息一体化融汇机制，把各类信息融合进信息中心；信息中心经融合处理后，及时把相关信息分发给相应的作战部门、单元和主战武器平台，对涉及全局的信息则进行战场通报。对刻不容缓的预警类信息，在融汇的同时，直接分发给相关作战部门、单元和主战武器平台，为相关单位第一时间作出有效反应提供信息支持。二是要灵活处理指示性信息传达问题，适当采用跨级传达，减少信息传输中间环节。就是指在构建指示性信息传达链路时，要把重点放在能达成对作战部队和主战武器平台的越级指挥控制上。为克服特殊情况下按级传达模式的缺点，要预测作战中可能发生的各种复杂和紧急情况，建立应对多种情况的指示性信息越级传达链路，根据需要减少中间环节。三是要加强作战系统内的横向信息联系。在构建信息链路时，要重视不同类别作战部门、作战单元、主战武器平台之间的信息交流，紧紧围绕"行动点"，展开交流信息，互通有无。某一作战单元所获得的信息，可以横向传递给需要该信息的部门，某一武器平台获得的信息，可以被需要该信息的作战单元横向及时利用。

当然，并不是所有信息流速都强调快，个别时候也要求放慢信息流速，如为实施信息欺骗而故意将某些信息长时间暴露于敌方视野下。但只限于某些特殊情况下、为了特殊目的，信息流速总体要求还是以快为主。

4. 要把握信息流向

大量作战信息在敌方、己方、环境之间，在己方内部各部门之间流动，由于其种类、性质、意义不同，所承载的目的不同，因此针对不同作战信息，要控制其流向，主要有两个大的方面。一是控制作战信息在己方内部的流向，二是作战信息在己方与外部之间的流向，以下分别进行讨论。

在己方内部各作战部门之间控制作战信息的流向，历来是作战中应该重视的问题。一是根据不同的内容、使用等级、保密等级，来确定其流向。简言之，就是使信息各得其所，使各部门、各层次得到与其相适应的作战信息。不至于让太多的信息流入与之无关的单位，造成注意力分散，困扰其正常工作；也不至于让核心信息流向太广，造成信息失控而导致泄密。二是信息反馈，即由控制系统把信息输送出去，又把产生的结果送回来，并影响信息的再输出，起控制作用，以达到最终预定目的。信息反馈的过程包括信息输出、结果反送、再输出三个阶段。作战信息有输出通道，也要有反馈回路，以便进行输出、反馈、再输出的往复循环，形成信息流。信息控制中心把有关信息输送给信息使用者后，所产生的新的信息反送回系统的输入端，目的在于与目标信息进行比较，找出偏差及原因，作为再决策的修正依据。这个过程循环往复、螺旋上升，最终实现作战目标。作战信息反馈是决策修正的主要依据，有助于优化方案，提高决策支持水平。

对于己方与外界之间信息流向的问题，是当代作战的大问题，关系到作战信息活动的成败和整个作战活动的成败。简言之，就是促进有利信息的流入，防止有利信息的流出；促进有害信息流向敌方，防止有害信息的流入。有利信息的流入在前面已经讨论，这里主要讨论其余问题。

促进有害信息流向敌方，就是利用各种信息形式，如电磁信号、计算机病毒、计算机网络信息、新闻舆论等，最大限度地削弱、破坏、瓦解敌方的信息活动，以利于己方夺取和保持制信息权，是信息进攻的主要手段。基本思想是通过有目的的信息流出，在电磁领域，以干扰、压制、欺骗、迷惑等手段，破坏敌方的信息获取、传输、指挥和控制活动；在计算机网络领域，以窃取、篡改、扰乱等手段，破坏敌方信息的处理和传输活动；在认知领域，借助新闻、情报、宣传活动，对敌实施军事欺骗和心理瓦解。具体措施一般包括输出威慑性信息，从心理上震撼敌军；输出压制性电子干扰信息，阻碍敌与外界的无线电联系，干扰其雷达、光电侦察，实施信息封锁；输出欺骗性信息，进行电子伪装、电子佯动、网络欺骗等信息欺骗方法，进行信息造势，促使敌人误判；有意向敌信息系统倾泻伪信息、废信息和"有毒"信息，阻塞、挤占敌信息渠道，污染其信息活动环境。基于类似的原理，还可以进行信息骚扰、节点破坏、系统瘫痪等活动。

与作战信息系统高效率并存的，是其脆弱性，存在电磁辐射泄漏、存储媒体失控、数据的可访问性、磁性介质的剩磁效应以及通信与网络的诸多弱点。信息系统的种种脆弱性很容易造成信息流向失控，蒙受损失。因此，要防止有利信息的流出和有害信息的流入。基本任务是在电磁频谱内实施反欺骗、反侦察、反干扰、反破坏；在计算机网络领域内实施反入侵、反病毒攻击；防止己方作战企图、目标和行动泄露；利用情报机构、新闻媒体等进行反军事欺骗、情报对抗及心理对抗。目的是保护己方信息系统安全、可靠、畅通，各种作战信息的真实、有效、完整、保密。主要措施有：隐蔽法，即综合采用辐射控制、信号隐匿等措施，隐蔽己方电子信息系统及其辐射的真实信息，防止敌方的电子侦察；欺骗法，即运用信息欺骗的各种技术和战术措施，采用伪装、模拟与冒充欺骗相结合，信源欺骗、信道欺骗与内容欺骗相结合，隐真示假，隐蔽和掩护己方信息和信息系统；管制法，即加强对涉密人员和秘密载体如网络、电磁频谱等的管理，以及音响、灯光、阵地管制，堵塞可能导致信息泄露的渠道，保证己方企图、目标和行动等情报不被敌方获取。同时应该注意，进攻是有效的防御，应积极采用信息攻击的手段保护己方作战信息不被窃取和破坏。总之，要在作战区域内，综合利用多种电子信息设备和系统，采取各种组织形式和方法，形成系统的防护。

自从人类战争中有了侦察、谍报等活动，就有了作战信息管理活动，围绕作战信息的获取、传输、处理、利用等活动，作战信息管理一直发挥着重要的作用。信息时代的战争中，作战信息上升到前所未有的地位，作战信息管理也成为作战中至关重要，甚至生死攸关的环节。当代战争所提倡的信息优势、决策优势和行动优势，是一个彼此承接、一气贯通的优势转换流程，作战信息管理决定了信息优势和决策优势的建立，直接影响行动优势的确立。作战信息的复杂性，决定了作战信息管理涉及的技术、活动、流程、手段繁多，任务艰巨。作战管理者一定要重视对作战信息管理的研究与实施，以便从根本上确立作战的优势。

第七章 作战管理的流程

在工业品生产中，流程指从原料到制成成品各项工序安排的程序。管理工作是通过一系列工作有秩序地逐次进行，产生结果，结果就是管理过程产生的成品。因此，从管理开始到产生结果的过程中，各项工序安排的程序，就是一个管理的流程。作战管理的流程就是指在管理职能的作用下，作战活动从开始到产生结果的全过程中各项活动安排的程序。由于传统作战指挥与作战管理的交叉与模糊，两个流程也颇为相似。按照管理的一般过程、作战活动的特点以及管理活动在作战中发挥作用的方式，作战管理的流程主要包括七个环节，分别是感知作战环境、定位作战目标、制订作战计划、配置作战力量、部署作战行动、控制作战过程、评估作战效益。

第一节　感知作战环境

一般认为："环境是相对于中心事物而言的，与某一中心事物有关的周围事物，就是这个事物的环境。"① 任何事物都不是孤立存在的，都有其环境，并与之发生千丝万缕的联系。环境影响中心事物的存在状态、发展变化的方式和过程。对作战进行管理，首先要了解作战的环境。因此，作战管理的流程，从感知作战环境开始。

一　作战环境的含义

环境有时也称外部环境。当代管理学认为外部环境是指"能够对组织绩效造成潜在影响的外部力量和机构"②。作战活动同样存在对作战效益造成影响的外部力量和机构，而且还包括很多其他因素，它们一起构成作战环境。美军认为，作战环境是指"气象、地形、特殊环境、核化武器、电子战、烟幕和遮蔽以及战场形势造成的紧张压力对军事行动的影响"③。我们认为，美军定义的是直接影响作战的具体环境。当代战争牵一发而动全身，政治、经济等宏观因素对作战的影响也很大，个别因素越来越直接，因而我们将作战环境分为广义和狭义两个定义。广义的作战环境是指政治、经济、军事、外交和人文等方面对作战产生间接影响的各种外部条件的总和，是进行作战必不可少的外在宏观条件。狭义的作战环境是作战区域内与作战直接相关的自然条件、社会条件和军事条件构成的、对作战产生直接影响的各种外部条件的总和，是进行作战必不可少的外在具体条件。

管理学认为环境对管理的影响主要取决于环境的不确定性，这种"不确定性威胁着一个组织的成败，因此管理者应尽力将这种不确定性减至最低限度"④。战略管理理论认为组织存在于动态的环境之中，其中机遇与挑战并存，管理者应善于识别机会、应对挑战。同理，作战环境对于作战也有类似的影响。美军认为：作战环境是一切军事行动的基本条件，作战中，各种

---

① 李庆臻：《简明自然辩证法词典》，济南：山东人民出版社，1986，第401页。

② 〔美〕斯蒂芬·P. 罗宾斯、玛丽·库尔特：《管理学》，北京：中国人民大学出版社，2004，第70页。

③ 崔师增、陈希滔：《美军高技术作战理论与战法》，北京：国防大学出版社，1993，第25页。

④ 〔美〕斯蒂芬·P. 罗宾斯、玛丽·库尔特：《管理学》，北京：中国人民大学出版社，2004，第77页。

因素一起影响部队的行动，特别是自然条件对部队的运动、防护和作战都会
产生重要影响，把作战环境看做是其军事理论的一项重要内容而纳入其陆军
作战纲要。作战环境不仅是作战的依托和舞台，同时也是管理方法运用的客
观条件和依据。因为作战管理的主要任务之一就是选择与特定环境相适应的
作战方式与方法，并在此过程中巧妙地汲取力量。克劳塞维茨认为："地理
环境同军事行动有着十分密切而永远存在的关系，它无论是对战斗过程的本
身，还是对战斗的准备和运用都有决定性影响。"① 任何作战指导者都不可
能超越作战环境的许可来谋划胜利。对作战环境进行研究，可以揭示各种环
境因素影响作战的规律，便于利用各种环境因素为作战服务。感知作战环境
是作战管理的首要环节，并贯穿于作战管理全过程。环境是进行作战活动的
客观依据，感知环境对于减少作战中的不确定性因素，提高作战效益具有重
要作用。

二 作战环境的构成

管理学认为外部环境包括具体环境和一般环境。"具体环境包括那些对
管理者决策和行动产生直接影响并与现实组织目标直接相关的要素。"② "一
般环境包括可能影响组织的广泛的经济条件、政治/法律条件、社会文化条
件、人口条件、技术条件和全球条件。与具体环境相比，这些领域的变化对
组织的影响通常要小一些，但是管理者在计划、组织、领导和控制时，必须
考虑这些因素。"③

对作战管理而言，宏观环境主要影响战争全局，对局部作战产生间接影
响，偶尔产生直接影响；具体环境主要影响局部作战，间接影响战争全局。
根据前面的定义，广义的作战环境包括政治环境、经济环境、科学技术环
境、军事环境、人文环境等。政治环境主要包括国际政治格局、外交关系、

① 〔德〕克劳塞维茨：《战争论》上卷，北京：解放军出版社，1964，第356页。
② 〔美〕斯蒂芬·P. 罗宾斯、玛丽·库尔特：《管理学》，北京：中国人民大学出版社，2004，第70页。
③ 〔美〕斯蒂芬·P. 罗宾斯、玛丽·库尔特：《管理学》，北京：中国人民大学出版社，2004，第73页。

时代主题、国家政治氛围、历史任务；经济环境主要包括国际经济格局和国家经济实力；科学技术环境主要包括国际科技发展水平和趋势、国际科技分布、国内科技水平；军事环境主要包括国际军事发展水平、实力分布、同盟状况、国内军事实力；人文环境主要包括人口数量和素质、人口分布、意识形态、民族传统、宗教信仰。

狭义的作战环境变化频繁而微妙，对作战的影响直接，主要包括如下几个方面。一是自然环境。作战发生地域内的自然环境是天然条件，主要包括地形、气象、天候、水文、生物等。地形主要包括地貌表面的起伏状态，如山地、丘陵地、平原地、开阔地、谷地、沟坎、洼地、海岸等；各种地物，如居民地、村庄、建筑物、岛礁以及独立物的性质、数量与分布；植被状况，如种类分布和密度；地质条件，如地壳结构和土壤状况等。气象主要包括大气温度和湿度、气压、气流、雨雪云雾和雷电等各种物理状态和现象。天候主要包括季节特点、天文现象和时差变化等。水文主要包括江河湖海等水系的数量、分布与面积；水位、水温、水质、水深以及流向、流速、河床底质情况；海流、海浪、潮汐、盐度、水色等因素的变化情况。生物主要包括各种动物、植物的种类、数量和特点等。二是社会环境。包括人文、地理、资源与经济构成等情况，具体如下。人文主要包括人口的数量、素质、分布与结构；重要城市和居民地的分布及其规模；民族分布、数量和比例关系；民族习惯及民族矛盾、政治倾向、风俗习惯、性格特点、宗教信仰以及相互关系等。经济状况主要包括工农业生产和科技水平，资源的种类、分布、贮量、产量；主要工业状况及其军事潜力；农业状况等。交通网的布局、运输能力、主要运输干线、交通枢组、设施及周围地形情况；交通工具和作战潜力；桥梁、隧道、渡口情况以及特殊地段；港口、机场的位置、设施及吞吐能力等。通信网络的基本情况包括通信设备情况和技术人员数量、可用程度和防护条件；计算机信息网络布局等。文化、科技、医疗机构的分布情况，如广播电台、电视台的位置、数量及能力，名胜古迹及重要建筑物的位置与价值等。三是军事环境。这是由不同的作战力量、武器平台、技术装备等军事要素构成的，与作战之间的关系最为密切，影响也最为直接。军事环境要素主要包括：由不同作战力量的分布以及以此为主体而形成的陆、海、空、天、信息等作战空间；预置的军用航天器（如侦察卫星、通信卫星、导航卫星等）、传感装置等技术设备；由电磁频谱、计算机网络和战场声光信号装置等构成的信息环境；战场设施（如工事、坑道、隐蔽部、仓库等）的分布、数量及质量；核生化威胁；可能的第三方军事威胁；为敌方提供武器装备、技术和信息等方面支持的隐性作战对象。总之，无论是广义还是狭义的作战环境，都是自然环境、社会环境和军事环境彼此联系、交互作用，形成动态有机的整体，构成了基本的作战环境。

三 感知作战环境的要求

感知环境是管理的第一步，主要是为了给组织以准确的定位，以便做出正确的决策，这是一切管理活动的起点。同样，感知作战环境，是顺利展开作战的前提，后续的确定作战目标、制订作战计划等活动都要以此为前提，是作战管理的第一步。是为确保及时、正确、有效进行作战管理，确保作战效益的实现的基础。

1. 讲求时效

任何事物的存在价值都随时间而变，其价值会随着时间的流逝而消减、消失。首先，作战环境本身具有强烈的动态性，某一情况必须在情况未变之前，传送到合适部门，才会有真实的环境反应；超过环境实效的过时信息，不仅无益，而且有害，会造成误导。其次，变化本身就是一种状态，必须关注环境的变化，并及时明晰变化的内容、方式和趋势，主观指导才能不落后于客观环境。再次，又因作战活动快速频繁地变化，环境随变的节奏和速度不一定与作战行动一致，因而要时刻关注环境与作战主体之间的关系，使主体行为不会与环境脱节，超出环境的允许范围，造成主观行动违背客观实际的错误。尤其是信息化条件下的作战，战况瞬息万变，环境信息价值实效短，对环境感知的时效性要求极高，要求实时感知、近时实地明确环境状态。

2. 准确客观

真实的环境信息往往隐藏于众多假象之中，感知作战环境要透过纷繁复杂的表面现象，探知真实的环境本质。与其他环境不同，作战环境因作战活动的对抗性，而常使真相陷于迷雾之中。敌对双方为了各自的主动权，无不隐真示假、制造假象，竭力误导敌方，阻止其得到真相。因此，感知作战环境，要透过现象看本质，根据事物最本质的属性，来判断所得到的信息是否客观。此外，越细致地掌握环境情况，越有利于确定作战目标、制订作战计划。因此，感知作战环境要尽量细致，以便更加准确地反映环境的内涵。

3. 有针对性

感知环境要有所侧重，首先要重点感知作战指导者关心的作战环境，有目的地去收集、研究和处理，为作战管理的核心层、核心任务服务。其次要根据战局，重点感知那些起关键和主导作用的环境要素。战局的发展与转换是形势使然，往往隐性地存在于作战的诸事物中，一旦发生较大的改变，很难快速扭转。因此，感知环境有责任找出那些对战局意义重大的情况，以资利用。再次要弄清楚最紧迫的作战环境，解决迫在眉睫的问题，以防止短期情况对大局和长远造成较大影响。当然，有针对性地感知作战环境，不排斥普遍了解作战环境。普遍了解是重点感知的基础，价值重大的环境情况存在于普遍现象之中。

4. 力求完整

无论哪个层次的作战环境，都是多要素组成的环境系统，环境系统对作战的影响也是系统的，要得到客观准确的环境信息，感知作战环境，就要力求完整。理论上讲，任何环境要素的缺失，都影响环境感知的系统性。但是将所有的环境要素毫无遗漏地收集是不可能的，因此要围绕作战行动，收集与之密切相关的要素，使之达到系统性要求。要多种手段、多种渠道并用，对围绕作战的事物进行较大范围的探索，并进行系统地分析，避免片面。

5. 保持连续

由于作战活动的发展变化是一个连续不断的过程，环境自身也在自变和随变，感知作战环境必须随时进行，不能间断，以避免某些重要情况的遗漏。作战的各个时期、阶段都是相互衔接的有机整体，彼此之间存在内在的联系。感知作战环境要善于从前因和后果之间的联系中分析环境变化发展的必然状态。只有对作战环境进行不间断地跟踪、收集、分析与处理，才能实现良好的感知。感知作战环境贯穿作战活动始终，循环往复进行。

四　感知作战环境措施

无论是信息时代还是之前的任何时代，感知作战环境都要以环境信息为依据，通过进一步地识别、综合处理、传递等环节，使作战环境状况在己方作战系统内得到明确的认知。因此，感知作战环境主要有三个步骤，即收集环境信息、分析环境信息、分享环境结论。

1. 收集环境信息

感知作战环境由收集作战信息开始，而收集的广度、深度、可信度和及时度，将决定环境信息的数量、质量与价值，必须认真组织，多渠道实施。收集的对象主要包括社会环境、历史背景、地理环境和敌情。社会情况主要包括国际情况、国内情况、敌国情况和作战地域社会情况。收集国际情况可以明确形势、国际关系、舆论导向对己方的利弊程度，是否有利于己方，在多大程度上支持己方，支持己方哪种规模和方式的作战；收集本国和敌国情况可以明确双方对战争的态度、支持度、潜在威胁、软硬实力和战争潜力，便于对比；收集作战地域社会情况可以明确在当地可能获得的精神支持和物质支持以及相反的情况。历史背景指战争的历史原因、双方的历史渊源等。地理环境主要指作战地域的地理条件，是决定作战目标和制订作战计划的直接依据之一。敌情也是作战环境的重要组成部分，因为它同其他环境要素一起构成了己方作战活动的制约因素。敌情主要包括敌方的兵力兵器、作战部署、士气以及将领性格、智力、作战水平、家庭背景、以往战绩、个人习惯等。

收集环境信息首先要查询现有资料，如在图书、档案、数据库等处所得到的信息一般是经典的、现成的、经过历史实践检验的，可信度较高，对作战的影响大多是宏观的，也有少数微观因素。其次要借助多种收集力量，主要包括情报机关和侦察部队。情报机关分为统帅部情报机关、特定任务的情报机关、各军兵种及各战区和集团军司令部情报部门。侦察部队指各级军队建制内的侦察部（分）队，主要指野战侦察部（分）队、特种和专业侦察部（分）队、技术侦察部（分）队。这些收集力量收集到的信息是发生在战争期间的，时效性较强。再次要利用各种信息收集设备，如用于对远距离目标探测的遥感设备、各类传感器和电子信息侦察系统、计算机网络等，这些设备一般设在地面、舰船、飞机和卫星上。信息时代，技术设备是主要的环境信息来源。最后要注意和友邻部队沟通、互通有无。

2. 分析环境信息

收集得来的环境信息庞杂零碎、真伪混杂，甚至相互矛盾，不能准确地反映环境的客观面目，必须通过分析、综合和判断，才能揭示各因素之间的内在联系，抓住其本质，得出符合客观实际的正确结论。分析环境信息的实质是对情况信息由表及里、由现象到本质、由此及彼的认识过程，是认识作战环境的关键。

为了做出符合实际的结论和发展趋势的判断，良好的服务于定位目标和制订计划，分析环境信息的一般步骤依次是：分析来源、核实情况、分析原委、综合判断、得出结论。分析来源主要是对情况资料的来源渠道、获取手段等进行分析，通过卫星、预警机、侦察机等技术装备获得的环境信息要防止技术欺骗，并进行技术处理；由人员、媒体方面获得的环境信息，要防止人为欺骗。核实情况一般要采用比较、对证、联系的方法，对环境信息的时间、地点、情况、数据资料等进行综合验证。分析原委要找出环境状态发生的因果联系，结合作战背景综合思考，联系事物发展规律，找出信息存在并显现的深层次原因。综合判断是环境信息处理中最关键的一步，各种因素综合起来才能显示其本质及内涵，要根据情况资料本身及与之关联的各种情况的分析和综合，追求接近环境真相。得出结论是根据以上各步骤的成果，判明环境态势和发展趋势。

分析环境信息要注意如下事项：一要运用先进的技术手段和方法，一些重要信息应采用多种手段和方法验明真伪；二要善于透过表象看本质；三要找出主要因素，抓住问题的关键深入剖析；四要善于从环境信息的来龙去脉中寻找根源，牵引出其发展趋势；五要有全局观，站在全局的角度看待每一因素，防止片面；六是虽然得出的结论大多不是一句话能够表达清楚的，有时甚至是一组结论，但仍然要追求清晰明了，便于理解。

3. 分享环境结论

由于作战信息有很强的时效性，经过一系列工作得出的环境感知结论，要及时地与有关作战单位分享，否则就不能产生应有的价值。因此，分享环境结论是掌握情况中一个重要的最后环节，主要包括向上级的报告、本级内部的传达与交流、向下级和友邻的通报。感知环境为定位作战目标和制订作战计划服务，信息化条件下，虽然追求战场态势共享，但也应该是有节制的共享，无限制的共享不但会影响工作效率，而且会造成不必要的麻烦。因此，分享环境结论要有针对性，根据不同作战单位和部门的职能和任务，给予全部结论或者相应的部分结论。一般来说，报告给上级机关，尤其是统帅机构的应该是全部结论；报告或通报给友邻单位和下属单位的，要有选择性，以避免信息失控，造成个别单位心理压力过大或者泄密等不利现象发生。

第二节　定位作战目标

感知作战环境是要弄清楚作战面临的外部条件限制，找出其中的有利和不利因素、其中可资利用的资源与存在的威胁，目的是明确己方在既定的环境下可以采取怎样的行动、取得多大的成就。因此，感知作战环境之后就要定位作战目标。定位作战目标，要考虑自身能力、自身能力与环境对比、相关各方的期望，然后才能较为合理地定位作战目标。

一　作战目标的含义

要合理定位作战目标，首先要明确作战目标的定义与意义。《中国军事知识辞典》将作战目标定义为"军队作战所要打击的对象或占领的地方"[①]。这个定义的局限在于将作战目标局限在作战或者打击的对象上，而没有提及某一作战行动的整体目标，即所要达到的效果或实现的状态上，因而无法涵盖作战目标的含义。《中国军事知识辞典》还给出了作战目的的定义——"作战行动所要达到的预期结果。如进攻作战的目的是歼灭敌人有生力量，或占领某个地区；防御作战的目的是挫败敌人的

---

① 杨庆旺、哈铧主编《中国军事知识辞典》，北京：华夏出版社，1987，第445页。

进攻，或守卫某个地区等。消灭敌人、保存自己是一切作战行动的根本目的"①。该定义既认为作战目的是预期结果，也给出了一切作战行动的普遍目的，即"保存自己、消灭敌人"。其中就包含作战目标的含义。本书所说的作战目标与上面所说的作战目的相似，是指作战行动要达到的预期结果。作战指的是战争范围内的一切作战行动（包括战争），因此，作战目标指包括大到战争、小到某一打击行动的预期结果，大体分为战争目标和战役、战斗目标。战争目标所指比较宏观，是战争所要达到的政治、经济、军事、文化等方面的结果，包括获得或保卫政治地位、经济利益、军事发展前景以及文化意识争端的解决等。战役、战斗目标所指比较具体，是战役、战斗所要达到的战场军事状态，包括占有地区、歼灭力量或保存力量、获得或保卫资源、赢得时间等。从作战领率者到具体作战单元，都时刻面临作战目标的相关问题。

管理学认为：任何工作都要设立目标，否则就会在组织工作中显得盲目和杂乱。因为组织在完成任务过程中，需要将不同部门按照相应的位置和路径连接起来，其中就存在一个较为复杂的问题——战略协调。组织中的位置和路径，既包括整个组织的位置和路径，也包括各部门、各子公司、各层次以及各类人员的位置和路径，整个组织各个部分都在为自己的决策和需要而行动，都在根据各层次环境的变化和自身的能力做出发展预期。从各自的角度来看，这些预期和活动可能都是有根据的、合理的，但综合在一起，就有可能出现不协调，甚至违背组织的整体利益。因此，完成任何任务都需要一个组织或团队的共同努力，需要协调思维。协调思维是解决如何将组织各个部分的决策和行动编织成一个统一的、和谐的整体的思想方法。没有这样的协调思维就没有管理，因为管理的价值不仅在于组织各个部分的卓越，更在于各个部分协调的成功。进行协调思维的直接基础就是组织的目标，继而根据目标要求去协调各个部分的行动。同样，作战目标将一切杂乱无章的作战要素统一起来，形成有序的作战体系，是作战的引领，引领一切部门、个人的思维和行动，决定作战团队整体的行动是否协调有序，是否有利于各层次

———————————

① 杨庆旺、哈铧主编《中国军事知识辞典》，北京：华夏出版社，1987，第445页。

和各部门实现效益，最终是否有利于作战团队整体效益的创造和良好的战略发展。

二　定位作战目标的原则

作战目标存在于作战体系的各层次和各类别中，即使一个部门的目标，也存在多种高度和方向的选择，受多个其他相关单位（在管理学中称为利益相关方）关注。因此，解决作战目标问题，就是在合适的位置设置目标，称为目标定位。目标定位受多种因素影响，要遵循一定的原则，才能最大限度地避免偏颇。

1. 环境极限原则

作战环境是一个不可抗拒的限制条件，同时又蕴含着机遇和挑战，决定着作战行动的范围、程度、方式等，进而影响作战能够取得的成果，而作战目标的实现就是以作战的范围、程度、方式和可能结果为依据而定。因此，定位作战目标要在环境允许的范围内，不能超过环境允许的极限。否则，目标定位过高，就难以实现，导致严重的挫折，造成整体作战意图的中断；即使暂时实现了作战目标，却不能扩大战果，无法实现战局的可持续发展。

2. 能力极限原则

作战能力是实现作战目标的先天条件，决定作战可以达到的深度和广度以及作战方式，就是通常所说的"有什么样的军队打什么样的战争"。如果目标定位过高，超出了己方的能力极限，会造成作战行动当停不停、当止不止的情况，不仅可能额外地消耗作战资源，还会影响作战计划、控制等工作的实施，造成各种设想和行动脱离实际，遭遇挫败。更为严重的是会造成战局失控，引起不良连锁反应，导致全局性灾难。因此，作战目标不能在作战能力所及之外，成为高不可攀的空中楼阁。

3. 利益相关方原则

作战必然会对与之相关的很多群体的利益产生有利或者不利的影响，这些群体被称为利益相关方。对即将发生的作战，各利益相关方关注的无疑是本身的利益。作战的敌对双方，是最直接的利益相关方，彼此的利益争夺最为激烈、明显。在有限战争中，以争夺利益为直接目的的作战目标，要考虑敌方的承受极限，超出了这个极限容易导致无限战争。此外，还存在很多其他利益相关方。对于外部，有幕后的利益相关方，如双方的幕后支持者、利益受影响的观望者等，他们对作战的影响是间接但通常是宏观的，常常产生决定性影响。因此作战目标不能左、也不能右，要在外部各利益相关方之间寻求一定的平衡状态，保证不会出现过激的行为。对己方内部，存在不同部门和不同层次的利益相关方，作战目标的设定，应以总体目标为依据，内部各利益相关方的期望应服从总体目标，同时设定总体目标在不影响大局的情况下应兼顾各利益相关方的期望。

4. 效益和发展原则

作战要讲求效益，即投入与产出的良好比例关系；同时，一次胜利不是目的，目的是要创造战争的胜利，要保留持续发展战局的能力，没有后继之力的胜利是不能持久的。因此，定位作战目标要符合效益和发展的原则。此外，兵以利动，战端为国家和民族利益和发展而开。作战目标的本身是军事属性的，但其意义是全方位的。定位作战目标，要以实现作战力量的军事本职为先导，以战争的政治、经济、文化等本源为归宿，既有利于获得诸方面短期效益，又有利于诸方面长远发展。

5. 风险原则

作战是人类社会风险最高的活动，作战的风险不可避免，但可以尽量地减小这一风险。减小风险，是在定位作战目标时就应该考虑的。古人就有"先胜而后战"的思想。孙子就认为作战应该"先为不可胜，待敌之可胜"[①]。这都是降低作战风险的观点。不同的作战目标，风险是不同的。有些目标蕴含的未知因素多，完成起来难度大、投入多；而有些目标蕴含的未知因素较少，实现比较容易。因此，定位目标在考虑效益和发展的同时，要尽量减小风险，冒险求战是不负责任的。

6. 前瞻原则

任何活动都有其后续的价值，作战目标要有前景。对于战争目标而言，

---

① （春秋）孙武：《孙子兵法·形篇》，北京：燕山出版社，1995，第45页。

应预测到所定的目标会带来国家怎样的发展，不能为战争本身所局限。对战役、战斗而言，战争中包含一系列的战役、战斗，也包含一系列的战役、战斗目标，它们之间彼此衔接，连续推进。定位某一战役、战斗目标要看到其前景，看其是否能够引申出有利于后续发展的良好趋势，是否有利于定位新目标。

7. 准确稳定原则

定位目标的意义在于理清杂乱无章的事物，使之成为有序的工作体系。目标是作战的指南，一切活动围绕目标展开、朝着目标推进，所以，作战目标应该是准确稳定的。准确而稳定的目标提供准确而稳定的方向，各项作战活动就有了可靠的依据，不至于陷入疑惑与犹豫。尤其在作战形势不甚明朗之时，目标更能提供方向的指引，坚定执行的信心。此外，由于牵涉到相当多的利益相关方，因此目标必须在各方之间准确找到位置；目标也牵涉到作战行动的前后衔接问题，在讲求精确的信息化战争中，目标更应该是准确定位在最有价值的那一点上。因此，作战目标一旦确定，不宜轻易变动。只有在内外部环境发生重大变化，不调整目标会影响作战本质目的，甚至自身生存时，才应当及时调整。至于作战中涉及调整目标的问题，是作战控制的问题，而在定位作战目标时，必须是准确的。

三 客观定位作战目标

定位作战目标是作战得以顺利展开的前提，是作战管理的决策职能在定位作战目标时的应用，定位作战目标是典型的决策问题。各级作战单位，大到国家的战争领率机构，小到作战单元，都时刻面临定位作战目标问题。根据所承担的职责不同，可分为国家的战争领率机构对战争目标的定位和作战单元对战役、战斗目标的定位；根据目标定位决策主体的不同，可以分为集体决策和个人决策；根据定位时机的不同，可分为预先决策和临时决策。临时决策虽然是在紧急情况下的特殊决策方式，却是预先决策过程的压缩，其基本思路仍然与预先决策一致，因而预先决策是主要决策方式。对作战目标的决策定位，主要包括如下步骤。

1. 识别作战问题

定位作战目标起源于存在着的现实的军事问题，这个问题是无法回避、必须面对的，必须采取措施解决的。如遭到侵略、领土或其他资源争端、海外经济利益受损、国家尊严遭到侵犯等，当这些矛盾已经激化到非战争不能解决的地步时，解决类似这样一些问题就成为定位战争目标的起因。也就是说，定位战争目标之前，先要识别所面临的问题，问题决定了目标的大致属性，即压制还是震慑、遏制还是摧毁、控制还是惩罚等。对于战役、战斗来讲，定位目标同样要解决业已存在的问题，如面对即将遭遇的进攻、即将退却的敌人、双方共同关注的要地、进入攻防转换阶段的敌人等，所定位的战役、战斗目标，必须能够解决这些问题。

2. 现状与期望对比

当作战问题不可避免地出现在公众视野中时，该问题的利益相关方会产生各自的期望。作战中最大的利益相关方是敌对双方，其利益与作战行动息息相关，二者的利益是相互矛盾的，总是在得失之间转换。对此，既要明确敌方期望，了解其意图；又要明确己方期望，掌握己方各层次和部门对作战抱有的相同或不同的期望。作战主体之外，是作战的其他利益相关方，它们不直接参与作战，只是间接参加与作战有关的外围活动。它们的利益受作战影响，同时它们的活动影响作战，如伊拉克战争中的土耳其、匈牙利、西班牙等国家，关注自身利益，间接提供物资。因此，它们的期望也是必须考虑的问题。定位作战目标之前，必须明确各利益相关方的期望。对敌方和怀有敌意的各方，要抑制或利用其期望，以减小对我不利影响；对己方内部和友好各方，要权衡利弊，在各方期望中寻求一个平衡点。在此基础上，确定己方共同期望。而现实与期望之间存在差距，要合理定位目标，必须明确这个差距的大小，才能在理想与现实之间找到最佳的结合点。

3. 自身定位

现实与期望之间存在的，是一个纵向的差距，是作战活动要无限缩短的距离。这一过程进行的速度与质量，取决于作战主体自身在环境中是否具备足以竞争的能力。因此，定位作战目标，在对比现实与期望之后，还要在环境中定位自身能力，主要是自身的核心能力。核心能力是战略管理理论的重要概念，是指"对形成组织竞争优势发挥关键作用的活动或流程"①。认为核心能力存在于组织的活动和流程之中，可以实质性地增加价值，可以导致组织在该方面明显优于对手，并难以模仿。按照该解释，作战主体同样需要具有核心能力，才有可能在竞争激烈的作战环境中取得优势。

核心能力是相对于作战环境而言的，定位自身，就是要明确自身有何种核心能力，与所处环境对比，有多大的竞争力。核心能力不是一朝一夕形成的，在面临作战之际很难迅速提高。因此，定位作战目标要依据现有能力，针对核心能力寻找突破口，将其作为定位目标的主要方向。同时还要兼顾核心能力以外的能力，充分发挥其辅助作用，并使之不至于成为实现目标过程中的拖累。

4. 提出备选目标

认识了问题、明确了现实与期望之间的差距、定位了自身能力，作战目标的选取范围就基本浮出水面了。值得注意的是，即使分析得出了共同的期望，作战目标也不是唯一的，因为实现共同期望的状态不是唯一的。例如同样是出于控制伊拉克的期望，在1991年的海湾战争中，联军目标是"迫使伊拉克无条件撤出科威特、恢复科威特合法政府"；而在2003年的伊拉克战争中，联军目标就是推翻萨达姆政权。实现战役、战斗期望的目标选择就更多了，如在美国独立战争初期的纽约战役中，出于击退驻纽约英军的目的，大陆军的目标先是直接攻城；不克之后，将目标调整为以炮兵占领纽约城西面高地，迫退英军，结果取得成功。因此，定位目标之前，往往要提出多个备选目标。

提出备选目标要广泛听取建议，同时要求提供理由，即评价目标的标准，如获得地理位置的价值、歼灭敌人的数量、保存自己的程度、对后续作战的可能影响等。按照不同的评价标准，出于同一期望，目标价值是不同的，因此，提供多个备选目标，是合理定位作战目标的前提。

5. 分析选择目标

无论是战争还是战役、战斗，备选目标多个，但最终定位的目标只有一个，要分析选择，以确定一个最合理的目标。每个目标都有其提出的理由，

---

① 〔英〕格里·约翰逊、凯万·斯科尔斯：《战略管理》，北京：人民邮电出版社，2004，第99~100页。

都有其价值的依据。分析目标，就从评价的标准入手。在作战中，每一目标都关联着一些共性的标准。最主要的标准通常包括可能的自身损耗、歼敌人数、赢得时间、占有空间、获得资源、后续影响等。在不同的作战态势下，各个标准的重要性不同，因此定位目标之前要确定各标准的权重。权重依当时作战态势下需求的紧迫性而定（紧迫性既包括解决问题的迫切程度，也包括关键程度），最紧迫的标准权重最大，以此类推。各个标准在不同目标中又有不同的得分，权重乘以得分后的总合，就是某目标的最后得分，得分高的通常是选择的对象。例如在第二次世界大战的柏林战役中，联军把保存自己的权重设为最高，而把获得空间、后续影响、消灭敌人等因素放于其次，而且"保存自己"的得分产生了决定性影响，因而其作战目标选择为切断德军南撤路线。而苏军的目标选择中，把消灭敌人、获得空间和后续影响的权重设得较高，相应目标因而获得高分，因而选择了以攻占柏林为目标。以上是一个比较标准的方法，在紧急状态下，还可以采取比较简捷的方式定位目标。如可以采用效益风险法，即根据当时态势，如果胜算较大，可选择效益最大者；如果前途相当不确定，可选择中间值目标——即效益和风险均中等的目标，也可稳妥起见，优先选择风险最小的目标。

对战争和较大规模的局部作战来说，定位总体目标之后，还需要分解目标，即建立目标体系，使目标细化，以便逐步实施。分解目标以总体目标为依据，其原理和过程与以上描述相同。

以上是定位作战目标的基本步骤，作战形势千变万化，定位作战目标的步骤也不是固定的，可以根据具体情况有所增减。尤其是由于作战的时效性，定位作战目标常常要求在短时间内进行，特别是战役、战斗目标，有些甚至要求作战管理者在一瞬间决定，来不及详细地分析计算。只要把定位作战目标的原则和基本步骤了然于胸，在紧急状态下，非常规方式是可以定位合适的作战目标的。

第三节　制订作战计划

目标是一个最终要实现的状态，要展开行动以达到目标，就必须将目标具体化，设定每个阶段要完成的任务和途径，所以在定位作战目标之后需要制订作战计划。

一 作战计划的含义

《军事大辞海》中给出了作战计划的定义："为完成作战任务而制订的进行作战准备和指挥作战行动的计划。按作战规模的不同，分为战略计划、战役计划、战斗计划。按步骤及范围和对象，分为侦察、通信、工程、防化、测绘、气象、政治、后勤、技术保障计划，陆、海、空军协同动作计划等。作战计划制订后，以命令形式分别下达部队执行。"[①] 管理学认为：计划以目标为依据，以实现目标为目的。而作战中，任务则是根据目标分解、细化形成的。因此，根据现实战争形态的变化和作战管理的需求，将该定义调整为：为实现作战目标而制订的进行作战准备和作战行动的计划。按作战层次的不同，分为战争计划和战役、战斗计划。按计划对象，分为作战行动计划、作战协同计划和作战保障计划等，作战计划制订后，以命令形式分别下达部队执行。作战行动计划是核心，本节所指的作战计划为作战行动计划；作战保障计划既是作战计划的一部分，也是配置作战资源的一部分，在有关作战资源的内容中讨论。

现代管理学认为：计划给组织的运行设立了参照体系，因而为组织成员提供了前进的方向，减少了不确定环境对组织运行的影响，避免了过多的资源浪费，还为控制提供了依据，因此，计划对于管理意义重大。同样，作战计划是目标转化为行动的中间环节，是行动的准备。作战计划是作战准备的依据，引导作战物质、能量和信息的聚集，使诸多静态或者无序的作战事物变得充满活力和有序。作战计划是控制作战行动的依据，计划依现实情况而定，当现实变化不大时，计划是行动的准则；当现实发生较大变化时，计划是调整的标尺。作战计划还是作战协调的依据，预设了不同单位的协调情况和行动，并且有利于不同作战单位根据计划的主旨，自主地协调。信息化条件下，作战进程快，战况变化频繁，没有一个预先

---

① 熊武一、周家法等：《军事大辞海·上》，北京：长城出版社，2000，第1579页。

的计划为参照，很难在作战中从容应对突然的变化、保持正确的方向、采取合适的行动。

二 制订作战计划的要求

信息化条件下作战将在多维空间展开，作战行动多样而复杂，各作战单位既有突出的个性，又有统一的目的；既相对独立，又互相交叉融合。为这样的作战活动和作战力量制订计划，既要注重系统性，又要突出针对性；既要预测定数，又要预留变数，主要遵循如下要求。

1. 以作战目标为中心，设计计划体系

制订作战计划，应着眼全局，系统考量作战计划的着眼点和落脚点。当代作战是体系的对抗，作战计划只有形成完整的体系，才能实现整体与局部的统一和不同单位、部门间的协调，发挥作战力量整体的效能。首先，应以系统思维，制订既有利于发挥自身作用，又有利于支持总体作战目标的计划体系。拟制作战计划时，不能只局限于一次作战的需求，更要从战略的高度进行统筹思考，将战役、战斗计划置于战争之下统一谋划，将战争计划置于国家战略之内通盘考虑，服务于共同的总体目标。其次，要围绕目标，筹划各个方向、各种力量的相互协调和配合，设计好阶段的相互衔接和转换，保证各种行动和力量的系统性。再次，要以各阶段重心和关键点为标志，妥善处理好各阶段、各方向作战行动之间的衔接和联系。

2. 着眼于不确定性，计划中要保留多个预案

作战的发展方向和进程可以预测，却做不到完全准确，作战的不确定性要求制作作战计划时必须保持可选择性。要预做多案准备，留有调整余地。应立足于最困难和最复杂的情况进行预测，对敌情严重性和意外性应有足够的估计。要重视第三方介入的可能，以高强度介入为基本预想；对可能会出现的判断失误或协同失调应有充分的估计，提前做好应变准备，甚至调整作战重心，大幅调整计划。计划中要预想多种情况，保留多种打法，在行动的时间、空间、对象、方式以及力量运用上要留有回旋余地，利于采取临时应变措施。作战过程中，预想与现实的差距不断暴露，身临其境者的体会最为真切和及时，所以计划中还要给各级作战领导者以充分的临机处置权，保持

采取多种行动的可能。另外，针对不确定性的情况预测不同，达成作战目标，可以有多种途径，因此可以制订多个计划，以便于综合优化或者择优选择。但并不是未被选择的计划就完全被淘汰了，这些计划应继续保留，以备形势有变之时，作为现成的参考预案。作战计划只有能够适应战场态势发展变化，才会具有指导的价值。

3. 精确性与模糊性相结合

作战计划的"精确性"与"模糊性"在很大程度上取决于作战信息的确定性与不确定性。信息化条件下，作战技术手段使得作战行动在时间和空间上可以精确到点。对于确定性的情况应以"精确性"作战计划为主。如准备时间充分，情况掌握相对准确，应追求周密细致的作战计划。在时间、空间、资源和行动的筹划上，要仔细核实、力求精确，以便于作战力量执行。与信息化条件下作战的精确性对应的是复杂性，战局变化多、节奏快，因而会有很多不确定因素。对于不确定的情况，制订作战计划应以"模糊性"为主。由于诸多因素难以预测，因此作战计划要留有余地，给作战力量以自由调整的空间。精确和模糊都是相对的概念，任何作战计划都存在一定的精确性和模糊性。精确性追求的是行动的控制和资源的节约，模糊性追求的是对作战动态性的适应。拟制作战计划，应正确把握好精确性与模糊性的关系，将两者结合起来，整体和谐地统一于作战计划之中。

第四节　配置作战力量

制订了作战计划，就需要作战力量去实施。信息化条件下，作战力量功能强、分类多、彼此差异较大，作战力量的组成具有前所未有的多元性，因此，要根据作战计划，合理配置作战力量。

一　配置作战力量的含义

每次作战的目标不同，计划不同，需要功能和特点不同的作战力量来实现。因此，要根据计划的需求，将多种作战力量按照一定的比例、结构和方式组合起来，形成适宜完成计划的作战力量体系，即配置作战力量。作战计划要求力量组合、作战行动与作战目的之间实现高度统一。配置作战力量也就是在合适的时间、地点、任务中，出现合适的作战力量。信息化条件下，配置作战力量要依托信息系统，把陆、海、空、天、电等诸作战力量和情报信息、指挥控制、火力打击、综合保障等作战资源结合起来，构成无缝连接的作战力量体系，以便实施高度协调、同步一体的作战行动。作战力量包括作战部队、武器装备、保障物资等，武器装备和保障物资依附于作战部队，与作战部队紧密结合，作战部队走到哪里，武器装备和保障物资就跟到哪里，同时伴随的，还有其他各种物质的和行动的保障，包括信息保障、政治保障、社会保障等各种作战资源。所以，作战力量是一切作战资源的龙头，配置好作战力量，也就配置好了作战资源。因此，配置作战力量是配置作战资源的核心，对计划执行的效果，具有决定性意义。

信息化条件下，配置作战力量，突破了军兵种的限制，不单纯强调空间的集中；而是以需求为依据，以功能为标准，有利于实现作战计划，实现作战管理的主旨。单一的作战力量是有限的，只有在科学组合的整体结构中才能得到充分的发挥，通过合理的配置，将某一作战力量置于合理的整体结构中，就能产生大于各力量要素总和的系统作战能力，作战力量的潜能就能得到充分发挥。基于模块的灵活性、多功能性和开放性，配置作战力量将以作战力量模块为基本单元，形成物质、能量、信息三大要素紧密结合的高效聚能型力量体系。配置作战力量以任务为中心，削弱了军兵种和层次的障碍，以信息为媒质，按照"便于信息流通"的原则，形成上下贯通、左右相连的矩阵式力量体系，可以极大提高工作效率。基于功能和需求，在机动能力、火力打击能力、反应时间允许的情况下，可以避免大量的空间机动等作战准备活动，节约作战资源。

二　配置作战力量的要求

出于快速、灵活、高效、聚能的设想，配置作战力量，应该立足于任务，合理设计结构、打造特定功能。

1. 立足任务，超越形式

首先要立足作战任务，灵活选取作战力量。针对不同的作战任务，作战力量的选择也应区别对待，要选择最适合完成任务的作战力量。该力量不一定最强，但要从作战效益出发，选择最经济、最安全、足够完成任务的力量。要突破平时的作战力量编制，根据特定的作战任务，选取适合的陆、海、空、天、电磁等多维空间的作战力量，将它们统一到该任务上来。其次，规模要适当。应以完成任务的需要为依据，应正确评估敌我双方作战能力，确定规模，使作战力量体系建立在科学的定量、定性分析基础之上。应针对作战环境及作战行动的需要，确定作战力量的构成，确定参战的兵力兵器数。如果几种力量就可以完成任务，就不必全面选择；如果一般技术兵器就可以完成任务，就不必运用尖端武器装备。要结合任务与作战力量的战术技术性能来确定参战力量。再次，要根据作战阶段变化，逐次投入参战力量。由于作战空间、任务及能力特点不同，作战各阶段的参与力量也有所区别，有些作战力量要全程参与，有些作战力量只需在某些阶段或某个时节参与。因此，配置作战资源还要讲求阶段性。

2. 优化结构，形成系统

作战是一个复杂的系统过程，只有合理配置，实现各作战力量协调有序，才能发挥出力量体系的整体合力，确保充分发挥作战效能。因此要实现作战功能耦合，优化结构，形成系统。当代作战是体系与体系的对抗，作战力量体系功能，决定着作战效益。因此，必须注重各种作战力量的作战功能耦合，综合集成，谋求整体性极强的作战力量体系。首先，内部结构要合理。应根据任务需要，从总体上考虑各军种力量的数量与质量，形成合理的结构比例，做到各种作战力量相协调，各种武器装备相协调，兵力与火力相协调，打击系统与保障系统相协调，保证各种力量互为补充，形成有机整体，充分发挥作战力量体系的整体合力。其次，应充分运用系统论、信息论、控制论等现代科学理论方法，对各种作战力量进行整体筹划、科学组合。应综合考虑诸军兵种战斗力的发挥条件，研究各作战力量的运用规律，使其既能各扬其长，互补其短；又能保持独立作战能力，融合为具有 1 + 1 远远大于 2 的作战力量体系。

3. 追求模块化设计

所谓模块化设计，就是"按一定的目的要求，分别设计相对独立、各具规定功能、彼此易于连接的分立单元，并将其组配成产品或系统的设计"①。模块化设计以作战模块为基础，按照模块化设计的定义，作战模块就是按一定的目的要求，分别设计相对独立、各具规定功能、彼此易于连接的分立作战单元。模块具有开放性，不同模块之间存在可以连接的接口。通过作战模块的多样组合，可以灵活地改变作战力量体系，实现体系的优化，以满足各种作战任务的需要。主要的作战力量模块将是具有信息作战、火力打击、突击、防空、防化及特种作战等功能的模块。各模块都有其特定的功能，能在某一方面有效地发挥效能，有些也能够独立完成某些作战任务。开放性使模块之间融合容易，各种作战力量在形成体系之时将更加简洁、程度更高。随着信息化的深入发展，作战力量的模块化将逐步完善，更加有利于灵活配置作战力量。

4. 以信息为媒质综合集成

信息时代提供了构建高度系统性的作战力量体系的条件。通过信息化综合集成，以模块为作战力量单元，充分依托作战信息系统，使各种作战力量之间实现无缝连接、信息共享、效能融合的作战力量体系，各种力量之间在作战中能做到互联、互通、互操作，产生整体联动效果，作战力量体系得以灵活、精确、快速、高效地完成作战任务。通过共享的"战场态势图"，各种力量之间能够根据具体情况进行自主的协调、控制，提高了作战时效。信息集成将信息力与火力紧密结合，信息是主导，火力是基础。将信息和火力紧密结合起来，可使多种作战力量在目的、行动、目标等方面保持高度一致，形成系统作战能力，使各种作战力量集成为功能良好的力量体系。

5. 追求扁平化管理体系

各种作战力量经过有效配置之后，管理、尤其是指挥控制这些力量就是关键。信息化条件下的作战行动节奏快、突出时效，管理效率是取得作战优势的关键。构建管理体系，应该利用信息技术与装备，采用信息时代的理念，最大限度地减少中间层级，建立融合作战人员及作战平台、作战模块、作战力量、管理机构四层级于一体的扁平管理体系。

---

① 熊武一、周家法等：《军事大辞海·下》，北京：长城出版社，2000，第3149页。

三 合理配置作战力量

按照要求，配置作战力量应该分析作战任务，继而确定现有的作战力量、分析各作战力量的利弊，最后实施综合编组。

1. 分析作战任务

配置作战力量要立足任务，首先要分析作战任务所需要的作战能力，之后才能通过编配组合，建立一支具备该能力的作战力量。分析作战任务，有利于将不同种类的兵力兵器按照一定的比例进行混合编组，例如美国海军的特混编队、海军陆战队远征部队等，都是依据任务进行的编组。依据任务，能够最大限度地使具有不同作战功能的兵力兵器在作战过程中，进行密切的协同，从而最有效地使不同兵力兵器发挥整体综合效能。因此，分析作战任务，是将不同军兵种部队的兵力兵器整合为一个有机联系的、能够发挥出特定作战效能的作战系统的先决条件。尤其在信息化条件下，作战空间多维，兵力兵器种类多，作战任务多样而复杂，仔细地分析任务，是配置作战力量必需的步骤。在当前作战任务多样化的形势下，不仅在战时配置作战力量以任务为主要依据，而且在军队平时建设中，也趋向于建立小型多能的模块化部队。

2. 寻求配置对象

就是要寻找到可以支配的作战单位或单元。基于作战模块的诸多优点，作战模块是配置作战力量的基本单元，也就是配置的对象。即使军队建设尚未达到模块化的情况下，也要在现有作战力量中寻找，甚至临时组建类似模块的作战单元。信息化条件下，配置作战力量的视野中，应包括如下几种基本的作战模块。一是信息模块。信息化条件下，夺取并保持战场制信息权是主要作战任务之一，信息是纽带，将战场各作战要素黏合在一起。需要具备指挥控制能力、战场感知能力、信息传输能力和信息作战能力于一体的信息模块。二是火力打击模块。当代作战中，火力打击具备射程远、速度快、反应灵活、机动性强、精度高和破坏力大等特点，逐渐上升为主导和首要地位。火力打击模块融陆基、海基、空基甚至天基作战平台为一体，以火力打击为主要任务。三是防空模块。近几场战争中，空中打击成为战争初期的主导，并在持续战局中占有显要位置，非线式、非接触打击频繁应用，防空任务尤为突出。基本作战力量中，必须具备防空模块。四是特种作战模块。特种部队一直是战争中发挥特殊作用的精锐力量，在当代局部战争、武装冲突、反恐作战等军事行动中，特种部队空前活跃。特种作战模块，是增强作战力量灵活性、隐蔽性和高效性的重要模块。五是后勤保障模块。信息化条件下的作战，在很大程度上比拼的是保障。后勤保障模块可以在需要的时间、需要的地点，为需要的单位提供需要的保障。六是机动模块，即作战中遂行兵力投送、武器装备和物资运输、人员转移等任务的专门力量。

3. 分析待选力量的利弊

之所以要分析待选力量的利弊，是因为作战管理要求投入的作战力量要有效、经济，同时注意战略影响。首先要考察待选力量的功能，这是最基本的要求。在待选作战力量既定的情况下，确认哪些待选力量有能力完成任务。其能力是由作战水平、力量规模共同构成的，因为质量和数量之间可以相互弥补；此外还要考虑选择该作战力量，是否有利于减小组织、指挥、控制和协调的难度。其次要分析成本。完成同一任务，使用不同的武器装备，耗费的成本是不同的，要考虑武器装备的物资成本。动用不同的部队，由于部队类型不同，工作方式不同，要考虑是否有利于发挥部队潜力，因为利于发挥潜力会降低成本；部队所处空间位置不同，其成本也不同，要考虑是否有利于发挥部队潜力和机动费用；动用某一力量，对原建制单位的影响，也是成本之一；此外，不同作战力量的工作时间不同，其成本也有差异，因此还应兼顾时间成本。再次要分析其战略影响，包含正负两个方面。动用某一力量，势必引起力量指向目的地和力量原所在地的实力变化。在加强目的地力量，增强在目的地正面战略影响的同时，还要考虑原所在地力量的削弱及其负面战略影响。要综合两方面的影响，在获得优势的同时，避免给敌以可乘之机。当然，分析利弊，最基本的标准还是完成任务；同时战役、战斗任务要服从战略任务。

4. 实施综合编组

根据以上步骤的结果，就可以对作战力量实施综合编组。将不同类型、归属不同建制、不同层级的作战力量，有机地结合在一起，就形成了针对某一任务完整的作战力量。需要说明的是，当代作战力量的编组，在很大程度上摆脱了空间的束缚，而加强了功能上的意义，即这种编组是以功能为标准的，在编组之后的力量体系中，各种力量不必在乎空间的集结，而以随时完成任务为要求。当代技术条件下，各种中远程打击武器，使空间的概念发生了意义上的变化，完全的力量集结已几乎不存在了。如在伊拉克战争中，美军本土的战略轰炸机，就是其战略打击力量体系的一部分，却并未在战前调往伊拉克地区，而是在战斗时由本土直接投入战场。当然，对因打击距离有限而受空间限制的作战力量，空间集结还是必要的。因此作战力量的综合编组，也是编组方式上的综合。

第五节　部署作战行动

作战计划付诸实施，要经过一系列的部署。从感知作战环境到配置作战力量，都是利用现有条件、以现有能力，最大限度地为实际的作战行动做准备。部署作战行动就是在前期准备的基础上，布置和安排相应的作战力量去执行相应的任务。所谓部署，就是按计划的内容来配置作战力量和区分任务，采取措施，明确要求，进行作战准备、协同和保障等。目的是在作战开始前，将一切战前工作落到实处，一旦符合预定条件，就能按计划、协调有序地投入作战行动，夺取作战的胜利。作战行动部署之后，就意味着作战行动的开始，要按照部署的要求，将应有的行动，实施在相应的时间、地点和对象上。部署作战行动既是前期工作的质量验证，也是前期工作意义的归宿，是作战管理流程中最关键的环节。部署的质量，决定了计划是否能顺利实现和达成目标，基本决定了作战效益的大小和战略意义的影响。

任何一种作战行动的目的都是作战能量的投射，无论这种能量是机械能、化学能、动能、生物能还是信息能，也无论这种行动是直接的能量投射还是为能量投射做准备。围绕着能量投射，当代作战主要包括火力战、推进与驻守、信息战、心理战、特种战、机动等。行动的多样性使作战变得复杂，同时提供了广阔的变化空间，各种行动的巧妙组合运用，成就了经典的作战艺术。各种作战行动，都是达到作战目标的途径。出于作战效益和战略发展考虑，任何单一的作战行动都有其长处和弊端，在作战中取得最佳的作战效益和实现对战略发展的良好影响，取决于各种作战行动的有机结合。

部署作战行动的要求

部署作战行动工作量大，彼此交叉，难度很高。考虑到所有作战行动目的的同一指向及其各自的个性化特点，要合理部署作战行动，必须遵循如下要求。

1. 依据计划

部署作战行动是作战决策的延续，是计划的具体落实。首先，作战计划是经过感知环境、定位自身、周密设计、群体决策、优化选择的结果，是系统思维的产物，有足够的理由成为作战行动的依据。其次，作战是一个作战力量体系整体运动的系统过程，必须以系统的思想整体联动。任何行动，在整体行动中，都有其合理的定位。在作战实践之前，这个合理的定位就是计划中的规定，任何不依计划行事的做法，都会破坏行动的整体性，不利于系统效果的取得。当然，这并不意味着对计划僵化地执行，实践中发现问题应及时调整计划，甚至在无法先行调整计划的情况下，调整行动与计划可以同时进行。在调整过程中，计划仍然是一个基本依据；而且，调整之后的计划，又成为新的依据。

2. 周密细致

部署行动要全面周到、细致严密。部署行动的根本目的，是充分做好实施作战的准备。部署工作的每一项内容、每一个细节都会在即将发生的作战中得到检验。宏观的掌控，源于细节的把握。要在作战中最大限度地完成任务，极力减小自己付出的代价，就要考虑到与作战有关的一切因素及其影响。立足最复杂、最困难的情况，甚至以哀兵心态，来落实各项工作。不但要部署各种作战行动，还要部署与之有关的各种保障行动；不但要落实部署，还要检查部署，实时督促工作的落实，及时发现问题，纠正、解决问题；不但要发现计划之内的问题，还要发现计划中遗漏的问题。总之部署行动要以实战为着眼点，经得起实战的考验。

3. 突出重点

全面细致的部署固然是需要的理想状态，但现实常常难以满足。部署工作涉及广泛、内容繁杂，而领率机关的人力资源有限，必然会出现时间紧迫的情况。部署工作必须要在照顾全面的基础上，突出重点。任何作战任务都有其主线，指向作战的主要目标；主线由一系列重点连接而成，各项工作围绕重点而存在，随重点展开。在一贯紧张的作战过程中，部署工作首先要立足于主线，围绕重点展开，保证作战行动的指向。其次要突出主要方向和主要作战行动，在赋予任务、组织协同时，要明确其在作战全局中的位置，使执行者知晓其重要性。再次在分配作战力量、武器装备和保障物资时，要向重点位置倾斜，确保其完成重点任务的能力。最后要重视对重点部署的检查指导，瞄准关键问题，不致出现致命缺陷。

4. 准确高效

精确是信息化条件下作战的基本特点和要求，要求部署行动准确无误。首先是各项工作要有量化标准，如关于作战力量规模、作战资源的数量、作战空间位置坐标、作战时间点和时间段等。其次命令指示要准确，清晰表达作战的内容、要求、目标和纵横联系等。再次是提出问题和解决问题要准确，不能含糊、模棱两可，要一针见血。当代作战节奏快，时间要素的关键性越发突出，作战部署要讲求效率。首先要发挥作战管理的强制性特点，强制相关部门必须按命令要求的标准完成任务。其次要善于调动和发挥执行者的主观能动作用，富有创造性地积极完成任务，在保证达到要求的基础上提高完成的质量。再次要充分发挥信息技术的优越性，在现实条件允许的情况下，运用自动化系统，下达指令、彼此沟通、掌握态势。

5. 安全隐蔽

对抗从感知作战环境就已经开始，在部署行动阶段，通过了解敌方部署以有针对性地进行己方部署的对抗活动更加尖锐。而部署工作整体性强，因细小的变化而导致整个部署的改变，显然会使部署工作陷入被动，因此要保证部署工作的安全隐蔽，防止因泄露而不得不进行被动调整。信息化条件下，侦察预警手段先进，战场透明度高，增加了隐蔽部署的难度。因此，要从各方面和各角度防止部署工作被探知，避免后续的不利局面。首先要划定知情的权限，使部署情况在己方内部传播得到控制，减少外流的渠道。其次要防敌探知，针对敌方侦察探测技术的特点和规律，选择部署时间、地点和方式。再次要对部署情况实时监控，发现安全隐患及时处理，保持安全隐蔽的程度。

第六节　控制作战过程

命令一旦下达，作战行动一旦被部署，就意味着作战行动真正展开了。在行动过程中，会因为敌、我、环境等诸多要素的新情况、新变化以及情况掌握的遗漏和预测的不足，导致作战过程并未按照预定的计划实现，甚至偏离目标。而且，这是一种必然发生的情况，在这种情况下，就要发挥管理中控制的职能，对作战过程进行控制。

一　控制作战过程的含义

过程是"是事物发展变化的连续性在时间、空间上的表现"①，任何事物的发展变化都有一个过程。作战过程就是作战活动发展变化的连续性在时间、空间上的表现。控制作战过程就是控制这种表现，是通过对作战过程中各具体事物进行控制来实现的。既包括对计划的严格依照，也包括对计划的调整；既包括以目标为指向的行动和计划的控制，也包括依据现实对目标的调整。

当代管理学将控制分为三个类型，即前馈控制、同期控制和反馈控制，分别将控制手段实施在行动开始之前、进行之中或者结束之后。对作战过程的控制同样要在作战行动发生的前、中、后进行，因此控制作战过程的类型也分为这三个基本类型。一般来说，前馈控制是最理想的控制类型，因为旨在避免预期问题的出现。作战中一旦出现问题，其后果小则损失人员和装备物资，丧失空间和时间；大则造成作战态势的极大不利，甚至发生"兵败如山倒"的情况，没有补救的机会。前馈控制的关键是在问题发生之前采

---

① 许征帆：《马克思主义辞典》，长春：吉林大学出版社，1987，第376页。

取管理行动，期望防止问题的发生，而不是问题出现后的补救，因而避免了可能的损失与挫折。作战过程中，通常的计划、命令、指示、检查等管理活动，都是前馈控制的手段。前馈控制需要及时准确的信息，这带来了极大的困难、增加了工作量，因此，前馈控制在作战管理中既关键又艰巨，需要主动、缜密地实施。同步控制是指在行动进行中，在问题出现时，及时采取管理行动，防止出现重大的损失。直接观察是同步控制最常见的方式，便于发现问题马上纠正。虽然在问题出现与管理者发现并做出反应之间会有一定的时间延迟，但这种延迟通常非常小，一般可以在遭受重大损失与挫折之前对出现的问题采取管理措施。作战中随时会出现不可预知的问题，如果能在问题伊始、损失未出现或者未扩大之前发现，并且有能力及时地解决问题，将在很大程度上提高作战效益，有利于作战沿着计划的方向发展。因此，作战管理者要具有敏锐的洞察力、迅速的临机决断力和高超的处理问题能力，以便在作战过程中实时地进行同步控制行动。反馈控制是指发生在问题造成损失之后的控制，目的在于通过一系列补救措施，使作战行动回归到计划的轨道上来，避免更大的损失和持续的目标偏离；或者在损失中发现目标和计划中存在无法克服的根本性缺陷，及时调整目标和计划。反馈控制的缺点在于，管理者发现问题时，损失和挫折已经造成，是不得已而为之的控制行为。但是作战过程的对抗性使问题、损失和挫折不可避免，反馈控制是这种情况下的唯一选择。与前两种控制相比，反馈控制有三个明显的优点：一是为管理者提供了作战计划执行的真实效果，是行动客观的反应，可根据效果决定是否采取纠正措施、采取多大程度的措施；二是可以发现目标和计划的根本性缺陷，提示管理者是否变更目标和计划；三是以客观效果的优劣给参战人员的攻占行动以自然的评价，是一种自然的教育和激励。三种控制类型又可以衍生出很多控制方法，如目标法、计划法、实时干预法、双向互动法等，都是控制作战过程的有效方法。方法依实际情况而定，以这三种控制类型为基础，管理者可以发挥创新思维，创造出更多实用有效的控制方法。

控制作战过程，是对作战行动的具体把握，关系到作战活动的主旨。首先，有利于以作战效益和战略发展为标准，控制作战目标。任何作战目标的确立，都是以是否有利于实现作战效益和战略发展为标准，在作战过程中，永远不变的是作战效益和战略发展，除此之外的一切作战要素，都是可以改变的，包括作战目标。对作战目标的调整，主要源于两种因素。一是原始作战目标定得不准确，需要调整；二是在实现目标的过程中，环境变化较大，原有目标已经不切实际，需要调整。对过程的控制，有利于发现目标是否合适，加以控制。其次，有利于以目标为标准，控制计划。在目标基本合理、不需要调整的情况下，执行过程中就要重点考虑对计划的控制，遵照或调整之，使计划符合目标实现的要求。控制计划做出的调整和付出的代价，通常比控制目标要小。再次，有利于以计划为标准，控制作战行动。在计划不需要做出很大调整的情况下，作战行动就要符合计划的规定，使计划变为现实。行动以人为主体，由于人容易受外界影响以及诸多主观因素影响，行动的不确定性极强，必须加以控制，其标准就是计划。

二 控制的对象

控制作战过程，是为了满足作战效益和战略发展的需求，满足目标指向和计划的规定，依作战过程的进展情况而实施的。要做到这一点，就要在作战行动中选择那些可以对作战过程发生显著影响的因素，作为工作的对象，实施控制。主要包括如下几个因素。

1. 作战进行的速度

一般来讲，作战贵速，不贵久，尤其在信息化条件下，战争持续时间短、作战节奏快、受控因素多，影响遍及军事、民事、国际、国内，为了避免突发因素对作战过程的影响，作战速度以快为主。对作战速度的控制，也以加速推进为主。但在某些情况下，也要适当减缓作战速度，因为系统对抗需要整体协调，孤军冒进常常铸成大错，在全过程上突出快的同时，在整体上要快慢相宜、要协调并进。另外，一味强调快，容易被敌方掌握行动规律以及己方其他特点，造成被动，因此在作战中还要快慢相间、掌握节奏。

2. 作战的进度

在作战计划中，一般有在某一时间完成某一任务的规定，也有作战阶段的划分，也就是对作战进度的设定。作战的进展要基本符合这个设定，才能保持计划的基本稳定，保证作战横向诸因素和纵向诸环节的均衡。同样是为了保持计划的稳定，特殊情况下，由于作战中新事物的不断涌现和旧事物的不断变迁，按设定的进程有可能导致计划大幅度的改变，不利于目标的实现，需要加快进度或者放缓进度以迁就计划，使之以较小的调整就可适应新情况，不至于改变过大。当目标或计划变更时，仍然需要类似控制，以遵循变更了的目标或计划。

3. 作战行动的尺度

尺度很难把握，尤其在作战中，细小的行为过当，就会造成作战尺度失当，造成严重的影响。作战尺度常常改变作战的性质，使本来正义之师受到质疑、诘难、谴责甚至攻击，影响作战过程的顺利发展，影响目标实现，不利于取得作战效益和战略发展。因此，作战过程中要妥善把握作战尺度。包括对作战对象（打击目标等）、作战范围（地理、群体和领域等）、作战深度（毁伤程度等）、作战方式和使用的武器装备等的合理控制，做到既有利于获得作战优势，又不至于造成过多负面影响而妨碍更大的利益，总之要在利益的得失之间考量作战的尺度。

4. 任务完成的质量

没有质量的作战过程没有意义，只是作战资源无意义的消耗和自然意义上时间的到达，根本谈不上对计划的执行和对目标的实现。因此，作战质量是作战过程中的重要控制对象。所谓质量，不是单纯以数量、高度、广度和深度来评价，应以是否有利于整体计划和目标的实现为标准。质量越高，对实现目标和计划越有利，越能够体现作战过程的价值。控制作战质量，就是保证高质量地完成任务，拒绝敷衍了事和质量打折。

5. 作战的发展方向

目标和计划已经规定了作战的发展方向，只要符合目标和计划，就符合正确的发展方向。需要说明的是，当受迫于外力，无法保证作战沿正常方向发展的时候，对作战方向的控制一般有两种情况：一是局部方向失控而不能扭转，需要牺牲局部的利益，加强其他局部的方向感，从全局高度调整计划，保证作战方向的稳定；二是整体方向失控不能扭转，需要面对现实，变更总体作战目标，展开另一个作战流程。

6. 作战成本

成本关系效益，也关系到能否实现作战过程的可持续发展。也就是说，控制作战成本，关系到作战计划、作战目标、作战效益和战略发展等作战流程的一系列核心问题的实现。既能按照计划的要求完成任务，又能最大限度地"保存自己、消灭敌人"，是控制作战成本的基本原则。这个原则中，任务和成本是一对矛盾，在特殊情况下矛盾非常突出，必须权衡、取舍。一是能够完成任务，但是代价超出预想，有可能影响后续行动，则需要考虑代价和影响在整个作战过程中的权重，予以取舍。二是即使付出极大代价，也难以完成任务，则说明计划或目标不合理，需要及早中止任务，调整计划或目标。三是不惜一切代价，也要完成任务，以完成任务为唯一的标准。

三　控制作战过程的要求

根据普通管理活动中控制的一般要求，针对作战活动的突出特点，控制作战过程，一是要关照作战全局，把握控制的整体性。作战是体系的对抗，控制活动牵一发而动全身，某一力量或行动的控制行动，势必影响与之相关的其他力量或行动。因此，控制必须具有整体性。即使是局部控制，也应考虑其对其他局部和全局的影响，在实施中做到既能把握自身，又能兼顾整体；既要尽量做到以控制促进自身实现既定计划，又要做到在不得已而调整时，不会对作战体系造成不良影响。二是要着眼作战全过程，保持控制的连续性。当代战争中作战态势复杂多变，作战节奏快，瞬息万变。因此控制必须着眼作战全程，把握每个关键节点，防止作战力量和行动失控。既要科学预测作战过程的发展变化，又要加强作战全过程的跟踪监督。三是要追求精确。从近几场战争来看，"粗放型"作战已经成为历史，由于高新军事技术的广泛运用，实时侦察能力、远程机动能力、精确打击能力和敌我识别能力都显著提高，作战的时效性、精确性要求也随之提高。任一环节、位置和行动都被赋予无可替代的价值，其效果产生的影响也空前增大，必须使计划准确地得到贯彻，才能完成其使命。因此需要精确控制，力求在准确的时间，用规定的力量和武器系统，采用适宜的方法和措施，达到精确的作战指标。四要迅速。信息化条件下，由于兵力兵器的机动速度快、突击距离远，留给控制的时间越来越短，控制活动必须迅速发现问题、迅速反应、迅速采取措施，否则就会贻误战机，造成被动。既要预有准备，又要充分发挥信息情报系统的效能，实时进行作战监控。五要追求互动。互动是当代管理理论所重视的原则之一，强调上下级之间、不同部门之间信息、建议和理念的交流与共享。互动也是控制作战过程中必须遵循的要求，强调综合运用各级作战管理者的感知、观点与思路，共同解决问题。既要通过上下之间的互动交流完成情况判断，最大限度地互通有无；又要通过双向互动交流完成指令、检查和督促，使控制措施有效地贯彻。

第七节　评估作战效益

控制作战进程，就是通过作战过程的具体表现，取得良好的作战效果。而效果必然有好有坏，涉及得失。所谓"得"就是获得的利益和为战略发展创造的条件；所谓"失"就是作战中各种损耗，包括各种资源的占用和损耗、利益的损失等。因此，考察作战效果，就必然涉及作战效益；而且，评估作战效益，是准确评价作战效果的最佳途径。

一　评估作战效益的含义

对效益的常见解释是："效果和利益：做任何事情，都必须讲求效益，既要考虑经济效益，也要注重社会效益。"① 可见效益的两个重要成分就是效果和利益，既要获得实际的利益，也要体现被认知的效果。因此，效益是评价一个活动最权威的工具。经济学中效益"指人们在物质生产活动中，劳动占用与劳动消耗量同符合社会需要量的劳动成果的比较。最基本的计算方法是比较经济活动中的投入（劳动消耗）和产出（劳动成果）"② 。这个概念包括三层意思。首先，它不仅仅是量的概念，而且是质与量的综合概念，是劳动成果与人们生产目的的质的对比，即消耗与成果是否符合目的。

---

① 莫衡等：《当代汉语词典》，上海：上海辞书出版社，2001，第 1321 页。
② 彭克宏：《社会科学大词典》，北京：中国国际广播出版社，1989，第 674 页。

其次，成果必须符合社会需要，它是经济效益质的规定。这种劳动消耗才有意义，符合社会生产的目的性。再次，劳动消耗包括劳动耗费和劳动占用。前者一般指生产过程耗费的原料、材料和动力等，后者一般指非消耗性资源的占用，因为这一占用影响其他活动对该资源的使用，而且所谓非消耗性资源也存在使用中的老化问题。企业管理理论认为："效益是与效果密切联系着的。效果是一项工作的成效与结果。效果有益、害之分，效益是有效的效果，是能给社会带来利益的效果。"① "效益是管理的灵魂，它既是管理所追求的最终目的，也是判断管理成败的最终标准。管理就是为了获得更大的效益。"②

作战是人类社会活动的一个种类，完全符合经济学和管理学等对效益的规定。而由于作战活动的特殊性，这种效益不是纯经济性的，不能仅受经济目的的左右，而要与作战活动的特殊目的所决定的特殊要求（微观方面包括伤亡、消耗、夺取、心理震撼等要求，宏观方面包括经济、政治、文化等要求）结合在一起。成为既有经济性的一般效益，又有作战的特殊形式的综合效益。因此，作战活动产生的效果一般是肉体和精神的屈服，产生的利益最终落实到经济、政治和文化等方面的利益；造成的消耗包括人员、装备与物资的耗费，以及劳动力和设施、设备的占用。因此，作战同样存在效益问题，作战必须讲究效益。作战效益，是指作战所占用和耗费的资源与所取得的作战效果及获得的利益的比较。作战效益与所占用和耗费的资源成反比，与作战效果和利益成正比。提高作战效益的实质，就是合理地利用作战资源，以较小的作战资源代价取得较大的作战效果和利益。

与一般的社会活动相比，作战中得到和失去的事物更加具有关键性。因此，作战管理必须评估作战效益。首先，对作战活动本身而言，评估作战效益可以全面评定作战活动的价值。效果和利益是作战追求的直接目的，效果的好坏、利益的大小，是衡量作战目的实现程度的标准。而资源代价会在一定程度上抵消目的的实现程度，影响作战的意义。因此，尽量减少资源代

---

① 齐振海：《管理哲学》，北京：中国社会科学出版社，1988，第 476 页。
② 齐振海：《管理哲学》，北京：中国社会科学出版社，1988，第 476 页。

价，会提升作战的价值。作战的价值就体现在尽量小的代价、尽量好的效果和尽量大的利益上。其次，对提高作战管理水平而言，评估作战效益，具有很强的促进作用。所有活动中，结果最具有说服力。作战管理水平的高低，会完全体现在结果上，作战效益会给出一个客观的、无法辩驳的依据。因此依据作战效益，可以总结作战管理的得失，为后续作战活动提供良好的经验，促进作战管理各方面的改进；为今后的战争提供宝贵的历史经验，促进作战管理水平的提高。再次，评估作战效益，影响后续作战方针的制定。评估过程包括对作战"得"与"失"的准确判定。得到的东西，是后续作战可资利用的资源，创造了有利条件；失去的东西不可避免地会影响后续作战中资源的配置和行动的部署。明确得失，有利于明晰现状，进而有利于客观的制定后续作战方针。最后，评估作战效益，有利于战略利益的获取。作战效益所体现的作战综合价值，可以帮助作战管理者认清自身所处位置，进而确定行动自由和发言权。在分配战争利益时，保住自身主动权的同时，可以期望更大的战略利益，甚至可以试探性地采取行动，谋求战略利益的最大化。

二 评估作战效益的标准和原则

评估作战效益涉及的内容广泛，要素多，难度较大。为了拨开战争的迷雾，在纷繁复杂的作战内容中找出那些对作战效益具有决定性的要素，以便准确评估作战效益，就必须明确相应的标准和原则。

1. 评估作战效益的标准

根据效益的本质属性，评估作战效益一般包括以下四个基本标准。一是资源代价的最小化。这里的资源代价既包括作战中物力资源耗费，也包括人力资源耗费；既包括物质耗费，也包括精神耗费。在取得同样的作战效果和利益的情况下，资源代价越小，作战效益越高；反之，则越低。二是作战效果和利益的最大化。在投入作战中的物力、人力、物质、精神等资源代价相同的情况下，获得的作战效果和利益越大，作战效益越高；反之，则越低。三是作战效费比最大化。作战效费比是指作战效果和利益与作战资源代价的比率。作战中，这两方面通常是动态的，很难确定，因此以两者之间的比率来评估，是合理的选择。效费比值越大，作战效益水平越高；反之，则越低。四是作战目的实现程度最大化。作战效果和利益以及资源代价，都是面向作战目的。在以上条件既定的情况下，越接近目的，就越能够体现作战的价值，作战效益就越高。当然，在一定条件下要同时达到这四个基本标准是比较困难的，但这四个标准为我们评估作战效益提供了基本依据和前提，便于综合考虑各个标准。

2. 评估作战效益的原则

一是合理确定评估指标。评估指标的确定是否合理，直接影响着评估的准确性。本着尊重客观的原则，确定指标应遵循实践性、综合性、系统性和可计量性等原则。首先，确定指标要有针对性，选择那些特点鲜明、最能体现作战本身的指标。同时由于作战成果的各种表现形式各有其独特性，有时某一指标包含的事物过于庞杂，需要化整为零，分解为几个具体小指标来衡量；有时过于零散，需要初步综合；有时不好直接衡量，需要进行适当的转化，找一些间接的指标替代；有些作战成果是无形的，需要把无形的成果转化为有形指标来表示。其次，要合理确定指标的权重。由于每一指标的计算标准不同，在效益评估体系中的意义也不同，不能将不同类型指标的数据直接纳入评估工具中，因而要根据不同指标的地位，配以相应的权重，以使各指标经过转化后能够平等地参与评估。

二是定性与定量相互转化。定性的指标无法直接作为变量，直接纳入评估体系，需要转化成定量的指标。而且，需要利用一些评估效益的公式，把那些原本定性的指标与定量指标一起，通过计算，输出一个数字化的结果，即产生一个量化的作战效益。而这个数字的完整意义并不完全在于将效益确定为一个准确的量，因为这个量的产生过程中包含很多不确定因素，并非完全精确。因而这个代表效益的数字的意义还在于，以一种直观的方式，展示出作战定性的效果和利益，即定量描述作战效益的意义，还在于将其转化为定性的印象上。

三是实证与判断相结合。作战产生的大量实证为提高效益准确性提供了一定的保证，但是与准确性并重的，是评估的时效性。因为评估的意义之一是改进后续作战的管理，并且为战略利益的获得做准备。因此，在有效的时间内得出结果相当重要；否则，再准确的结果，其意义都会大打折扣。而评估作战效益所需要的全部有价值的内容通常是不能完备的，很多陷入杂乱的事物中，需要提取、处理和传递，这就需要大量的时间。因此，在具备相当数量实证的基础上，还需要结合一定的判断，得出接近事实的要素，迅速应用于评估中，以在保证评估准确性的同时，保证其时效性。

四是抓住重点。对作战效益进行评估时，要尽量全面考虑到各方面因素，但也要努力抓住重点。重点具有代表性，抓住重点的和关键的数据加以比较，就可以达到评估的目的。如对战斗和战役效益的评估，就要重点抓军事要素；对战争效益的评估，就要抓住具有重大军事、经济、文化意义的因素；对以空中为主战场的作战，就需要把重点放在与空战直接相关的要素上；而以陆地和海洋为主战场的作战，就需要把重点放在陆海领域。当然，重点不排斥全面，而且要兼顾其余。另外，作战效益的评估方法还要简便易行，保证效率。只有这样，才能增加评估作战效益的实用性和可操作性。

五是综合评估。作战效益是由多部门、多环节的资源代价在多方面综合作用下取得的结果，其表现形式也多种多样、各有侧重。因此，要得到作战的整体效益，应坚持综合评估的原则。既要在局部上对某一因素、某一方面的效益进行专项评估，又应从整体上汇总多种因素和多个方面的效益，进行综合评估，这样才能得到全面、客观的作战效益。

三 评估作战效益的过程

作战效益中既包含有形的得失，也包含无形的得失，因此从总体上评估作战效益是一个较为复杂的问题，不能期望通过某一方式就能实现，而要从多个角度，通过多个步骤，综合评定。基于最为符合作战本质特点和目的的原则，本书认为主要有五个典型的步骤。

1. 基于毁伤的评估

作战必有毁伤，毁伤是作战最本质的特征，"不战而屈人之兵"是完全理想的情况，而且也不能称之为作战。作战利益的获得和作战效果的取得必须要通过毁伤来实现，毁伤是达到作战目的的基本途径，主要通过两种方式：一是以决定性的毁伤直接使敌方丧失作战能力；二是通过较小的毁伤，暗示继续作战可能会出现更大的毁伤，实现威慑作用，达到作战目的。因此，评估作战效益，要以毁伤为基础。这一标准涉及两个主要方面：一是毁伤敌人的情况，以及在此过程中敌方的各种消耗；二是己方遭到的毁伤，以及己方的消耗。据此，其评估模型的基本要素为毁伤效益、敌方毁伤、己方毁伤、敌方消耗、己方消耗。基本计算方法如公式 1：

$$毁伤效益 = \frac{敌方毁伤 + 敌方消耗}{我方毁伤 + 我方消耗} \qquad （公式1）$$

其中的各要素均为综合性要素，如敌方毁伤可表示为公式 2：

$$敌方毁伤 = H_d = K_{hd} \sum_{i=1}^{n} k_{di} \cdot h_{di} \qquad （公式2）$$

其中，k_{di} 表示根据每一毁伤单元权重所确定的系数，h_{di} 表示每一毁伤单元情况，K_{hd} 表示根据敌方毁伤情况在毁伤评估中权重所确定的系数，H_d 表示敌方总体毁伤。

根据相似的算法，可以得出另外几个要素的表达式如公式 3~5：

$$敌方消耗 = X_D = K_{xd} \sum_{i=1}^{n} k_{di} \cdot h_{di} \qquad （公式3）$$

$$我方毁伤 = H_w = K_{hw} \sum_{i=1}^{n} k_{wi} \cdot h_{wi} \qquad （公式4）$$

$$我方消耗 = X_w = K_{xw} \sum_{i=1}^{n} k_{wi} \cdot h_{wi} \qquad （公式5）$$

因此，毁伤效益的算法如公式 6：

$$毁伤效益 = Y_h = \frac{H_d + X_d}{H_w + X_w} = \frac{K_{hd} \sum\limits_{i=1}^{n} k_{di} \cdot h_{di} + K_{xd} \sum\limits_{i=1}^{n} k_{di} \cdot h_{di}}{K_{hw} \sum\limits_{i=1}^{n} k_{wi} \cdot h_{wi} + K_{xw} \sum\limits_{i=1}^{n} k_{wi} \cdot h_{wi}} \qquad （公式6）$$

2. 基于利益的评估

经过毁伤之后，必然出现利益的得失。当然，利益得失的情况，不一定符合作战的初始目的。因此，最终的利益得失，是评估作战效益的第二个步骤。主要包括得失的作战空间、俘获或者被俘的人员和武器装备、物资等。由此可得己方得到利益如公式 7：

$$得到利益 = L_d = K_d \sum_{i=1}^{n} k_{di} \cdot l_{di} \qquad (公式7)$$

其中，K_d 表示根据得到利益权重确定的系数，k_{di} 表示根据每个得到利益单元所确定的系数，l_{di} 表示每个利益单元数量。同理，失去利益表达如公式8：

$$失去利益 = L_s = K_s \sum_{i=1}^{n} k_{si} \cdot l_{si} \qquad (公式8)$$

由此可得，基于利益的作战效益算法如公式9：

$$基于利益的作战效益 Y_l = \frac{L_d}{L_s} = \frac{K_d \sum_{i=1}^{n} k_{di} \cdot l_{di}}{K_s \sum_{i=1}^{n} k_{si} \cdot l_{si}} \qquad (公式9)$$

值得说明的是，以上两个效益都是有形的，可以计数的，是评估作战总体效益的基本依据。

3. 基于效果的评估

无论是毁伤还是利益，都必然产生一定的效果，这也是通过毁伤和利益所追求的目的。要产生效果就必须有毁伤和利益，但是它们之间的关系难以用简单的比例关系来确定。当代战争空前强大的打击能力，可以产生极大的震撼力，甚至不必完全摧毁某些目标，而是通过打击的震撼作用，就可以产生良好的作战效果。当有能力通过对摧毁和利益实施合理的控制，达到良好的效果时，就有可能实现以较小的资源代价，获得较大的效果。因此，基于作战效果的评估是一个关键步骤。

效果的表现虽然以定性为主，却不是完全无形的，如毁伤和利益的占有使多少敌人的控制区关闭作战技能，使多少敌方军队失去作战愿望等，诸如此类，还是有一定的数据可循，只要通过一定的方式将定性的对象转化为定量的对象，就可以纳入评估体系。基于效果评估以前两个步骤的结果为基础，以接近作战目的的程度为主要依据，如果能够根据各自意义，给每一要素配以相应的权重，就可以得出基于效果的作战效益如公式10：

$$\text{基于效果的作战效益} = Y_x = \frac{K_{hx}(H_d + X_d) + K_{lx} \cdot L_d}{K_{hx}(H_w + X_w) + K_{lx} \cdot L_s} \qquad \text{(公式10)}$$

其中，K_{hx}表示根据毁伤效益权重确定的系数，K_{lx}表示根据基于利益的效益权重所确定的系数，二者均以接近作战目的的程度为主要依据。

4. 基于战略发展的评估

良好的作战效果能够带来优势，甚至是作战的胜利。但是仅此是不够的，因为作战更加长远的目的是战争的胜利以及国家的战略发展。因此评估作战效益，还要考虑战略发展的问题。既包括一场战争中的战略发展，也包括战后可能的国家战略发展，评估作战效益必须具备战略观念。可以说，战略发展是当前作战效益的延伸，是战略管理理论在作战管理中的应用。与效果标准一样，战略标准也是定性的，只能是一种基于客观实际的判断，只不过这种判断具有一些有形的依据。基于此，必须引入战略系数，就是根据该项成果对于战略发展的影响程度确定的系数，如作战中摧毁了敌人的核心战略资源，使其无法继续有效进行作战，具体事例如斩首行动的可能后果；或者己方虽然取得了作战的胜利，而重要战略意义的资源却受到打击，损坏严重，影响此后的作战或者国家的发展等。根据程度的不同，就可以确定不同的战略系数。例如，将敌方毁伤和敌方消耗乘以战略系数就是敌方的战略毁伤如公式11：

$$\text{敌方战略毁伤} = H_{zh} = K_{zh}H_d \qquad \text{(公式11)}$$

基于战略发展的效益与以上三种效益都有关，按照相同的算法，可以得到基于战略发展的效益如公式12：

$$\text{基于战略发展的作战效益} = Y_z = \frac{K_{zh}(H_d + X_d) + K_{zl} \cdot L_d}{K_{zh}(H_w + X_w) + K_{zl} \cdot L_s} \qquad \text{(公式12)}$$

5. 评估综合

评估综合是根据以上几种基本的作战效益，进行综合型的评价，是评估作战效益的最后环节。不一定要选取所有的效益，而是视自身的具体需要，选择两种以上的效益进行综合。评估综合有利于根据自身的需要，明确各方面的实现程度；有利于正视作战的既成事实，调整战略方针、作战指导以及作战的其他方面，有利于制定战后战略发展规划。评估综合更趋向于一种定性的评定，既根据既有事实，也需要合理的判断。

以上是一个基本的过程，以上的公式只是为了说明过程而做的初步设计，只能作为参照，每次作战都有其特殊性，评估的侧重点也各不相同。因此，本书不主张通用的评估公式，而应根据作战效益的总体要求和每次作战的各自特点进行设置。

结束语

　　作战管理被提出来已有相当长的一段时间，关于作战管理的定义和它的范畴，学术界一直存在争议，有很多学者一直把它作为作战的辅助活动来认识，也有些人认为它应该是作战的主要行为方式，本书作者即属后者。

　　观点需要论据来证明。本书从对作战管理的认识入手，探讨作战管理的含义，分析了管理与指挥的关系。由于指挥是一种特殊的领导，而领导是管理职能之一；而且，通常所说的指挥，一直在借鉴组织、控制、协调等管理职能，因此得出结论，管理包含指挥，作战管理是更加全面的作战行为方式。界定了概念，笔者开始进入更深入的研究阶段，进行基础理论和应用指导研究。首先研究得出了作战中必须管理好的几个要素，分别是"道""形""势""气""变""功"，这些要素大多隐含在作战的诸事物中，需要对这些事物进行管理，进而实现对这些要素的管理。其次，本着兼顾物理和心理、国际和国内、军事和民事、战略和战术等思想，研究得出了作战管理的原则。再次，研究了作战管理的体系，即体制、机制和法制。之后，进入应用指导研究。先研究阐述了作战管理的内容，后研究得出了作战管理的流程。以期本书能够兼具理论和应用价值。作战是人类社会最为激烈的对抗，任何一个国家或者集团，一旦投入战争，将竭尽全力在战争中获得利益。最普遍和直观的意图就是打赢战争，因为打赢者拥有更大的决定权。在打赢的基础上，就要考虑赢得是否漂亮。也就是付出尽量小的代价，赢得尽量多的利益，包括战争之后的战略利益。这样的意图，需要相应的方式来实现，这就需要进行作战管理。尽管关于作战管理有很多争议，但是，这毕竟是关于作战的研究。所有关于作战的研究只有一个目的，简言之，就是打赢。因而，一切有利于打赢战争的理论都应该被应用于有关作战的研究。

本书是在前人研究的基础上，以战争史为参照系，基于作战的需求和管理的职能而展开的，因此是作战理论、管理理论与历史实践的有机结合，其创新点主要体现在四个方面。一是提出作战管理的要素。不同于以往管理理论的要素，书中作战管理的要素没有提及主客体、媒质、方法等功能性要素，而是将其放在作战管理的含义中阐述。因为通过对战争实践和作战与管理的理论研究，发现通过管理的职能对这些功能性要素做功，而产生的对于作战活动直接有效的那些深层要素，是作战管理者所要真正把握的东西，是实质性的深层要素。这些深层要素是作战全过程中，对于取得作战胜利、创造作战效益、谋求战略发展至关重要的直接要素。文中讨论了作战管理中最重要的六个要素，即作战的"道""形""势""气""变""功"。根据每个要素的含义，站在管理的角度，阐述了各要素对于作战胜利、效益与战略发展的意义；之后讨论了各要素的影响因素，为把握各要素提供了基本依据，为本书以后的内容做了很好的铺垫。二是提出了作战管理的原则。作战管理的原则不同于作战的原则，作战原则重点关注作战的胜利，而作战管理的原则站在更加宏观的角度，不但关注作战的胜利，而且关注如何生成最大的作战效益、谋求战略发展。本书基于作战目的与手段、战争历史提供的实践依据、管理理论的精华（重点应用了战略管理理论），提出了兼顾战术与战略利益、局部作战与战争利益、军事与国家利益的作战管理原则，重点归纳为八个方面。分别是：静以观势、动以造势；合而不僵、分而不散；弱不避争、强不忘存；全不失重、泛不失精；连则成体、断而有序；因于目标、施于奇正；内外一体、软硬并重；制度为体、艺术为魂。希望能起到抛砖引玉的作用，在此基础上，会有更多的人投入更多的时间，加以不断修正与完善，并落实到每个人的思想和行动上，形成更为适用的思想方法。三是详述了作战管理的内容。作战管理的内容是一个系统整体，要实现良好的作战管理，就必须明确作战管理的内容。在已有的有关作战管理研究成果的基础上，对作战管理的内容进行了丰富和细化。分别为作战力量管理、作战行动管理、战场管理、作战时间管理、作战信息管理五个大的方面。基于对具体工作的指导借鉴作用，对这五个方面进行了较为详细的论述和说明，既有利于总体上的认识和了解，也有利于具体工作的实施。四是提出了作战管理的流程。作战管理引入流程的概念，是为了使作战活动过程有序进行，有利于对作战活动全过程进行管理。考虑到作战管理是一种特殊的管理，与企业管理流程相比，其进展快、不确定性较大、可控制性较差，但对控制需求强烈、要求高。因此，要求必须有普遍意义较强的流程作为参照。本书提出了作战管理流程的七个主要环节，分别是感知作战环境、确定作战目标、制订作战计划、配置作战资源、部署作战行动、控制作战进程、评估作战效益。七个环节在一个作战管理周期内有先后之分，但是作战管理流程一旦启动，各环节相继运转之后，就形成了彼此交叉、重叠的状态，而且循环往复地进行，直到作战行动结束。作战管理流程的提出，给纷繁复杂、变化不定的作战活动提供了一条主线，使管理活动不至于陷入混乱和迷惘，在激烈复杂的对抗活动中保持良好的秩序性。

结束语既代表本书的结束，也意味着笔者对这个题目研究的新的开始。随着新的事物不断进入作战领域，关于作战的研究就必须拓展思路；随着管理含义的拓展，就必须丰富管理所能承载的新的活动。作战管理的研究还有很广阔的空间，不仅要继续研究确定它的概念和范畴，还要继续挖掘它的新内容。

参考文献

1. 《马克思恩格斯军事文集》第三卷，北京：战士出版社，1982。

2. 《列宁军事文选》第一卷，北京：中国人民解放军总参谋部，1959。

3. 《毛泽东选集》第二卷，北京：人民出版社，1991。

4. 《毛泽东军事文集》，北京：军事科学出版社，中央文献出版社，1993。

5. 《邓小平军事文集》，北京：军事科学出版社，中央文献出版社，2004。

6. 中国人民解放军总政治部：《树立和落实科学发展观理论学习读本》，北京：解放军出版社，2006。

7. 中国人民解放军总政治部：《江泽民国防和军队建设思想学习纲要》，北京：解放军出版社，2003。

8. 郑申侠、刘源：《国防和军队建设贯彻落实科学发展观学习提要》，北京：军事科学出版社，2006。

9. 中国人民解放军军事科学院：《国防和军队建设贯彻落实科学发展观笔会文集》，北京：军事科学出版社，2006。

10. （西周）吕望：《六韬》，北京：军事科学出版社，2004。

11. （春秋）左丘明：《左传》，西安：陕西旅游出版社，2003。

12. （春秋）孙武：《孙子兵法》，北京：燕山出版社，1995。

13. （春秋）孙武原著《孙子》，（东汉）曹操注，上海：上海古籍出版社，1989。

14. （春秋）司马穰苴：《司马法》，石家庄：河北人民出版社，1992。

15. （战国）孟轲：《孟子·公孙丑下》，广州：广州出版社，2001。

16. （战国）尉缭子：《尉缭子兵法》，台北：联亚出版社，1981。

17. （战国）吴起：《吴子》，上海：上海人民出版社，1977。

18. （战国）孙膑：《孙膑兵法》，北京：燕山出版社，1995。

19. （战国）韩非：《韩非子》，上海：上海古籍出版社，1989。

20. （西汉）司马迁：《史记》，北京：中国友谊出版公司，1993。

21. （唐）李筌：《太白阴经》，北京：军事科学出版社，1996。

22. （明）揭暄：《兵经百篇》，北京：经济日报出版社，1995。

23. （明）戚继光：《纪效新书》，北京：中华书局，1996。

24. 撰人不详：《唐太宗李卫公问对》，北京：中华书局，1991。

25. 《十一家注孙子》，上海：上海古籍出版社，1978。

26. 陈戍国校注：《尚书：校注本》，长沙：岳麓书社，2004。

27. 《武经七书》鉴赏编委会：《〈武经七书〉鉴赏》，北京：军事科学出版社，2002。

28. 张云、曲沼：《曹操兵法》，南昌：江西人民出版社，1996。

29. 〔德〕克劳塞维茨：《战争论》，西安：陕西人民出版社，2001。

30. 〔瑞典〕若米尼：《战争艺术》，南宁：广西师范大学出版社，2003。

31. 〔法〕福熙：《作战原则》，北京：军事科学出版社，1991。

32. 刘继贤：《论毛泽东军事思想》，北京：中共中央党校出版社，2003。

33. 刘继贤、张全启：《毛泽东军事思想原理》，北京：解放军出版社，1995。

34. 王有才主编《中国军事百科全书·军事管理学科分册》，北京：中国大百科全书出版社，2007。

35. 中国百科大辞典编委会：《中国百科大辞典》，北京：华夏出版社，

1990。

36. 中国战争动员百科全书编审委员会：《中国战争动员百科全书》，北京：军事科学出版社，2003。

37. 武桂馥主编《中国军事百科全书·军事战略学科分册》，北京：中国大百科全书出版社，2007。

38. 黄玉章等：《军队建设大辞典》，北京：华夏出版社，1994。

39. 李兴山：《现代管理学（修订本）》，北京：中共中央党校出版社，2002。

40. 周鸿：《管理学原理与方法》，北京：机械工业出版社，2007。

41. 云冠平、胡军、黄和平：《管理学》，广州：暨南大学出版社，2002。

42. 徐向艺：《管辖治理：管理学的历史、现状与未来》，济南：山东大学出版社，2003。

43. 〔美〕斯蒂芬·P. 罗宾斯：《管理学原理》，大连：东北财经大学出版社，2004。

44. 〔美〕格里高利·G. 戴斯、G.T. 拉普金：《战略管理》，北京：中国财政经济出版社，2004。

45. 〔法〕亨利·法约尔：《工业管理和一般管理》，北京：中国社会科学出版社，1982。

46. 〔英〕格里·约翰逊、凯万·斯科尔斯：《战略管理》，北京：人民邮电出版社，2004。

47. 〔英〕摩根·威策尔：《管理的历史》，北京：中信出版社，2002。

48. 〔美〕弗雷德里克·泰罗：《科学管理原理》，北京：中国社会科学出版社，1980。

49. 〔美〕赫伯特·西蒙：《管理决策新科学》，北京：中国社会科学出版社，1982。

50. 范喜贵：《无形·有形——企业文化：管理的第四阶段》，北京：经济科学出版社，2002。

51. 王久彬：《做优秀的管理者》，银川：宁夏人民出版社，2006。

52. 黄国庆：《管理学教程》，上海：立信会计出版社，2004。

53. 李祝文、韩云永、郭伦：《目标管理理论与实践》，北京：解放军出版社，1986。

54. 党跃武、谭祥金：《信息管理导论》，北京：高等教育出版社，2006。

55. 王宪磊：《信息管理论》，北京：社会科学文献出版社，2004。

56. 齐振海：《管理哲学》，北京：中国社会科学出版社，1988。

57. 中华征信所：《目标管理》，太原：山西经济出版社，1995。

58. 李志革：《适度：管理的最佳状态》，北京：国防大学出版社，1995。

59. 任素琴：《实用现代管理艺术》，北京：中国发展出版社，1999。

60. 王德清、么加利：《管理哲学》，重庆：重庆大学出版社，2004。

61. 余长根：《管理的灵魂》，上海：复旦大学出版社，1993。

62. 李志革：《管理的方法》，北京：国防大学出版社，1995。

63. 周三多：《管理学：原理与方法》，北京：复旦大学出版社，1993。

64. 王安：《军队管理规律研究》，北京：解放军出版社，1999。

65. 王安：《军事管理研究》，北京：军事科学出版社，1987。

66. 王安：《部队管理重点难点热点研究》，北京：军事科学出版社，1997。

67. 王保存、王安：《外军管理与领导》，北京：军事科学出版社，1999。

68. 王安、黄世海：《军队管理专家论管理》，北京：海潮出版社，2002。

69. 刘继贤：《军事科学研究与管理》，北京：军事科学出版社，1998。

70. 刘继贤：《军事科研管理教程》，北京：军事科学出版社，1999。

71. 刘继贤：《现代管理科学与军队的科学管理》，北京：军事科学出版社，2005。

72. 刘继贤：《军事管理学》，北京：军事科学出版社，2009。

73. 杨洪江等：《新军事变革与军事管理效益研究》，北京：军事科学出版社，2005。

74. 邢进等：《军事管理学基础》，北京：军事科学出版社，1985。

75. 黄玉章、于海涛：《军队管理学》，北京：国防大学出版社，1991。

76. 蔡香圃、唐荫庭等：《军事管理学》，北京：军事科学出版社，1989。

77. 王京朝、方宁：《军队管理学》，北京：军事科学出版社，2001。

78. 刘由芳：《军队管理学》，北京：国防大学出版社，2004。

79. 王胜铎、黄世海：《新世纪军队管理概论》，北京：军事科学出版社，2002。

80. 高玉明：《新时期提高军队管理能力研究》，北京：军事科学出版社，2005。

81. 黄培义：《新时期部队管理概论》，北京：军事科学出版社，2006。

82. 王尔章：《信息传播与军队管理》，北京：军事科学出版社，2005。

83. 丁士峰：《军队领导管理学》，北京：国防大学出版社，2000。

84. 杨念成：《军队基层管理概论》，北京：解放军出版社，1997。

85. 王忠远、种杰、胡耀明：《军队管理艺术论》，北京：国防大学出版社，2004。

86. 宋方敏：《军事管理经济分析》，北京：军事科学出版社，1993。

87. 龚延明：《岳飞评传》，南京：南京大学出版社，2001。

88. 阎崇年、俞三乐：《袁崇焕资料集录》，南宁：广西民族出版社，1984。

89. 吴春秋：《论大战略和世界战争史》，北京：解放军出版社，2002。

90. 武国卿：《中国战争史》，北京：金城出版社，1990。

91. 台湾三军大学：《中国历代战争史》，北京：军事译文出版社，1983。

92. 张宏志：《中国抗日游击战争史》，西安：陕西人民出版社，1995。

93. 军事科学院军事历史研究部：《中国人民解放军全国解放战史》，北京：军事科学出版社，1996。

94. 黄友岚：《中国人民解放战争史》，北京：档案出版社，1992。

95. 军事科学院军事历史研究部：《抗美援朝战争史》，北京：军事科学出版社，2000。

96. 章俭、管有勋：《15 场空中战争：20 世纪中叶以来典型空中作战评价》，北京：解放军出版社，2004。

97. 朱贵生等：《第二次世界大战史》，北京：人民出版社，1995。

98. 〔美〕杰弗里·帕克等：《剑桥战争史》，长春：吉林人民出版社，1999。

99. 日本历史学研究会：《太平洋战争史》，北京：商务印书馆，1963。

100.〔美〕M.K. 巴比尔、安德鲁·维斯特：《步兵战：20 世纪战场全纪录》，北京：国际文化出版公司，2004。

101. 〔瑞典〕赖克斯特·乔根森、克里斯·曼：《坦克战：20 世纪战场全纪录》，北京：国际文化出版公司，2004。

102. 〔英〕伊恩·斯佩勒、克里斯托弗·塔克：《两栖战：20 世纪战场全纪录》，北京：国际文化出版公司，2004。

103. 李章瑞：《解析伊拉克战争》，北京：军事科学出版社，2004。

104. 寿晓松：《粟裕作战指挥艺术》，北京：解放军出版社，1997。

105. 张世平：《毛泽东作战指挥思想研究》，北京：军事科学出版社，1997。

106. 程启月：《作战指挥与运筹决策》，北京：军事科学出版社，2004。

107. 许和震等：《作战方式的革命性变化》，北京：解放军出版社，2004。

108. 丁邦宇主编《作战指挥学》，北京：军事科学出版社，2004。

109. 郭武君：《联合作战指挥体制研究》，北京：国防大学出版社，2004。

110. 徐小岩：《信息作战学》，北京：解放军出版社，2002。

111. 夏学华、陈昭林：《21 世纪美军作战理论新发展》，济南：黄河出版社，2000。

112. 蔡风震等：《空天一体作战学》，北京：解放军出版社，2006。

113. 李荣长：《空天一体信息作战》，北京：军事科学出版社，2003。

114. 黄培义：《作战指挥发展史》，北京：军事科学出版社，2003。

115. 沈伟光：《21 世纪作战样式》，北京：新华出版社，2002。

116. 徐登建、莫占东：《特种作战》，香港：文汇出版社，2001。

117. 孙景文、李志民：《导弹防御与空间对抗》，北京：原子能出版社，2004。

118. 现代国防建设研究所：《战魔的利剑——凡人眼中的高科技武器》，北京：红旗出版社，1993。

119. 国防大学第二编研室：《徐向前军事文选》，北京：解放军出版社，1993。

120. 李仲伯、张国友：《太空军事化——美国"星球大战"计划剖析》，长沙：国防科技大学出版社，1990。

121. 李瑞晨、孙俭：《星球大战与美苏太空争夺》，北京：世界知识出版社，

1989。

122. 杨金华主编《作战指挥概论》，北京：国防大学出版社，1995。

123. 王光宙主编《作战指挥学》，北京：解放军出版社，1994。

124. 李小军主编《装甲兵作战指挥学》，北京：解放军出版社，1997。

125. 周晓宇、彭希文、安卫平：《联合作战新论》，北京：国防大学出版社，2000。

126. 彭光谦、姚有志：《军事战略学教程》，北京：军事科学出版社，2001。

127. 崔国平、郭瑞芳：《21世纪战争透析》，石家庄：河北科学技术出版社，2003。

128. 孙家荣：《高技术战争心理战概论》，北京：国防大学出版社，2003。

129. 吕登明：《信息化战争与信息化军队》，北京：解放军出版社，2004。

130. 张志伟：《现代火力战》，长沙：国防科技大学出版社，2000。

131. 徐根初：《信息化作战理论学习指南》，北京：军事科学出版社，2005。

132. 李耐国：《信息战新论》，北京：军事科学出版社，2004。

133. 崔师增、陈希滔：《美军高技术作战理论与战法》，北京：国防大学出版社，1993。

134. 周林、杨玉修：《数字化部队与数字化战场》，北京：军事谊文出版社，2001。

135. 都世民：《不见硝烟的战场》，长沙：国防科技大学出版社，2000。

136. 王孝华等：《20世纪十大高科技战场》，北京：解放军出版社，2000。

137. 司彦文：《走进海战场》，北京：海潮出版社，1997。

138. 〔英〕杰弗里·李：《战场武器系统与技术丛书》，北京：军事科学出版社，1991。

139. 秦宜学等：《数字化战场》，北京：国防工业出版社，2004。

140. 杨学军：《优势来自空间 论空间战场与空间作战》，北京：国防工业出版社，2006。

141. 〔英〕杰夫·科尼什：《战场支援》，济南：明天出版社，2003。

142. 冯中国、赵小松：《美军网络中心战》，北京：国防大学出版社，2004。

143. 徐小岩：《计算机网络战》，北京：解放军出版社，2003。

144. 肖占中、宋效军：《新概念核、生、化武器与网络战》，北京：海潮出版社，2003。

145. 李耐国：《信息战新论》，北京：军事科学出版社，2004。

146. 〔美〕晓宗：《信息安全与信息战》，北京：清华大学出版社，2003。

147. 姜放然：《司令部工作概论》，北京：军事科学出版社，1993。

148. 张晓明：《新时期军事斗争准备的理性思考》，北京：军事科学出版社，2002。

149. 铁军：《从模拟化到数字化：走向 21 世纪的作战指挥》，北京：国防大学出版社，1998。

150. 宋方敏、张文元：《高技术战争经济论》，北京：军事科学出版社，2003。

151. 郭安华：《合同战术学教程》，北京：国防大学出版社，2008。

152. 李庆华：《合同战术学及联合战役基础理论》，北京：军事谊文出版社，2002。

153. 马永福、滕喜道：《机动与战争》，北京：国防大学出版社，1989。

154. 郭武君：《联合作战指挥体制研究》，北京：国防大学出版社，2003。

155. 马志松：《论战术设计》，北京：国防大学出版社，2006。

156. 李辉光：《美国信息作战与信息化建设》，北京：军事科学出版社，2004。

157. 梁彦宁、岳兆丰：《军事课教程》，西安：陕西科学技术出版社，2003。

158. 顾伟：《军事科技与新军事变革》，上海：复旦大学出版社，2004。

159. 陈振阳：《军制学教程》，北京：军事科学出版社，2001。

160. 刘继贤、刘铮：《新军事变革与军事法制建设》，北京：解放军出版社，2005。

161. 沈雪哉：《军制学》，北京：军事科学出版社，2000。

162. 中国人民解放军总参谋部军事设施保护法简论编写组：《军事设施保护法简论》，北京：法律出版社，1990。

163. 陈高华、钱海皓：《中国军事制度史·军事法制卷》，郑州：大象出版社，1997。

164. 王安：《军队正规化建设》，北京：国防大学出版社，1996。

165. 王兴中、方万军、刘福全：《军事变革与军队建设问题探索》，北京：军事谊文出版社，2007。

166. 费肖竣：《美国军队信息化建设研究》，北京：国防大学出版社，2003。

167. Charles. B. MacDonald, *The Mighty Endeavor*：*The American Aemed Forces in the European Theater in World War* II , Oxford University Press，1969.

168. Hanson. W. Baldwin, *Battles Won and Lost.* Harper and Row，1996.

169. James. A. Huston, *Out of the Blue*：*U. S. Army Airborne Operations in World War* II , Perdue University Press，1972.

170. Eisenhower Foundation, *D - DayThe Normandy Invasion in Retrospect*, University Press Kansas，1971.

171. John. Eisenhower, *The Bitter Woods*：*Battle of the Bulge*, Putnam，1969.

172. Lewis. W. Walt, *Strange War*, *Strange Strategy*, Funk and Wagnalls，1970.

173. William. W. Momyer, *Air Power in Three Wars*, HQ USAF，1978.

174. 刘继贤：《运用现代管理科学实现军队科学管理》，《军事学术》2007年第2期。

175. 刘继贤：《现代管理科学与军队的科学管理》，《军事百科》2007年第4期。

176. 刘继贤：《军事管理的科学实践与理论创新》，《中国军事科学》2007年第4期。

177. 刘继贤：《世界新军事变革的发展注重依靠创新》，《外国军事学术》2007年第7期。

178. 刘继贤：《军事系统与综合集成方法的应用》，《军事运筹与系统工程》2007年第21卷第4期。

179. 刘继贤：《深化对军事领域现实问题的研究》，《军事百科》2007年第4期。

180. 刘继贤：《慎战敢战善战》，《报刊资料》2007年第7期。

181. 刘继贤：《军事管理的科学实践与理论创新》，《中国军事科学》2007

年第 4 期。

182. 王兴春、王超、史贝贝:《复杂电磁环境下防空兵作战部署与抗击对策研究》,《防空兵指挥学院学报》2007 年第 5 期。

183. 张学成、邓文运:《地空导弹武器系统末端低层拦截战术弹道导弹作战部署研究》,《地面防空武器》2006 年第 4 期。

184. 刘健:《地面防空作战部署方案优选与改进方法》,《火力与指挥控制》2005 年第 1 期。

185. 邵亨:《城市防空联合作战摩步师作战部署问题研究》,《华北军事》2006 年第 4 期。

186. 刘玉生、吕博:《浅谈一体化联合作战力量体系的构建》,《国防大学学报》2005 年第 5 期。

187. 张军剑:《一体化联合作战力量初探》,《教学研究资料》2006 年第 2 期。

188. 王西欣:《陆军一体化作战力量的构建及应关注的重点》,《军事学术》2005 年第 2 期。

189. 祝力、张波、孟文:《美军作战力量综合集成的基本构想及弱点分析》,《信息对抗学术》2005 年第 1 期。

190. 张孟鹏、刘建基、夏成效:《信息化条件下指挥系统对抗机构建构方案构想》,《专业训练学报》2006 年第 5 期。

191. 张惟、刘栋山:《信息化条件下作战控制连续性问题研究》,《指挥学报》2007 年第 3 期。

192. 王伟、谢成景、元清:《实施联合作战控制应把握的问题》,《国防大学学报》2002 年第 9 期。

193. 刘明勇、吴强、于学国:《一体化联合作战控制方法探析》,《石家庄机械化步兵学院学报》2007 年第 1 期。

194. 刘庆文、史延胜、王宏亮:《高技术条件下联合作战控制的精确化趋势》,《国防大学学报》2003 年第 8 期。

195. 吴朝全、姜世夺:《毛泽东控制作战节奏的艺术》,《毛泽东军事思想研究》1998 年第 1 期。

196. 吴皍:《信息化条件下联合作战控制方法探讨》,《指挥学报》2005 年第 2 期。

197. 梁小安、王恒:《空天一体作战环境》,《空军工程大学学报》2006 年第 1 期。

198. 王国军:《探索创建一体化联合作战环境》,《军事》2005 年第 5 期。

199. 赵严冰、申浩、刘相利:《舰载 ESM 设备的作战环境适应性分析》,《舰船电子对抗》2005 年第 6 期

200. 饶伟:《潜艇雷达侦察设备与作战环境分析》,《潜艇学术研究》2006 年第 5 期。

201. 董树军、徐明勇:《综合防御系统作战效能评估》,《炮兵学院学报》2008 年第 1 期。

202. 臧垒、蒋晓原、王钰、王鸿洁、葛方斌:《C4ISR 系统作战效能评估指标体系研究》,《系统仿真学报》2008 年第 3 期。

203. 张树明:《搞好战场管理提高作战效益》,《军事学术》1987 年第 4 期。

204. 张要一、王颖龙、陈杰生、谢磊峰:《多型地空导弹网络化作战部署效能评估》,《空军工程大学学报》2005 年第 5 期。

205. 柯加山、江敬灼、许仁杰、李梦汶、黄谦:《联合作战体系对抗效能评估探索性分析框架》,《军事运筹与系统工程》2005 年第 4 期。

206. 王琦、杜鹏、郭守祥:《美国空军〈空间对抗作战条令〉及其特点》,《外国军事学术》2006 年第 3 期。

207. 李章瑞、邹振宁:《信息化战争的体系对抗特点》,《基层政工读物》2006 年第 7 期。

208. 祖磊、任德宝:《常规导弹部队固定通信网防敌软硬打击的主要措施》,《军事通信学术》2005 年第 4 期。

209. 赵威、李国栋:《论如何做好试验技术研究项目的过程管理》,《导弹实验技术》2004 年第 4 期。

210. 李桥明、丁杰:《联合作战重点打击目标的选择》,《国防大学学报》2001 年第 3 期。

211. King. C. Chen, *Hanoi's Three Decisions and the Escalation of the Vietnam War*,

Political Science Quarterly 90, Summer 1975, 239 – 259.

212. W. Hays, *Parks. Rolling Thunder and the Law of War*, Air University Review 33, January-February 1982, 2 – 23.

213. Richard. C. Thornton, *Soviet Strategy and the Vietnam War*, Asian Affairs 4, March-April 1974, 205 – 228.

图书在版编目（CIP）数据

作战管理基本理论研究/高冬明著.—北京:社会科学文献
出版社,2014.2（2021.6 重印）
ISBN 978 - 7 - 5097 - 5578 - 5

Ⅰ.①作…　Ⅱ.①高…　Ⅲ.①作战 - 军事理论　Ⅳ.①E0

中国版本图书馆 CIP 数据核字（2014）第 012594 号

作战管理基本理论研究

著　　者／高冬明

出 版 人／王利民
项目统筹／赵怀英
责任编辑／张苏琴

出　　版／社会科学文献出版社·联合出版中心（010）59366446
　　　　　　地址：北京市北三环中路甲 29 号院华龙大厦　邮编：100029
　　　　　　网址：www. ssap. com. cn
发　　行／市场营销中心（010）59367081　59367083
印　　装／北京玺诚印务有限公司

规　　格／开 本：787mm × 1092mm　1/16
　　　　　　印 张：18.5　字 数：292 千字
版　　次／2014 年 2 月第 1 版　2021 年 6 月第 2 次印刷
书　　号／ISBN 978 - 7 - 5097 - 5578 - 5
定　　价／59.00 元

本书如有印装质量问题，请与读者服务中心（010 - 59367028）联系